制度制约下的上市公司
高管变更的研究
——基于中国上市公司的经验数据

Zhidu Zhiyue Xia de Shangshi Gongsi
Gaoguan Biangeng de Yanjiu
Jiyu Zhongguo Shangshi Gongsi de Jingyan Shuju

刘阳 著

西南财经大学出版社
Southwestern University of Finance & Economics Press

图书在版编目(CIP)数据

制度制约下的上市公司高管变更的研究:基于中国上市公司的经验数据/刘阳著.—成都:西南财经大学出版社,2012.6
ISBN 978 - 7 - 5504 - 0657 - 5

Ⅰ.①制… Ⅱ.①刘… Ⅲ.①上市公司—管理人员—研究—中国 Ⅳ.①F279.246

中国版本图书馆 CIP 数据核字(2012)第 109849 号

制度制约下的上市公司高管变更的研究
——基于中国上市公司的经验数据

刘　阳　著

责任编辑:孙　婧
封面设计:杨红鹰
责任印制:封俊川

出版发行	西南财经大学出版社(四川省成都市光华村街55号)
网　　址	http://www.bookcj.com
电子邮件	bookcj@foxmail.com
邮政编码	610074
电　　话	028 - 87353785　87352368
照　　排	四川胜翔数码印务设计有限公司
印　　刷	郫县犀浦印刷厂
成品尺寸	148mm×210mm
印　　张	8.625
字　　数	210 千字
版　　次	2012 年 6 月第 1 版
印　　次	2012 年 6 月第 1 次印刷
书　　号	ISBN 978 - 7 - 5504 - 0657 - 5
定　　价	32.00 元

摘　要

　　自从 20 世纪中国加入世界贸易组织（WTO）以来，中国的经济形势和制度环境发生了翻天覆地的变化。作为一系列契约集合体的上市公司在我国的经济当中所具有的影响力日趋增大。上市公司高管作为公司治理的主要参与者，在此当中发挥着重要的作用，这会直接影响公司治理的效果，进而影响公司所处的行业的发展。因此，高管在公司治理中具有举足轻重的地位，高管的变更就更加值得我们关注。由此，本书基于我国上市公司特有的经济和制度环境，从市场竞争度和制度环境的视角研究中国上市公司高管变更的深层原因。

　　本书从公司的外部治理机制入手，兼顾内部治理，搜集整理国内外有关高管变更的研究成果。然后，从中国地区行政化分权和市场化进程改革、企业改革入手深入剖析制度环境的变迁，以及相关高管变更的理论基础，提出了相关的理论假设，并对于高管变更样本进行初步的描述性统计分析，展示高管变更的样本特征并为下一步建立实证模型筛选变量。最后，运用逻辑回归分析方法对市场竞争度、制度环境因素变量与高管变更的关系进行了实证检验。首先发现市场竞争度越强的地区，企业竞争能力就越强，高管变更的可能性就越低，即市场竞争度与高管变更之间的关系是负相关关系。其次是在市场发育较好的地区，高管人员变更的难度会减弱，从而增大高管人员变更的可能性，高管变更与公司业绩之间的负相关关系更强。接着是减少政府对于企业的干预力度越小，高管变更的可能性越大，人才的流动越频繁，高管变更与公司绩效之间的负相关性就越强。最后是当地政府对于商品市场的保护力度越小，高管变更的可能性就越大，高管变更与公司绩效之间的负相关性就越强。

关键词：市场竞争度　高管变更　制度环境　市场要素指数　政府干预　地方保护

Abstract

Since the 21st century, China's accession to WTO, great changes have taken place in China's economic situation and institutional environment. Collection as a series of contracts of companies listed among the country's economic impact has become increasingly larger. The CEO as a major player in corporate governance, which plays an important role and will directly affect the effectiveness of corporate governance, thus affects the development of their industries. Thus, executives in corporate governance play a decisive role, executive change attracts more of our attention. Therefore, this article listed on China's unique economic and institutional environment, the degree of market competition and institutional environment, the CEO Perspective of the Chinese to change the underlying causes.

From the company's external governance mechanism, both internal governance, collection of domestic and foreign research result related to executive changes. Then, from the Chinese district administration of the process of decentralization and market reform, enterprise reform, starting depth analysis of the institutional environment changes, executive changes and related theory, we give some theoretical assumptions, and for a preliminary sample of executive changes descriptive statistical analysis, the samples show characteristics of executives change an empirical model for the next screening variables. Finally, the use of logit regression analysis on the degree of market competition, institutional environmental variables and the relationship between the executive change an empirical test, the first to discover the stronger the degree of competition in the enterprise, the more powerful enterprise competitiveness, the possibility of executive changes the lower the degree of market competition, and the executives that changes the relationship between a negative correlation. Second, developed well in the market area, executives will be less difficult to change, thereby increasing the possibility of changes to senior management, senior management changes and performance of the company stronger negative correlation between. Followed to reduce government intervention efforts for smaller enterprises, increasing the possibility of executive changes, more frequent movement of personnel, and company executives to change a negative correlation between the performances of the stronger. Finally, to reduce local government efforts for the protection of the smaller commodity markets, increasing the likelihood of executive changes, executives and corporate performance to change a negative correlation between the stronger.

Keywords: Market competition degree   Top Management turnover   Institutional environment   Market factor index   Government intervention   Local protection

目　录

1 引言

1.1 研究背景

随着现代企业理论的发展，人们对企业认识的不断深入，布莱尔（1995）认为，企业是一个相关利益主体之间的合约关系，在企业的经营中股东并没有承担全部的经营风险，其他主体诸如债权人、职工等也承担了部分的经营风险。企业的经营目标仅仅追求股东的最大利益是不合理的，公司的资源应用于实现所有那些事实上投资于企业并承担风险者的目标，这种目标类似于一种社会目标。① 现代公司制度诞生于工业革命和社会化生产广泛纵深发展的社会背景之下，由于投资主体多元化，股权结构从而变得复杂。此时公司所有权与经营权实现了高度分离，委托代理关系上升成为公司治理的核心问题，治理效率成为了衡量公司经营管理能力的主要维度。而高管人员在公司经营中起着不可替代的作用。

公司治理是与股份公司的存在相关联的。股份公司的特点

---

① 潘新兴. 上市公司股权结构问题研究综述 [J]. 当代经济科学，2003 (2).

是公司由很多股东共同出资组成并占有股份，公司由少数股东或聘用他人管理，大部分股东不参与企业日常经营管理。① 虽然说股权结构是公司治理的基础，决定了董事会、监事会和经理人员的构成及权力归属，但是实际上掌控这家公司的人却是公司的高管人员，他们与股东之间就存在了代理的关系。为了解决企业中委托人与代理人之间的代理问题，公司治理机制被设计出来。按照斯雷芬和维瑟妮（1997）的观点，公司治理机制的实质是委托人通过设计一系列制度安排来有效地激励约束代理人行为，以确保代理人的管理才能和管理行为能够满足委托人利益最大化的需求。因此在所有权与控制权分离的条件下，如何对企业经营管理层实施有效的激励约束，使其最大限度地按照企业所有人的利益行事，成为公司治理的核心问题之一，也是现代企业理论界和管理实务界所关注的焦点问题之一。

在两权分离的现代公司制企业中，企业效率不仅与经营管理层的人力资本水平（管理者能力因素）紧密相关，而且很大程度上还取决于他们工作的努力程度。有效的公司治理机制就是通过制度的设计来让合适的人（有能力的且能够胜任工作岗位的经理人）以其最大化努力水平来经营管理企业，建立"能者上，平者让，庸者下"、"优胜劣汰"的高效人力资本遴选制度。如果选出的高管人员的能力不足以胜任工作岗位，甚至是与委托人的期望目标相去甚远，或者即使其有足够的能力但如果他"在其位而不谋其政"而是用其最大化的努力追求个人效用时，有效的公司治理机制应该能够及时地更换掉这些"不符合要求"的经理人。这种经营者的控制权约束机制就是公司管理层变更（尤其是强制性解雇）制度。这对于建立完善的经理

---

① 刘红娟，陈永忠，刘红刚. 大股东特征与董事会结构关系的实证分析 [J]. 统计与决策，2004（7）.

人市场、提高经理人的人力资本质量、规范经理人的行为以及有效调动其积极性和创造性都具有重要理论和现实意义。

从委托代理理论角度来看，如果公司治理机制是有效的，公司的业绩表现就可以作为股东评价经理人经营管理水平的重要衡量指标。当企业的业绩偏离委托人的期望值，以至于远远超出委托人的承受范围时，委托人（如大股东或董事会）会通过解雇和重新选用高管人员的方式来对企业的战略决策进行调整，以确保具有经营能力的人来经营管理企业，以改善企业业绩，减少股东损失。所以作为对经营管理者的一种极端约束手段，高管变更不仅是股东或董事会做出的最重要的决策之一，也是有效的公司治理机制的必然结果，而且可以看成企业根据内外环境的变化做出旨在提高企业生存能力的重要决策，它必然对企业的未来发展产生重大影响。正如卡普兰[①]所说："有效的公司治理机制会惩罚业绩差的公司经理人。"

近些年来处于经济转型期的中国上市公司涌现出了大量高管人员变更的事件。正如延森和瓦纳尔（1958）所说，公司高管变更既是"理解约束经理人力量的关键变量，也是衡量企业治理机制效率的重要指标"。从理论层面上来讲，高管变更是公司治理内外部机制共同作用的结果。有效的公司治理机制能够及时更换经营业绩低劣的高级管理者，而代之以具有更高经营管理才能的经理人。那么在我国上市公司内外部治理机制尚不健全的背景下，这些高管变更现象到底多大程度上反映了上市公司的治理效率？这些高管变更事件的发生是否真的利于改善我国上市公司的治理质量？这些问题值得我们去仔细探究。

从上面的分析来看，目前研究高管变更对于完善公司治理

结构、提高公司治理起到很大的作用。我国自从 20 世纪 90 年代以来，经济形势和制度环境发生翻天覆地的变化，特别是 1993 年党的十四届三中全会通过的《关于建立社会主义市场经济体制若干问题的决定》提出国有企业改革和建立现代企业制度的决策后，我国学者纷纷对公司治理改革的相关问题展开讨论。虽然所有者对企业拥有最终控制权，但是实际经营管理公司的却是高管，高管在公司治理中所起到的作用非常大，所以对于高管的变更现象就要尤为关注。正如前边提到的，我国的宏观经济发生巨大的变革，不同地区的制度环境也存在巨大差异，政府影响企业所处的市场环境，比如企业融资、人力资源的流动等。由此思路，本书从市场竞争和制度环境的视角深入剖析高管变更的本质原因。

1.2 高管概念的界定

高管人员是指掌握企业经营权并直接对企业经营效益负责的企业高级管理人员，是委托代理关系中的高级代理人。西方研究文献中对高管人员的认定，通常包括具有董事会主席、总裁以及首席执行官（CEO）三个头衔的经理人；而在我国传统的体制中，企业高管人员通常称为厂长或经理。在现代公司制企业中，按照《中华人民共和国公司法》（以下简称《公司法》）的有关规定，高级管理人员应该包括公司的经理、副经理、财务负责人，上市公司董事会秘书和公司章程规定的其他人员。中国证监会从 2000 年开始就要求上市公司对高管变更的原因进行披露。目前，国内学者们在研究中对掌握经营权的高管人员的认定观点不一，至少有以下三种观点（段毅才，1994）。

第一种观点认为，董事会成员是具有经营权的高管人员，经理只是管理者，因为股东与董事会之间是信托关系，股东大会把公司法人财产的经营责任全部委托给了董事会，董事长是公司的法定代表人。而董事会只是将部分经营权委托给了经理人员，所以所有者是股东，董事会成员是经营者，经理是具体执行和参与的管理者。

第二种观点认为，董事会成员与经理都是具有经营权的高管人员（龚玉池，2001）。事实上，董事会与总经理是分担责任，是合伙关系，不存在谁单方面负责的情况，问题的关键是"确立董事会与总经理之间的权利均衡，明确彼此间的权利与义务"（德摩，纽博格，1992）。

第三种观点则强调，法律上企业属于股东，但事实上经理具有对企业的控制权。因此，该观点只将经理人作为经营者，这种情况在日本的公司比较常见（瓦纳艾娜，山本先生，1993）。

由于我国《公司法》中仍有董事长为法定代表人的规定，并且同时有经理的概念，以及社会观念中家长制的文化传统、单位要有一把手等传统概念的存在，导致中国上市公司董事会作为一个会议体来行使决策权力的概念并不清晰，同时也带来董事长和总经理到底谁是中国上市公司的高管人员这一问题也不十分清晰。国有企业的具体情况是，绝大部分董事也都是代理人，与总经理一样，共同从事经营管理工作，并有着共同的利益，只是掌握经营控制权的范围有所区别。经营者并非一个具体的人，而是一个团队。朱克江（2002）也指出，国有企业经营者包括董事会成员与经理人员，他们都实际掌握企业的经营权，按照这种定义，根据资料获取的可能性，本书将"董事长"与"总经理"定义为高管人员，高管的变更就特指董事长或总经理的变更。

1.3 研究目的和意义

1.3.1 研究目的

由于所有权和经营权的分离所引发一系列代理问题一直是国内外学者研究的热点，我国1994年正式实施的《公司法》确定了我国公司治理体系的内部监控系统的基本模式，即由股东通过股东大会选举董事会负责企业经营决策，后者聘用经理班子负责企业的日常运作，另设监事会对董事和经理班子管理企业的行为进行监督。但是这个模式在目前并没有能很好地运作。本书认为在产权明晰、权责明确的情况下，高管应该能够对公司法人财产进行有效使用和管理。可是在实际当中，作为公司的实际经营管理者高管并没有起到应有的作用。尤其是当市场环境和制度环境发生巨大变化时就会影响高管的变更。因此，本书研究的目的主要表现为以下三个方面：

（1）从市场竞争的角度出发，在充分考虑到公司所处市场环境以及自身竞争能力的差异的情况下，考察公司市场竞争度对高管变更的影响，以及是否由于存在行业的差异导致高管变更出现的概率有所不同。

（2）市场环境的变换是否会影响到股东将公司业绩作为衡量高管的经营能力的显性指标。在考虑到了市场环境的因素后，公司的业绩是否还是和高管变更有显著的关系，值得我们进一步研究。

（3）改革开放以来，我国地区之间的差异越来越大，特别是西部地区和东南沿海各省分的制度环境有很大的不同。由于制度环境存在的差异对于高管变更的影响是否存在尚不明确，公司的外部环境因素也是一个不可忽视的地方。

1.3.2 研究意义

作为一系列契约集合体的企业，公司高管拥有独特的、不可替代的人力资本，是企业完善公司治理结构的重要力量源泉之一。但是，高管自身的经营管理能力的优劣会直接影响到企业未来的经营发展。因此如何保证企业经营管理者拥有适合企业发展要求的人力资本质量，又要保证其拥有足够的工作积极性已成为影响企业核心竞争力的关键因素。所以关于企业高管变更问题的研究随着现代企业制度的不断完善而变得日益普遍和重要。然而，高管变更机制不仅作为公司治理的一个惩罚机制而存在，而且还能对高管行使有效的激励作用。如果高管人员由于业绩低劣而遭到委托人的解聘，那么他不仅丧失了经营管理职位所带来的各种收益，而且其在经理人市场的声誉甚至市场价值都要遭受损失，继而危及其职业生涯。为了避免失去工作职位的风险，高管人员必须努力工作，减少自己的机会主义行为。这样高管人员的代理行为就会趋向于委托人利益最大化，减少机会成本的出现。

综上所述，在我国的资本市场尚未成熟、制度和市场环境存在地域差异的前提下，由此展开对高管更换的理论和实证研究对于建立有效的公司法人治理结构，对企业不断丰富和完善现代企业制度和提高公司治理水平，对于促进我国经理人市场的尽快形成和提高我国上市公司高管的经营管理水平都具有重要意义。而且对该问题的深入研究对于促进转轨时期的我国上市公司取得快速、高效发展也具有十分重大的意义。

1.4　研究思路和方法

1.4.1　研究思路

本书以高管变更的事件为研究对象，从定性、定量的角度考察我国上市公司的治理机制（内部治理和外部治理）与公司高管变更之间的关系（具体研究框架如图1-1所示）。特别是在充分考虑到公司内部因素的基础上，引入公司外部治理变量制度环境因素和市场竞争能力，找出其与公司高管变更之间的关系。本书首先从理论角度建立了公司治理与高管变更的逻辑分析框架，并充分对于能够影响高管变更的因素进行描述性统计分析。在此，本书界定上市公司的高管特指董事长和总经理。关于主要高管变更与公司治理之间关系的实证研究分别从公司治理的内外部机制两个角度展开的。关于公司内部治理与主要高管变更的实证研究是选择整体上市公司作为研究的样本，主要考察公司的市场竞争度、公司的业绩、制度环境因素与高管变更之间的关系。关于公司内部治理的变量还会涉及在对高管变更情况进行描述性统计时所涉及变量，如高管年龄、任期等变量。由此，本书试图通过从公司内部治理结构、公司绩效、市场竞争、制度环境来分析其与高管变更的本质原因和关系。

```
                    ┌─────────────────────┐
                    │   高管变更背景分析    │
                    └─────────────────────┘
                               │
                               ▼
                    ┌─────────────────────┐
                    │      文献回顾        │
                    └─────────────────────┘
                               │
        ┌──────────────────────┼──────────────────────┐
        │                                              │
   ┌──────────────┐                          ┌──────────────┐
   │  制度背景剖析  │                          │  理论基础分析  │
   └──────────────┘                          └──────────────┘
        │                                              │
        └──────────────────────┬──────────────────────┘
                               ▼
                    ┌─────────────────────────┐
                    │  高管变更描述性统计分析   │
                    └─────────────────────────┘

                         筛选 │ 变量
        ┌──────────────────────┼──────────────────────┐
        │                                              │
   ┌──────────────┐                          ┌──────────────┐
   │ 市场竞争度方面 │                          │  制度环境方面  │
   └──────────────┘                          └──────────────┘
        │                                              │
        └──────────────────────┬──────────────────────┘
                               ▼
                    ┌─────────────────────────┐
                    │  高管变更实证分析与解释   │
                    └─────────────────────────┘
                               │
                               ▼
                    ┌─────────────────────┐
                    │   研究结论与启示     │
                    └─────────────────────┘
```

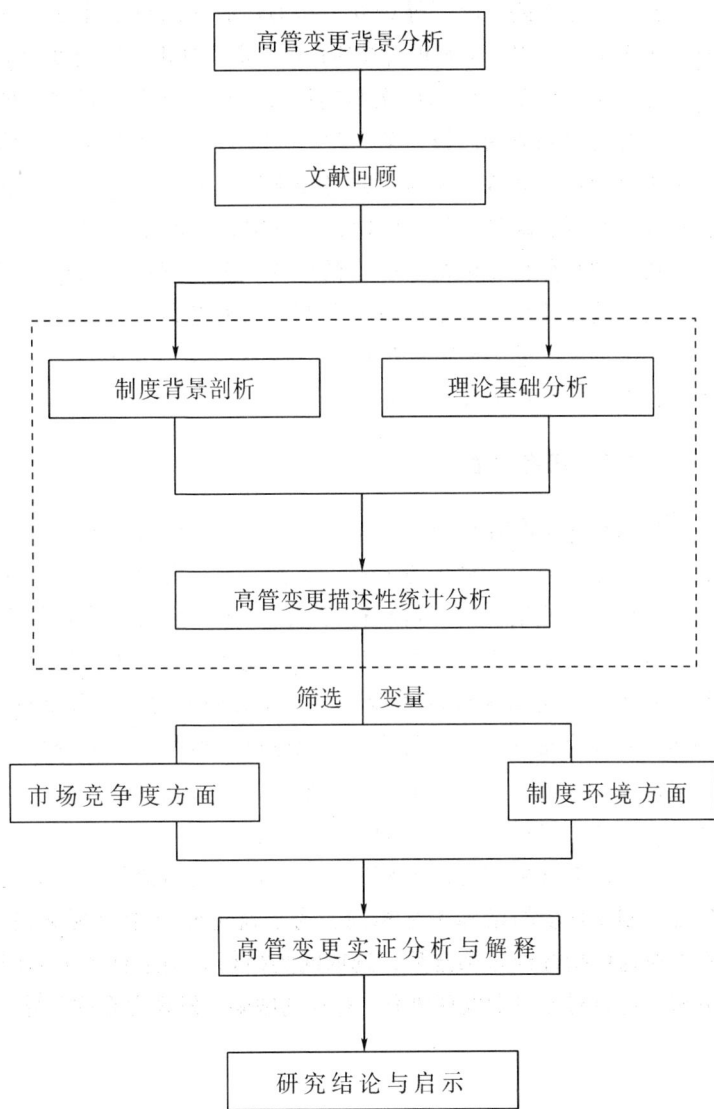

图1-1 本书研究框架

根据上述思路，除了导论外，本书在后面的章节作如下安排：第2章，对相关文献进行综述；第3章，分析我国制度背景的变迁对于上市公司的深层次影响；第4章，对于高管进行理论分析并提出相应的假设；第5章，选取1999年1月1日以前的上市公司作为研究的样本，并对样本以及变更的高管样本进行行业、地区、高管年龄、任期、变更次数等因素的描述性统计分析，初步分析影响高管变更的原因；第6章，分别从市场竞争度、公司业绩、制度环境三个大方面来考察对高管变更的影响；第7章，对于实证分析中的结果进行解释；第8章，对全书进行总结，并提出政策建议。

1.4.2 研究方法

本书首先采取规范与实证相结合的方法。规范分析强调由理论去证伪或证实一种理论假定，或者否定一种理论，或者演绎出一种新的理论与价值判断有关。而实证研究是从事物的实际运行情况出发，描述事实以及之间的关系，探讨事物的原因及其后果，并提出相应的对策。本书在对公司内、外部治理，特别是外部治理与高管变更进行理论分析时运用了规范分析的方法；在分析公司治理内部机制、绩效、市场竞争度、制度环境与高管变更的相互关系时采用了实证的研究方法。

其次，本书采用对比分析法。由于衡量公司业绩、市场竞争度、制度环境的指标不尽相同，为了避免研究中出现偏差，本书对这些指标经过筛选后，选取同类指标分别进行实证回归分析，进行对比以期发现研究中存在的缺陷，发现存在的差异。

1.5　可能创新之处

本书从公司外部治理入手，同时兼顾内部治理要素来展开对于高管变更的研究。并以 1999 年 1 月 1 日以前上市的公司作为研究样本，形成初步的研究结论。本书可能创新之处在于：

首先，不管是同一行业，还是不同行业的公司的市场竞争能力都会有所不同。所以本书引入市场竞争指标来分析高管变更的因素，充分考虑了公司自身的核心竞争力，同时也考虑到该公司在所处行业的地位。所以本书在兼顾公司内部治理的基础之上，引入该指标来展开对于高管变更的分析的视角与以往同类分析有所不同。

其次，本书在充分考虑到市场环境因素的基础上，对于不同公司业绩指标进行分析，以期发现影响高管变更的深层原因，并验证市场环境因素是否会影响到公司业绩与高管变更的关系。

最后，改革开放以来，我国的制度环境发生了很大的变化。对于公司外部治理的制度环境的分析较少。本书在引入分析公司市场竞争度的基础上，继续引入制度环境因素来多方位分析在不同制度环境下的影响高管变更的深层原因，以期找出其规律，通过进一步完善公司外部环境来提高公司治理效率。

2   文献综述

2.1   相关理论

2.1.1   公司治理理论

近二十年来，无论是在西方国家还是发展中国家，公司治理日益成为经济生活中人们关注的热点问题。关于公司治理的理论研究也逐渐增多，传统上公司治理被认为是一套用来保护股东利益的制度安排，公司治理要解决的一个核心问题是：委托人和代理人分离所带来的利益不一致。而所谓公司控制机制是公司治理的具体实现形式。公司控制机制包括内部控制机制和外部控制机制（斯雷芬和维瑟妮，1997）。前者如经营者激励机制、董事会和监事会的监督机制等；公司外部控制机制包括证券市场与控制权配置、兼并收购等（李维安，2002）。

董事会也是公司内部治理的一个重要环节。当委托人和代理人的利益产生矛盾时，董事会监督职能的有效发挥将起到降低代理成本的作用，尤其是在会计信息披露较少时，股东或内部人就成为信息的主要使用者，这时董事会监督作用发挥的好坏对公司治理的效果起着重要作用。而董事会中包括独立董事，在独立董事大量存在的时候，有助于保障董事会的独立性，从而可以提高董事会的监督机制。

除了内部控制机制以外，良好的外部机制也是实现有效公司治理的保证。控制权的斗争以及外部市场兼并收购的激烈化程度，也能起到激励高管人员努力工作的效果。活跃的外部兼并收购市场可以提高内部控制机制的有效性，二者之间存在互补作用。因为市场潜在收购者的压力越大，董事会发挥监督作用的激励也越大。西方的研究文献已经验证了这一点（马丁和麦空，1991）。因此，当存在有效的外部控制机制和内部控制机制时，由于有损股东的利益，经营不力的高管人员将被更换。

2.1.2 委托代理理论

委托代理理论的研究是建立在两项假设基础上的。一是在两权分离的情况下，委托人与代理人之间存在着严重的信息不对称现象：管理层掌握更多的企业生产经营的信息，具有信息优势；而委托人将经营管理权授予管理者之前和之后都处于明显的信息劣势，即委托人在与代理人签订契约之前无法全面地了解代理人所具有的才能，在契约签订后也无法准确地知晓代理人的日常工作努力程度。二是在经济人假设的基础上所形成的管理层自利性特征，决定了经营者与所有者之间的目标函数存在着不一致性，管理者并非完全从所有者利益最大化的角度去选择自己的行动。而且这些非股东利益最大化的行动对委托人来说是不能观察的，是隐蔽的行为。这样代理人在经营管理企业的过程中可能出现与委托人利益不相符的"道德风险"和"逆向选择"等行为。因而委托人关心的是设计合理有效的激励约束机制，通过参与约束和激励相容约束来激励代理人采取有利于委托人利益的行动。

这样如何激励代理人，如何设计最优的激励方案，使其按照委托人的意愿行事就成为委托代理理论所关注的核心问题

（斯涕雷特，1975）。高管变更机制是委托人设计的针对代理人的一种有效激励约束机制。这种机制不仅能够对代理人产生正向的激励作用，而且还能产生负向的约束惩罚作用。它既能够激励在位的代理人从委托人利益角度出发以最大化的努力程度去经营管理企业，还能对严重偏离委托人利益的行为实施严厉的惩罚，即解雇经理人。解雇威胁之所以能能够成为激励机制是因为，在经理人市场上，被解雇的经理人将遭受人力资本价值的损失，或者面临着无法再就业的危险。这种潜在利益损失威胁的存在使得经理人努力实现委托人利益的最大化，避免隐蔽、偷懒和机会主义等（李维安，武立东，2002）。因此企业的高管变更是企业委托人为解决代理成本问题所采取的维护自身利益的极端手段，也是针对企业高管的有效激励手段。

对于现代企业的行为研究，特别是对于经理人员的行为方式的研究就很难摆脱委托代理理论的框架体系。延森和迈克林（1976）认为，代理关系指的是一个或多个人（委托人）通过授予另一个人（代理人）部分决策权的方式，约定代理人提供某些服务以维护委托人利益的合同。但是，由于委托人和代理人都追求各自利益最大化，两者的利益发生偏差，导致代理问题的出现。股东与经理之间通过签订契约实现了公司资产的运营，股东是出资人，也是委托人，而经理则是代理人，受股东委托经营资产，在股东与经理人之间构成了典型的委托代理关系。

在这种委托代理关系中，管理人员追求的是自身经济利益或者其他利益，而股东追求的则是股东财富，所以所有者与管理者之间存在着利益上的冲突，这就是所谓的代理问题。如果企业的股东与管理人员为同一主体，则可以避免代理问题。但是现代经济社会中的企业，尤其是大型的上市公司，存在大量的流通股权或者外部股权，管理人员可能不是企业的完全所有者。股东作为企业的所有者，在还清债权人的债务和代理人的工资之后，公司所有的剩余利润都归股东所有，股东的利益与公司是最一致的；而经理人员的报酬通常都是固定的，一般不能分享公司的经营成果。公司理财和治理的实践结果是，所有者（股东）与经营者（经理）分离的委托代理关系出现了利益的矛盾：现实中的代理人是具有独立利益的经济人，他们的个人目标是最大限度地满足自己的利益而不是为委托人服务；代理人直接从事企业的生产和经营，他们工作努力程度的大小、有无风险投资行为，委托人难以判断；对公司利润的随意处理，委托人也难以监控。正是由于委托人和代理人的信息不对称，于是代理问题就产生了。在现代公司里，除股东和董事会之间的委托代理关系以外，还存在着大量其他的委托代理关系，如董事会和经理之间、经理和员工之间、债权人和企业之间都存在委托代理关系。从委托代理理论出发分析企业内部的经济关系，能够得到许多有益的结论。

以延森和迈克林（1976）研究的信息不对称为核心问题，在过去的三十年，经济学发展起了一套较为成熟的形式化的理论，这一理论通常被不同的经济学家冠以不同的名称：委托代理理论、信息经济学、激励理论、合同理论等。在现代委托代理理论中，信息的不对称导致了委托代理关系。在这一关系中，拥有私人信息的一方称为代理人，不拥有信息的一方称为委托人。代理人的私人信息又大致可以分为两类：第一类，委托人无法观察到代理人的行为，或者说代理人隐藏行为，这一类问题被归结为道德风险问题；第二类，委托人无法获知代理人拥有的关于自身类型的信息，或者说是代理人隐匿信息，这一类问题被归结为逆向选择问题。

委托人作为机制设计人企图设计某一激励合同以诱使代理人从自身利益出发选择对委托人最有利的行动，这就是激励的含义。但是委托人并不能直接观测到代理人采取的行动，他能观测到的只是代理人工作的结果。于是委托人就根据工作绩效来奖惩代理人，但工作绩效并不仅由代理人的行动唯一确定，还有其他外生的随机因素（自然状态）也会影响代理人工作的结果，而且外生的随机因素是双方都不能控制的。代理人的行为要满足参与约束（又叫个人理性约束）和激励相容约束。关于多任务的委托代理关系问题也是我们研究企业内部问题时常遇到的经济问题，它的存在也是我国国有企业长期重要问题的一个因素。

2.1.3 交易费用理论

企业的契约理论是由科斯（1937）开创的，后来者又将它加以发展和完善。契约理论认为，企业是一系列不完全契约的组合。导致不完全契约的原因是人的有限理性、环境的不确定性以及交易费用的存在。契约理论主要包括三个分支：交易费用理论、产权理论和代理理论。交易费用理论是由科斯提出的，经过后来的威廉姆森等人的继承与发展，形成了具有丰富内涵的现代企业理论。

科斯对现代企业理论的贡献在于"引入交易费用来解释企业的存在"。科斯（1937）在他的经典论文《企业的性质》中指出，交易费用是为完成交易而付出的各种费用的总和，包括寻找交易伙伴、制定交易价格、进行交易谈判、订立交易合约、执行交易和监督违约的行为并对之进行制裁、维护交易秩序等。科斯思想的提出是对古典经济学关于市场机制无成本思想的批判，引导人们从企业外部转向企业内部来探讨如何降低企业内部的交易费用。而要降低企业内部的交易费用首先考虑的是如何调动企业组织中人的积极性。所以对于企业内部成员，尤其是高层管理人员的激励问题的研究就引起了经济学家的充分重视。令人遗憾的是在关于权威能够降低企业交易费用的观点上，科斯并没有能够解释应该怎样分配权威或者由哪些人掌握权威，科斯没有回答怎样激励内部人，怎样对高层管理人员进行激励的问题。继科斯之后，对交易费用理论的发展做出突出贡献的是威廉姆森等人。正是他们对科斯的观点的继承和发展才使得交易费用理论逐渐完美起来。

威廉姆森的交易费用理论从契约理论的关于人的两个行为假定有限理性和机会主义出发，认为在组织内部建立层级机构，将工资与工作岗位相联系，通过内部提拔和建立长期雇佣关系等可以有效解决在市场交易中所表现出的机会主义问题。他还认为在所有权和控制权相分离的现代企业中，不同的组织结构对企业家激励构成明显的影响，认为 M 型结构比 U 型结构更能有效地激励约束企业家（哈特，摩尔，1990）。

威廉姆森还从有限理性的角度出发，认为人具有"主观上追求理性，但客观上只能有限地做到这一点"的行为特征，所以详尽的、尽善尽美的契约是不可能存在的。因为有些问题是在契约签订以后在组织运行过程中出现的，所以企业组织中的企业家的激励约束问题是徒劳的，而解决这些问题只能靠事后去补救，即依靠企业"治理结构"去解决企业中高管人员的激励约束问题。

从交易费用理论的思路来看，由于委托人与代理人之间所签订的契约是不完全的，而代理人在契约执行过程中又存在有限理性的"机会主义"行为，因此激励约束高管的有效机制只能是"事后"型的公司治理结构，即在"事后"通过代理人的契约执行情况来决定其奖惩情况，对代理人的违约行为进行制裁、惩罚以维护交易秩序并降低相关交易费用。因此企业高管层变更就是委托人对代理人即高级管理层危害企业所有者利益行为的一种制裁或惩罚。也可以说企业的高管变更是在契约的"事后"，委托人通过中止与代理人之间合作契约并通过重新雇佣新代理人来减少交易费用，来实现自己的利益最大化，这种决策的参考依据就是当初双方所签订的合作契约。所以高管变更机制是一种有效的激励约束机制，约束代理人偏离所有者利益的自利行为，诱导、激励代理人采取利于委托人利益的行为。

2.1.4 企业家理论

企业家是特殊的劳动者，其掌握的人力资本是企业中的稀缺性资源，也是核心、特殊的人力资本。企业家人力资本之所以具有特殊性，原因在于：首先企业家人力资本的某些因素具有先天性，是一般人经过后天努力所无法实现的；其次企业家是经营管理者中的成功者，是通过激烈的市场优胜劣汰机制产生的特殊人力资本，所以企业家的社会供给是缺乏弹性的；再者企业家在企业中的关键地位决定了其人力资本的特殊性，企业家人力资本的有效配置在相当程度上决定着企业其他人力资本的配置效率，进而决定着企业的运营效率，即企业的绩效水平。所以企业绩效水平的提高依赖于企业家人力资本的激励机制的有效性，这正是企业家理论所关注的内容。对企业家激励问题的研究做出突出贡献的代表性人物有熊彼特（Schumpeter）、马歇尔（Marshall）以及张维迎等。

熊彼特（1934）认为，"创新"是企业家的重要职能和根本动机，作为创新活动的一种回报，企业家获得"企业家利润"。熊彼特把企业家创新与风险隔离开来，认为企业家只享有创新的精神和创新活动所带来的企业家利润，不应该承担创新所带来的风险，而创新的风险是资本市场现存的，所以风险也应该由资本所有者承担。熊彼特的这种将创新的收益与风险相分离的观点受到后来经济学家的质疑。

与熊彼特的观点相反，马歇尔则认为企业家的重要特征之一就是承担风险。企业家的功能在于以自己独有的人力资本，通过组织的创新在不增加投入的情况下重新配置企业的物质资本、劳动力、土地等生产要素，从而促使企业获得更大的效益。企业家需要承担在创新性的重新配置资源的过程中所产生的经营风险。马歇尔理论的贡献在于不仅赋予了企业家"风险承担者"的角色，而且在企业内部对风险承担又作了具体划分，完整揭示了企业家获取"企业家利润"的根本原因。这一理论为解决和回答为什么必须对经营者予以激励的问题提供了理论依据。

马歇尔所提出的企业家风险对我们理解高级管理层的变更也具有重要的参考意义。在企业家经营管理过程中，他必须承担经营失败的风险，该风险带来的后果就是可能被企业的委托人所解雇。所以为了规避经营失败的风险，企业经营管理者就必须时刻注意提高自己的个人能力即人力资本，这样潜在解雇风险的存在就产生了对管理者的一种激励约束作用。

张维迎（1995）在综合各位学者关于企业家理论成果的基础上，着重研究了资本与企业家能力的关系问题，认为资本是传递企业家能力的信号，只有那些愿意充当企业家同时又拥有足够个人资本的人才能成为合格的企业家。张维迎还提出了决定企业代理权安排的诸种因素，在经营者激励问题上，他认为选择比激励更重要。张维迎认为，首先应该将企业的经营管理权委托给那些具有合适人力资本且愿意充当企业家的人，然后才能用激励的手段去调动其积极性，即首先要选对人，然后才能针对人实施激励计划。张维迎的这一观点对我们理解企业高管层的更换具有重要的引导价值，即企业变更行为隐含的是企业并没有选择到正确的、合适的经营管理者，并且将要对这种错误决策进行事后纠正，同时也是对企业家经营管理能力及其人力资本的一种否定性评价。这种评价行为对企业家人力资本具有严重的贬低作用，是对管理者人力资本的一种潜在威胁，所以高管变更机制的存在对在位的管理者具有激励作用。

总之，企业家理论认识到了企业家是企业的核心人力资本，为了充分调动高管层的积极性，激励其更好地发挥企业家才能对企业绩效的推动作用，就必须制定完善的高管激励约束机制。根据企业家理论，为了保持在位高管人力资本的高水平，不但要注重高管人员的选择程序，保证适合企业发展要求的高管人员来管理企业，而且还要设置适当的解雇机制使高管人员时刻保持职业危机感。所以企业家理论有助于我们更好地理解公司治理条件下的高管变更的机制。

2.1.5 制度变迁理论

制度学派的创始人凡勃伦（1964）在《有闲阶级论》中谈到，制度"实质就是个人或社会对有关的某些关系或某些作用的一般思想习惯"；而生活方式所构成的是，在某一时期或社会发展的某一阶段通行的制度的综合，因此从心理学的方面来说，可以概括地把它说成是一种流行的精神状态或是一种流行的生活理论。

制度变迁理论起初是从需求角度研究制度变迁的，以经济人假设为前提，重视个人和利益集团等非国家组织作为制度变迁主体的作用，制度变迁的需求来自要素与产品的相对价格的变化，以及与经济增长相关联的技术变迁。德姆塞茨（1967）分析了不同产权制度在解决外部性问题上的差异，得出了合乎效率的产权制度朝着私有方向演进的结论。他指出，产权的发展旨在当内在化的收益大于其成本时使外部效应内在化。日益增加的内在化主要源于经济价值的变化、新技术的发展和新市场的开发使旧产权不再适宜而引起变化……给定一个社会的产权偏好，新的产权将顺应技术和相对价格的变动而出现。V. W. 拉坦提出诱致性制度变迁理论则强调了技术变迁产生的收入流对制度变迁的引致作用。他说："制度变迁可能是由对与经济增长相联系的更为有效的制度绩效的需求所引致的。"拉坦（1996）和戴维斯在其早期的研究中对引致制度变迁需求的收益来源做了扩展。

制度变迁理论的研究后来转向制度变迁的供给方面，强调国家作为制度变迁主体的重要性。拉坦等人（1978）采用供求分析，不仅从制度变迁的需求方面，而且从供给方面深化了对制度变迁问题的研究。他认为，制度变迁不仅是由于对更为有效的制度的需求所引发（这是舒尔和诺思所讨论的），而且取决于制度变迁的供给曲线，而供给则来自社会科学知识及法律、商业、社会服务和计划领域的进步。诺思（1981）指出，现实世界中国家是最具暴力和比较优势的组织，国家在保障市场秩序、弥补市场缺陷、决定制度变迁方向和制度变迁的实际供给等方面具有其他任何组织不可比拟的独特作用。戴维·菲尼（1992年）的《制度安排的需求与供给》提出了制度安排的供给—需求分析框架，对从需求和供给两个方向所作的有关制度变迁理论的研究作了阶段性总结，勾画了一个制度供求分析的框架（如图2-1所示）。

制度变迁理论大体经历了四个历史时期：第一个时期是以凡勃伦为创始人的开创性历史时期，制度的概念得以创立并用"累积因果论"来解释制度的变迁。第二个时期是以莫·克拉克为代表的对制度变迁理论继承和发展时期，涉及对资本主义企业的分析，制度与技术相互作用等问题。第三个历史时期是以加尔布雷斯为代表的近代制度经济学时期。第四个时期是以科斯、诺思等人为代表的新制度学派蓬勃发展时期，研究成果卓著。此外，还有以哈耶克为代表的新自由主义经济学的制度变迁理论。虽然都被冠以制度学派的名称，但这四个发展时期理论学派的主张并不相同，有些观点甚至相对。为了以示区别，

```
              ┌ 宪法秩序
制度类型 ┤ 制度安排
              └ 规范性行为规则

内生变量：

                      ┌ 相对产品和要素价格（包括人口变化）
制度变化的需求 ┤ 宪法秩序
                      │ 技术
                      └ 市场规模

外生变量：

                      ┌ 宪法秩序
                      │ 现存制度安排
                      │ 制度设计成本
                      │ 现有知识积累
                      │ 实施新安排的预期成本
制度变化的供给 ┤ 规范性行为准则
                      │ 公众态度
                      │ 上层决策者的预期净利益
                      │ 动态顺序
                      └ 变化途径/制度演变
```

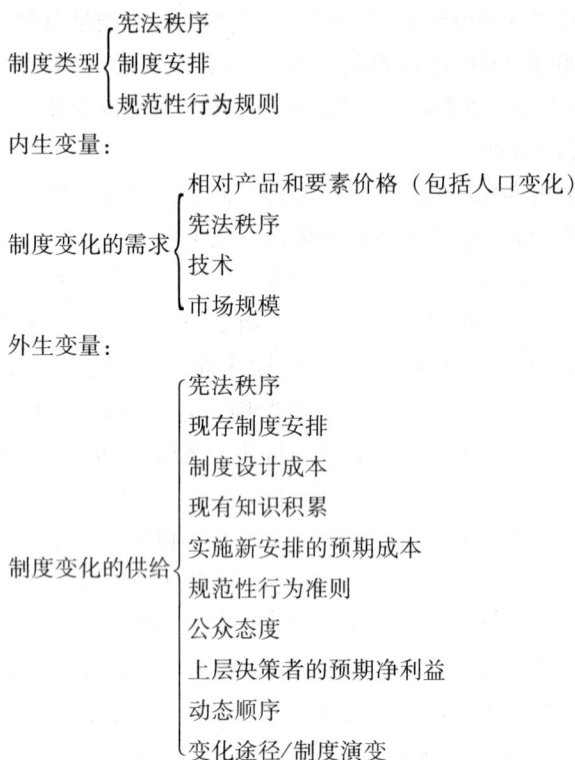

图 2 - 1　制度安排的需求与供给分析框架图

一般把第一、第二时期的制度学派称为旧制度学派，第三个时期称为近代制度学派，第四个时期称为新制度学派或新自由主义学派。

在制度变迁理论的研究领域，诺思的贡献是十分卓越的。诺思的制度变迁理论始见于 1968 年发表的《1600—1850 年海洋运输生产率变化的原因》。在 1960—1970 年间的著作《美国从 1796—1886 年的经济增长》、《西方世界的兴起》（与托马斯合著）和《制度变迁和美国经济增长》（与戴维斯合著）中，诺思运用经济人的概念，采用成本—收益分析方法和均衡分析方法，构建了一个比较完整的制度变迁理论框架。《经济史中的结构与变迁》（诺思，1981）提出了制度分析的三大理论基石（即产权、国家和意识形态），标志着诺思制度变迁理论体系的形成。之后，《制度、制度变迁和经济绩效》（诺思，1990）、《交易费用、制度与经济绩效》（诺思，1992）对以往的研究成果进行了加深与扩展，认为制度变迁是一个演进的过程，它是通过复杂规则、标准和实施的边际调整来实现的，从而形成了一套完整的制度变迁理论体系。

诺思是新制度经济学的开创者之一。他通过对经济史的研究发现了制度与经济增长密切相关，从而突破了传统的经济史学家把制度当做既定的，集中于用经济上的理性行为来解释过去的事件的模式。他的理论核心是关于一个制度产生、成长、成熟、衰竭的理论，也就是制度变迁的理论。该理论包括以下一些基本假设与范畴，这一假设是"经济人"假设，用他的话来说就是"最初总是假定企业总是试图使利润最大化"。他认为有效率的产权是经济增长的基础，也是制度变迁的实质。产权的供需是受交易费用制约的。如果国家权力介入，提供产权界定，则有关费用就明显降低。因此，在他的制度变迁理论中，产权是基础，国家权力是关键，经济增长是目标。由于所有这一切都构筑于"经济人"的假设之上，因而其制度创新本质上是一个理性设计的过程。至于推动这一变革得以完成的条件，有技术方面的，如技术变迁导致报酬递增，因此使得更复杂的组织形式的建立变得有利可图；有市场规模方面的，也就是这种变化能够改变特定制度安排的利益和费用；有收入预期方面的，如一个社会中各种团体对收入预期的改变会导致他们对建立新制度安排的收益和成本评价的全面修正；还有社会背景方面的，如制度环境，也就是一系列用来建立生产、交换与分配基础的基本的政治、社会和法律基础规则。当这些条件变化、制度安排有利可图时，制度变迁就会发生。因而这种制度变迁就具有严重的路径依赖，对过去历史与社会条件的依附，在利益选择中有可能反复。

诺思的制度变迁理论对中国现代化道路选择具有以下启示：①走现代化道路，要首先解决制度变迁（或创新）的问题。诺思教授认为，"制度变迁与技术进步有相似性，即推动制度变迁和技术进步的行为主体都是追求利益最大化的"。制度变迁的成本与收益之比对于促进或推迟制度变迁起着关键作用，只有在预期收益大于预期成本的情形下，行为主体才会推动直至最终实现制度的变迁，反之亦然，这就是制度变迁的原则。21世纪的中国，正在建设有中国特色的社会主义，并将物质文明、精神文明、政治文明作为现代化的目标追求，这是社会主义在经济、政治、文化上从价值观念到制度层面的现代转型，或者说，中国正进行着前所未有的制度创新的革命。新制度经济学家认为：第一，制度是重要的；第二，制度是内生的，即表明一个最优的制度安排实际上是内生的，它与发展阶段、历史、文化有关系。比尔·盖茨曾说过，高新技术在旧体制中是一种高浪费。但制度决定于国情，制度变迁不可能一蹴而就，而只能在发展经济的同时，不断探索，逐步完善。著名经济学家吴敬琏先生认为，社会主义市场经济发展到今天，大体框架已经基本建立，应该更多地强调法治，强调规范，强调制度建设。邓小平同志也认为"制度是决定因素"，"还是制度靠得住"，所以，制度创新是中国未来改革的主题，也是当代中国走向现代化的历史进程中的必然选择。②建立和完善社会主义市场经济体制是中国选择现代化路径的制度性创新。任何一个贫穷的国家，它必然拥有大部分贫穷的民众。任何一个强盛的国家，它的制度必然要保护大部分民众过着富足的生活。香港中文大学郎咸平教授认为，能否寓富于民是我们能否在这一个百年不断强盛的关键，一个好的制度应该有助于一般民众的财富增加，这即是说，富民强国，才能真正代表广大人民的根本利益，而代表广大人民的根本利益，就必须有一个好的制度保证。只有富民强国，才是我们这个民族虽历经磨难但仍然坚持不懈的追求。

2.2 高管变更的文献综述

国外学者对于高管变更的研究始于20世纪70年代，经过几十年的发展已经积累了较为成熟、较成体系的研究成果。而在我国由于公司治理的内外部机制尚不健全，社会各界对高管变更的研究仍处于起步阶段。所以本书是从公司内外部治理的角度来系统评述国内外关于高管变更的研究内容，试图梳理出公司治理与高管变更关系的总体研究思路和框架，为下一步开展高管变更的研究找到合适的切入点。

2.2.1 公司内部治理与高管变更

2.2.1.1 股权结构与高管变更

股权结构包括股权集中度和股权属性两层含义。所以对于股权结构和股权属性与高管变更的研究是从这两个方面展开的。首先艾伯茨和福润茨认为，为了使公司高管以股东财富最大化为目标，公司存在两种使管理者与股东利益相一致的机制，一是管理层持股，二是因为低劣绩效而存在的高管层解雇威胁。关于管理者持股对公司治理的影响存在两个不同的假设：第一为延森和迈克林（1976）提出了的利益一致假设，认为高管持股具有激励效应，即管理者持股行为能提高公司价值。因为一方面稳定的职位会激励管理者增加自身对人力资本的投入，从而提高管理效率；另一方面使管理者避免过分关注短期业绩的倾向，这种倾向往往损害股东的长期利益。第二为德姆塞茨（1983）、米克（1988）和斯塔兹（1988）提出的管理者战壕假设，指管理者长期居于某一关键职位，牢固掌握着企业的资源分配权力，因而很少受到各种约束机制（包括更迭）的影响。管理者大量持股会增加其权力，导致"占位"现象。其实质是减少对管理者的控制和压力，而使代理成本上升，股东利益受损。

关于高管持股与高管在公司绩效低劣情况下被解雇可能性之间关系的实证研究文献较多，其中丹尼斯等（1997）检验了1985—1988 年间发生的 1 394 例非常规高管更换与股权结构的关系，在控制了其他影响更换的潜在因素后，发现公司的所有权结构显著地影响高管更换与绩效的敏感度。他们认为，管理层的股权使得董事会解雇一个业绩差 CEO 变得困难起来，当高管持股比例介于 5% ~25% 时，更换可能性对绩效的敏感度显著低于高管持股水平少于 5% 时，即高管更换的可能性与高管持股负相关，高管持股阻碍了内部机制监督经理层的有效性。戴斯、劳恩和鲍威（1998）研究也得出了与丹尼斯等人相似的结论。他们检验了1989—1992 年间 2 643 家英国上市公司的高管更换、公司绩效与股权结构之间的关系，发现在高管持股水平少于 1%时，这些英国公司的高管离职事件发生更频繁，而且低劣的公司绩效与强制更换可能性之间呈现较强的相关性。而当高管持股水平超过 1% 时，高管们对内部控制机制压力变得不再敏感，但股价对高管持股量超过 1% 水平公司的非常规变更表现出明显的正相关。关于高管持股能阻止被更换概率的可能解释有二：一是管理层所拥有股权的增多可能使管理层通过投票控制权增强自己的影响力（马克特伯，1988），二是经理层股权阻止了外部控制权市场的活动，并且削弱了对内部监控机制的压力，从而使监控有效性大打折扣（赫什雷弗，萨科，1994）。

在关于我国上市公司的股权构成与高管变更关系的实证研究中，较具代表性的是赵超①等（2005）所做的研究。他们以1997年年底前上市的489家公司为研究对象，研究了在1998—2003年间的公司股权结构、业绩与总经理的强制性变更和正常性变更的关系。研究发现，总经理的变更，特别是强制性变更作为最极端的约束手段，能够约束业绩差的总经理；国家股比例、流通股比例和大股东比例与总经理的强制性变更和正常性变更都不具有任何显著的相关性，这说明在国有股"所有者缺位"、流通股比例过低、市场投机气氛浓重的情况下，国家股东、流通股东以及大股东无法有效地监管经理人；而经理人持股比例与总经理的强制性变更和正常性变更之间具有非常显著的负相关性，证明了中国上市公司的确存在"内部人控制"现象。

赵震宇、杨之曙和白重恩（2007）则通过分析1999—2003年中国上市公司董事长和总经理变更的具体原因以及性质包括升职、平调和降职，分析了公司绩效、股权结构等诸多因素对高管层变更的影响。结果显示，不同属性的公司其评价总经理的业绩或能力指标也有所差异，公司绩效对非国有公司高层人员变更有正向激励的影响，如高管层职位的升迁或降职与公司业绩正向相关，要比国有更加显著。

姬美光、王克明（2008）选取2002—2004年除金融类的所有上市公司为研究对象。研究发现，高管变更的可能性受到会计业绩、第一大股东类型、股权制衡度、高管来源、董事长与总经理两职合一的影响。当公司第一大股东的相对控制权越大，且公司股价在股票市场表现不好时，其董事长被更换的可能性

---

① 赵超，Julian Lowe，皮莉莉. 中国上司公司股权结构与总经理变更[J]. 改革，2005（1）：93－100.

也就越高。非国有企业更有可能采用公司的真实业绩来考核董事长，并在公司业绩不好时撤换董事长；而来源于公司第一大股东或上市公司实际控制人单位的董事长会设法保住自己的地位，以降低公司业绩不好时被变更的可能性。

我国上市公司中不同控股股东对高管的监督效率是以其最终产权主体的清晰度为序的，即控股股东最终产权主体的清晰度越高，高管变更对公司业绩的变化就越敏感。陈和王（2004）以1995—2003年间发生总经理变更的626家中国上市公司的773次案例为研究样本，并采集了同期没有发生变更的552家公司为参照样本，通过高管变更对业绩变化敏感性来分析中国转轨经济背景下不同控股股东和公司治理机制的监督作用。发现高管变更和公司业绩关系随着股东类型不同存在显著的差异。将企业的控股股东分为公司型和政府代理人型两类后，发现政府代理人型控股股东的监督效率明显比国有法人和一般法人控股时低，因为此时变更对于低劣的公司业绩明显缺乏敏感性。陈漩，淳伟德①（2006）以我国上市公司为研究对象，分析了政府控制型公司、投资管理公司控制型公司、国有法人控制型公司和一般法人控制型公司在高级管理人员更换对业绩敏感性上的差异。实证结果表明，政府控制型企业高层更换对绩效的敏感性显著低于其他类型的公司，其余几类公司之间不存在显著差异，因而提高企业效率应着眼于引入有"市场导向"的直接监控主体。

曾海涛、谢军（2009）以2006年上海证券交易所808家上市公司为样本，实证考察第一大股东持股对高管变更的影响。实证结果表明，公司绩效较好的情况下，第一大股东持股比例

① 陈漩，淳伟德. 人股东对公司高层更换影响的实证分析 [J]. 软科学，2006（2）：134-139.

与公司高层管理人员变更之间存在显著的 U 型关系，在第一大股东持股比较分散的区间，第一大股东持股对更换高管人员具有消极作用；在第一大股东持股集中的区间，第一大股东持股则具有积极的监督约束管理者功能；在不同的第一大股东持股区间，均不能验证第一大股东持股对经营不善公司管理层更换的积极作用。研究结果同时验证了股权制衡的监督制衡作用，其他大股东的持股与更换管理层呈现显著的正相关关系，而股权的国有性质与高管变更未呈现显著的相关关系。实证结果还表明，董事长和总经理两职兼任与高管变更负相关，独立董事制度对高管变更的影响不能发挥其正面监督作用。

石水平（2010）以 2000—2004 年发生控制权转移的上市公司为样本，采用单变量描述性统计和差异比较分析了控制权转移前后公司业绩的变化，特别是控制权转移后的高管变更现象，并在此基础上进一步运用多元回归分析了高管变更对控制权转移后的绩效影响。本书研究发现，在控制权转移后并没有提高公司业绩，尽管控制权转移后第一年内提高了公司业绩，但实际上是高管变更对上市公司控制权转移后的绩效产生了显著影响。另外，第一大股东持股比例与企业绩效在控制权转移后第一年呈倒 U 型关系，但不显著；第二年呈 U 型关系，而高管变更与企业绩效呈负相关关系。

2.2.1.2 董事会与高管变更

威斯伯格[①]（1988）是较早地进行关于董事会成员独立性与高管变更关系研究的学者之一。他把因业绩问题而导致的管理者变更和董事会的构成联系在一起，他检验了内、外部董事在监督管理者上的差别。以 1974—1983 年福布斯 500 中的 367

---

① Weisbach, Michael S. Outside directors and CEO turnover [J]. Journal of Financial Economics, 1998 (20): 431 −460.

家公司为样本，根据董事与公司的关系，将董事分为外部董事、内部董事和关联董事三类。采用外部董事所占比例来描述董事会组成特征，将其与公司业绩的交互影响作为变量纳入模型之中。回归结果表明该变量与高管变更显著负相关，说明在外部董事主导型公司中，高管变更对经营业绩比在内部董事主导型公司中高管变更对经营业绩更为敏感，外部董事发挥了监督约束管理者的重要作用。因为内部董事的职业往往与经理人的权力相关。而更换绩效低劣的经理人有利于提高外部董事的职业声誉。威斯伯格还发现，如果外部董事占董事会绝大比例，在CEO辞职后公司价值有明显提高，而如果内部董事占主要比例公司价值却没有增加。斯凯芮、辛格和巴尔（2001）针对澳大利亚上市公司董事会对CEO监控的有效性进行了研究。研究结果表明，董事会的独立性确实对高管更换与公司绩效间的敏感性有积极的影响作用，即非执行董事与独立董事在监督管理层方面更有效率。另外公司的劣质绩效对CEO的更换有滞后影响。但是康和斯娃（1995）采用1985—1990年间，来自穆迪国际报告中270家日本公司的资料检验了外部董事等对高管变更与公司绩效敏感性的影响，发现外部董事对高管变更并不存在显著的影响。而伯勒尔、格恩和伯瑞奇（2003）认为在意大利公司，绩效差的CEO即使在内部董事占多数的情况下，也能被更换。这一结论被诺伊曼和维特纳（2005）用丹麦的公司数据研究所证明。可能是由于这些国家的上市公司治理质量比较高的缘故。

虽然关于董事会规模与公司治理效率问题的研究，学术界并没有取得一致的研究结论。但是关于董事会规模与高管变更关系的研究，目前国外学者大都认为小规模董事会比大规模董事会更能有效地解雇绩效低劣情况下的企业高管。因为规模小的董事会可以容许成员对重要问题进行详细的讨论，另外还利于内部的沟通和交流，比规模大的董事会更容易形成凝聚力。

关于领导权结构与高管更换、绩效之间关系，目前存在两种观点。延森（1993）指出，当二职兼任时，内部控制系统容易失败，因为董事会不能有效地执行其包括评价和解雇CEO在内的主要功能。而相反伯克林等（1997）认为二职分离会带来监督董会主席的成本（谁来监督监督者）、CEO与主席之间的信息分享成本等。所以这些成本可能抵消二职分离所带来的优势。伯克林还指出，比较二职分离与合一的公司的绩效并没有发现本质的异同。很多学者从实证角度展开该问题的讨论，对该类题研究的出发点是，如果二职兼任减少了董事会的监督能力，那么相对于二职分离公司，在二职兼任公司中的高管更换可能性对绩效变化的敏感度要弱一些。高瑞和帕克（2002）以1992—1996年间455家发生总经理变更的公司为样本，同时选取823家在同一时期没有发生总经理变更的公司作为对应样本，检验董事会监督管理层的能力是否受到二职兼任的影响。他们所做的实证研究表明：总经理因为业绩而变更的敏感性在两职合一的公司明显弱于两职分离的公司。在两职分离的公司中，如果股票的收益率下降一个标准差，那么总经理变更的可能性就要上升5.3%；而在两职合一的公司中，这种可能性上升2.5%。这个结果表明，总经理同时兼任董事长确实会导致董事会独立性的丧失，从而令董事会无法辞退业绩表现较差的经理人。

目前国内外学者们对董事会活动频率研究的争论焦点集中在董事会活动次数的多少是否真正与其工作效率一致。目前存在两种截然不同的观点：一是认为经常会面的董事拥有足够的沟通和交流的机会，会对公司日常经营管理的问题进行充分的探讨，这样能够改善公司的经营管理质量，也能够加强对经营管理层的监督和约束；另外一种观点则认为，董事会议频率的多少并没有对公司高管起到多大的约束作用，因为正如延森所说，董事会的会议日程表几乎都是 CEO 制定的，而且会议的内容也被限定在企业的日常经营业务，所以会议频率高的董事会未必能够增强对公司高管的监督和约束。与以上论断一致，关于董事会活动频率与高管变更之间的研究尚未达成一致结论。如我国学者张俊生和曾亚敏（2005）①的研究认为，董事会会议的次数与相对业绩下降公司的总经理的变更概率之间显著正相关，即会议频率的增多能够促进对管理层的有效管理。而莫里（2006）通过检验芬兰上市公司治理变量与高管变更关系时发现，董事会活动频率与高管变更概率没有明显的相关性。

另外许多国内学者认为我国证监会的相关监管机制例如吊销机制也利于改善绩效与高管更换的敏感度。如沈艺峰、张俊生（2002）考察了 1998—2000 年间我国 ST 上市公司的董事会治理与高管变更之间的关系，结果表明上市公司因为公司绩效而被 ST 前后，董事长被更换的比例明显高于总经理，说明了我国上市公司存在"强管理者、弱董事会"现象，同时还认为董事会对总经理约束和惩戒能力弱化也是 ST 公司董事会治理失败的重要原因之一。

郭葆春（2008）以 2003—2006 年间我国深沪两市上市公司首席财务官（CFO）变更的原因进行实证研究，研究分析发现，董事会开会次数与 CFO 变更正相关，董事（长）和总经理两职兼任与 CFO 变更正相关。

马磊、辛立国（2008）以 1998—2006 年上市公司的数据对我国高管更换与董事会特征、经营业绩之间的关系进行实证研究，以分析我国公司内部治理机制的有效性。回归结果表明，我国上市公司高层管理者的变更概率随公司经营业绩的下降而

---

① 张俊生，曾亚敏. 董事会特征一与总经理变更 [J]. 南开管理评论，2005（1）：16-20.

提高，但上市公司的经营业绩却没有在更换经理后得到显著的改善。对我国上市公司董事会的研究结果表明，在我国，董事会的规模对董事会效率基本没有显著的影响，而董事会领导权结构影响了董事会在高管更换中有效性的发挥。在两职合一的条件下，由于管理者"堑壕"的存在，董事会难以更换业绩不佳的高层管理者。独立董事制度在2003年之后逐渐起到了监督经理人的作用。独立董事的比例越高，董事会越有可能解聘不称职的经理，但这一指标对于高管更换后业绩的改善却没有显著的影响力。另外管理人员持股也没有起到提高公司业绩的作用。

安凡所（2010）以2002—2004年间我国A股上市公司为研究对象，实证研究了上市公司总经理更替的影响因素，分析发现，董事会领导权结构影响了董事会在总经理更替中有效性的发挥；独立董事基本不能发挥监督控制作用。最终的研究结果表明"政府监管层对上市公司独立董事比例的强制性制度安排在提高董事会监督效率上基本是无效的"，上市公司存在比较明显的"弱"董事会和"弱"独立董事问题。

2.2.1.3 离任高管特征与高管变更

国外学者一般认为，在公司绩效持续低劣的情况下，公司高管的年龄与其被更换的可能性之间成反比关系，即在对等条件下越年轻的高管被解职的可能性就越大。延森和墨菲（1990）的研究证实了经理在年轻时比他们快接近退休年龄时更可能遭到解职，即年轻的CEO更可能受到更换的威胁。这与宛妮拉（1987）的认识是一样的。蔡瓦里尔和埃里森（1999）发现对年轻的经理来说，更换与以前绩效的关系会更加密切，说明年龄小的经理的信息水平特征比年龄大的经理要低得多，因为年龄大的经理人会从以前所取得的成就中收益。

关于高管任期与其被更换可能性之间的关系，目前存在两种论断。一种是默克等（1988）提出的"壕沟效应"论断，即认为随着高管任期的增长，高管所拥有的社会关系网络逐渐广阔，会在公司内部形成一种抵御外界压力的权力圈，从而降低被更换的概率。按照这一论断，如果壕沟效应与 CEO 的任期正相关的话，绩效对强制更换可能性的影响将随着任期增长而降低。二是晋伯恩等（1992）提出的"学习论断"，该论断认为，董事会需要花费时间去了解 CEO 的真正能力。在新任高管上任初期，由于董事会对高管的经营管理能力的认知还很肤浅，所以对公司低劣绩效的容忍程度比较高，但是随着时间的推移，董事会对高管的经营管理能力的了解会逐渐深入，一旦高管不能迅速扭转公司业绩不利的局面，董事会对他的信任程度将逐渐降低，此时高管被更换的概率会明显上升。所以学习论断和壕沟论断是关于任期对绩效——更换关系影响的截然相反的两个论断。但艾克劳和法雷尔（2000）认为，这两个论断是否占据主动取决于 CEO 是以外部、内部雇佣还是初创者的身份开始他的职业生涯。因为外部继任者开始对董事会没影响，所以如果变得壕沟效应需要很长时间；而内部继任不同，可能早就与董会成员建立了良好关系，所以上任伊始就享受壕沟效应。如果随着内部继任者在位时间的增加对董事会的控制不增强，那么绩效对强制更换的可能性影响将不会改变的。企业的初创者从一开始就对董事会有强大的影响力，一般不会在早期被强制离职。而且企业的初创者早已证明了有效经营公司的能力，所以学习假说不会适用于初创者，绩效与更换的关系可能在其任期内不会改变①。艾克劳和伯瑞恩还分析了 CEO 任期对公司绩

---

① Allgood S. , Farrell K A. The effect of CEO tenure on the relation between firm performance and turnover [J]. The Journal of Financial Research, 2000 (11)：373 - 390.

效与强制性更换关系的影响。发现绩效与强制更换的关系以
CEO 的任期为条件，他们的结果表明在一个来自内部的 CEO 被
强制更换时，其任期内绩效与强制更是负相关的。说明了在内
部继任者继任前董事会就对其能力有了大概的了解，而不需要
花费时间考察其能力，所以对其绩效与更换的敏感性会比较高，
也在其任期早期就表现出来。尽管公司的创业者在其职业生涯
初期会确保其职位安全性，可能暂时不会为糟糕的绩效负责任，
但随着任期的增长，就对绩效的优劣负直接责任了。而来自外
部的继任者会经历一个试探期，即在上任后几年内可能有壕沟
效应，但这种效应会逐渐减轻。所以他们的发现从整体来讲，
绩效与更换的可能性负相关，但这种关系要取决于 CEO 的任期
和 CEO 任职时的类型。

高管内部监督也能影响高管被更换的概率。很多研究都强
调公司高管团队作为整体与股东的利益冲突，并且认为公司高
管之间经常互为联盟（芬克尔，斯图恩，哈姆，伯克，1996）。
实际上管理者内部也存在利益冲突，也存在相互间的监督与约
束。这种管理者内部监督机制主要来自于管理者之间的权力冲
突与争夺。高管团队运作过程中成员间的权力争夺是团队内部
理性冲突的范畴。根据马斯洛的需求层次论，高管团队成员都
有自我实现的需要。当团队成员按着公司权力层级不断晋升时，
他们对成为团队领导者且展现自我的愿望会愈加强烈，因为领
导者职位会为他们带来良好的职业声誉和控制权收益。所以在
团队内部的权力分配过程中，团队成员常常产生对团队领导权
的争夺，这种权力争夺能够影响高管变更的可能。石恩和卡恩
拉（2002）基于权力视角研究了美国上市公司 CEO 变更的影响
因素，认为在企业业绩不佳的情况下，企业高管层内部的利益
冲突和权力争夺能够影响 CEO 的变更概率。

我国学者对于高管特征主要基于高管年龄、高管学历、性

别等方面展开研究的。其中具有代表性的是刘冰（2006）以2002—2004年数据作为研究对象的基础数据，分析发现，在离职原因中，董事长更替比例超过总经理更替比例的原因主要有"退休""控股权变动""辞职"和"涉案"四种。这进一步说明董事长在现在企业领导体制中处于核心地位。"解聘"和"完善公司法人治理结构"人员中，总经理占到超过80%的比例，说明总经理承担了更多的经营责任。在分析中还发现，企业高管的年龄越小，更替事件中总经理被替换的可能性越大。

欧湛颖（2008）选取2001—2003年（成长性数据为前后两年，考察数据即为1999—2005年，共7年）发生高管变更的沪深上市公司作为研究对象，分析发现，在控制了相关影响因素后，辞职解聘导致高管变更，对企业的持续成长的影响为负。

周晓丹、杨辉（2009）选取2004—2006年（实际考察数据为前后两年，即为2002—2008年共7年的数据）发生主要高管变更的沪深上市公司作为研究对象，样本来自发生主要高管（董事长或总经理）变更的上市公司，分析发现高管在正常变更（退休、届满等）的情况下，变更当年与前后一年、前后两年在业绩上的变化都不太显著。

2.2.1.4 继任高管特征与高管变更

公司如何才能找到一位称职的继任高管是公司治理中所要关注的一个重要问题。在此当中继任高管的独立性直接影响到公司治理的效果。国内外学者对于继任高管来源的独立性也进行了深入的探讨。道尔顿和斯恩尔（1985）利用纽约交易市场的96家高管变更的公司的资料，以继任者来源为二分因变量，以变更前3年的公司绩效为自变量，研究了二者之间的关系，结果证明二者之间是一种非线性关系。认为组织在内部和外部继任的抉择上是复杂的过程，是环境各种因素综合作用的结果。绩效特别差的公司倾向于选择外部继任者以图引进变化，但未必能引进能改善绩效的经营能力强的经理人,因为理性的经理人不会选择接手一个没有希望的公司,那样可能会涂炭自己的声誉,所以结果可能是内部继任。而公司的绩效如果是特别好的,那么公司也倾向于选择内部继任者,以图维持公司的战略,而选择外部继任的公司绩效往往是处于中间水平的。外部人之所以选择入主这种公司,因为他们认为这些公司的绩效的改善是可以预期的。①

派瑞(1997)以 1969—1989 年间发生 CEO 更换的 629 家美国上市公司为研究对象,分别将自愿更换和强制更换分为以下三类继任情况:公司内部继任、行业内其他公司继任和行业外继任。派瑞检验了 CEO 的更换与继任者来源的问题,检验结果提供了关于影响自愿和强制更换因素的证据。这些证据表明,在经营业务一致性行业中比异质性行业中,绩效低劣的 CEO 更容易被识别,而且更换的成本也要小。强制更换和行业内部任命的可能性随着行业的相似性而增加。公司行业内的相对绩效与外部继任负相关,内部继任的经理人拥有专有的人力资本,而相似性强的行业比相似性差的行业的外部公司继任成本要小。所以,从其他行业中选聘经理人的成本最大。所以外部继任与行业的相似度正相关。

石恩和凯娜拉(2004)认为将继任者简单地分为内部和外部继任者显得不科学,即忽视了内部继任的不同情况对研究结论的影响。作者对 CEO 的继任情况进行了详细分类,从总体上区分了 CEO 的不同继任方式(内部竞争上岗型,内部接替型和外部接替型)。基于战略领导理论和组织变革理论,以 CEO 更

---

① Dalton D R, Kesner I F. Inside or Outside succession and organizationl size: the pragmatics of executive replacement [J]. Academy of Managenent Journa, 1983 (26): 736 – 742.

换后三年的平均 R 以作为因变量，检验了 CEO 继任以及高管团队成员的变动对公司绩效影响情况。结果发现，不同类型的 CEO 的继任对绩效的作用程度要取决于 CEO 变更后高管团队变化，在内部竞争型的 CEO 上任后的高管变更对公司绩效有积极作用，而在 CEO 外部继任后团队的变化则对绩效有消极影响，但在控制了外部 CEO 继任与高管团队的变更的交互影响后，发现外部 CEO 继任后之所以对绩效有负作用，主要是由继任后的高管团队成员的流失引起的。所以外部 CEO 继任后，公司高管团队成员的流失对组织是很大的损失。作者建议新任的外部 CEO 在决定高管成员的去留时要谨慎，做好保持团队的稳定性。最后作者还发现，离去 CEO 的任职期限对更换后的公司绩效也有显著影响，且两者之间呈现倒 "U" 型关系。这说明了任期过长或过短的 CEO 的离去对以后公司绩效的恢复和增长是不利的。还建议董事会在决定 CEO 的任期时要运用科学的决策方法。

我国对于继任高管的特征与高管变更的研究主要集中在继任者独立性、年龄、性别等方面。其中具有代表性的是王进朝、陈丽、林宇（2010）以中国上市公司 2000—2006 年 CFO 的变更数据为样本，研究发现，公司业绩变化与继任 CFO 年龄负相关，并与 CFO 继任者的任期、教育背景和职称正相关。

2.2.1.5　盈余管理与高管变更

高管层变更前后与公司绩效相关的一个经济现象就是公司的盈余管理活动。关于在高管变更前高管进行盈余管理动机的主流解释有两个：一是机会主义观，即高级管理人员试图通过盈余管理提高企业经营业绩，降低被解雇的可能性；二是信号传递观，即高级管理人员通过盈余管理提高经营业绩，将公司经营即将趋好的内部信息传递给股东以及董事会。根据法玛（1980）的理论，经理人将他们自身财富以人力资本的形式租借给公司，内部和外部劳动力市场通过经理人所经营公司的绩效情况有效的修改经理人未来回报。企业绩效能直接或间接地影响劳动力市场对经理人能力的评价，继而直接或间接影响股东或董事会关于继续聘用还是解雇经理人的决定。所以在职的高管人员为了避免被辞退，或者为了退休后的福利以及再任职机会等问题的考虑，就可能通过相关手段进行盈余管理活动。伯克林等（1999）发现，在CEO正常离去前一年中的会计和市场绩效与以下可能正相关：一是离去后在董事会中保留董事资格的可能，二是退休后仍然能够在其他公司担任董事资格的可能。瑞克汀和泰拿尼（2003）研究了正常CEO退休前4年时间里的盈余管理情况，在控制了CEO持股、外部董事比例、大股东持股比、机构持股比以及审计委员会中的独立董事的比例等公司治理变量后，发现当CEO退休后留任董事会成员资格时，在退休前一年和前两年里盈余管理明显，独立董事和CEO持股能减轻这种现象，而机构股东的存在则加剧了CEO最后一年盈余管理的可能。

高管变更后继任者也有盈余管理的动机。继任者进行盈余管理的考虑是因为：第一个财政年度中的会计收益与管理福利不相关，一般从上任后的第二年开始算起。况且继任者对过去的绩效不负责任。继任人会在接任当年采取倾销不理想营业项目和不盈利的部门等措施进行盈余管理。新任经理会对当年的会计报表施加强有力的影响而人为地操纵会计报表，尽可能地抹黑接任时的公司绩效境况，越消极越好，一般来讲更换当年度的公司业绩会很糟糕。这其中伴随的盈余管理活动就是所谓的"大清洗"现象。一方面可以将过去劣等绩效归咎于前任，即推卸责任；另一方面为以后自己负责任条件下的绩效水平的提高做铺垫，以创造两种绩效之间的悬殊性。这提供了企业绩效改进的可能性和空间，从而对经理人的报酬福利产生积极影响。德安杰·罗（1988）发现，继任经理人倾向于采取盈余管理调低收益，以此将业绩较差的原因归咎于其前任的决策失误，并使得下一年的利润有更大的提升空间。所以继任者存在减少收益（即利润冲洗）的动力。拉奈尔、琼斯和简恩（1993）将此称为"责备假说"。但从继任后第二年起，继任者可能采取增加报告收益的盈余管理方案来显示其绩效的改进。珀利欧（1993）以 73 家美国上市公司的 CEO 更换为样本，检验高级管理人员更换与盈余管理的关系，发现继任经理在第一年操纵收益项目将利润调低，目的是调低未来绩效的衡量参考标准；第二年在该经理管理下取得的收益都有显著提高。在非常规更换中继任经理有更强的动机和机会去实施盈余管理①。

我国一些学者的研究表明，在上市公司的高管变更过程中也存在盈余管理现象。例如奚俊芳等（2006）以 2002 年和 2003 年两年间发生第一大股东变更的 120 家我国上市公司为研究对象，运用会计研究法研究公司控制权转移的绩效。文章利用主成分分析方法计算公司经营业绩综合得分，考察了控制权转移中是否存在盈余管理问题。研究结果表明，高管都发生变动的公司比没有变动的公司来说引起了公司业绩的提高，不过他们的回归分析表明，这些业绩的提高部分来自于盈余管理，这可能是更换后的董事长和总经理通过盈余管理向继任者表明自己较高的管理效率。②

李延喜、雷晶晶、姚宏（2009）以中国上市公司 2003—2008 年的数据，对不同治理结构下高管正常变更前一两年的盈余管理行为进行实证研究，结果显示：董事长在正常变更前一

---

① Pouriau, Susan. Earnings management and non‑routine ececutive changes [J]. Journal of Accounting and Economics, 1993（16）：317–336.

② 奚俊芳，于培友. 我国上市公司控制权转移绩效研究——基于经营业绩的分析 [J]. 南开管理评论，2006（9）：42–48.

两年有调增利润的行为，而且变更前一年的调增现象比前两年要显著，但没有证据显示总经理正常变更前存在显著的盈余管理行为。研究还发现，完善的公司治理结构对董事长正常变更诱发的盈余管理行为能够起到有效的抑制作用。

杜兴强、周泽将（2010）以中国2001—2006年的A股上市公司为样本，实证检验了高管（董事长或总经理）变更和高管的继任来源两个因素对于盈余管理的影响。在控制了其他可能影响盈余管理的因素之后，实证研究结果表明：高管变更导致了显著的负向盈余管理行为；外部继任者的上市公司相对于内部继任者的上市公司而言，更倾向于进行显著的负向盈余管理。附加检验也揭示，高管离职的原因会给继任高管的盈余管理行为带来不同的影响。研究表明，高管变更和继任来源是盈余管理行为的重要影响因素，为理解中国资本市场盈余管理的机会主义行为动机提供了新的经验证据。

2.2.1.6 股东财富效应与高管变更

公司的高管更换是公司的一项重大决策。这一决策的重要性从更换公告发布前后股价的波动上可以体现出来。理论界有两种观点解释高层更换的股东财富效应。一种观点是特殊人力资本观，若离职的高管人员具有特殊的人力资本价值使得公司很难在经理人市场中找到合适的替代者，或者说寻找替代者的成本较高，这类高管人员的离职将影响到公司的价值，从而引起股价的波动。相反如果离职的高管人员只具有一般的人力资本，寻找这类高管人员的成本很小，甚至可以认为，其契约成本为零，那么这类高层更换就不会影响到股价。另一种观点是信号传递观，高层更换向股市传递出某种信号，股价波动是对该信号的反应。但是由于信息不对称性，股市可能产生两种反应：一种是股市认同董事会的这一决策是为了提高公司未来的业绩；另一种反应则出乎董事会的意料，市场接收到的信号是公司需要更换高级管理人员说明公司之前的业绩不好，尤其是当公司做出更换决策之前的业绩较好时，市场会调低其对该公司经营业绩的预期值，从而市场对这一决策的反应就体现为负的累计超额报酬。

伯克等（1996）利用 1970—1988 年间 588 家公司的 969 次 CEO 继任样本研究了董事会组成与外部人继任 CEO 的可能性之间的关系。自愿更换后，不管是内部还是外部继任，股票收益都表现出积极表现，表明股东认为对他们是利好消息。而当强制更换后，市场对内部和外部继任表现截然相反，表明此时外部任命对股东更有利。戴丝姆和林（2002）检验了 1990—1995 年间 331 家英国上市公司 CEO 更换的宣布日前后的股价变化情况，发现很多公司选择不宣布 CEO 的离职。而与那些向伦敦证券市场正式宣布 CEO 更换消息的公司相比，这些不宣布消息公司的绩效更差，更换后失败的概率也更高。市场对更换的反映是消极的，市场视更换为财富缩减，尤其是当 CEO 被解雇后又从事其他工作的，即视更换为坏消息。然而这种消极市场反映更容易受到新闻媒体披露的影响，而不是公司披露的影响。他们还发现股价对高管离职消息披露的反映明显受到公司财务风险、更换原因和董事会是否宣布替代人选的影响。

我国一些学者也对高管变更前后的股东财富效应进行了实证检验，但是研究结论却未能达成一致。朱琪等（2004）针对 1997—2001 年我国上市公司并购中控制权变更的 282 例样本，就其控制权变更公告日效应的平均超常收益率和累计平均超常收益率进行了实证分析。研究结论显示：①我国上市公司并购中控制权变更的信号传递效应在 [-2, 2] 区间上完全实现。②在我国上市公司并购中控制权变更公告日收益率变动呈现出如下趋势：在公告日信号传递效应区间，其收益率显著为正；随着传递时间延伸，收益率显著为负，从而在整体上，我国上市公司并购中控制权变更对并购公司股东并未显示出明显绩效改善。①

张龙、刘洪（2006）将更换后的继任者来源分为内部和外部，将继任方式分为控股股东指派和职业经理人两种形式，并利用沪深 300 指数成分股公司 2001—2003 年的 301 例董事长和总经理继任事件为研究样本，用事件研究方法分析了经营者继任的信号效应，用骤检验识别了经营者继任的管理效应。研究表明，内部提升总经理或选择职业经理人担任总经理导致公司股价下跌。但是不论继任来源和选择方式如何，董事长和总经理的变更均会导致公司系统风险水平发生显著变化。之所以出现各种各样的结论，究其原因，是一些研究从研究样本中剔除了那些发生在变更前后短时间内复杂事件的影响，如股利宣告效应等，这些研究包括瑞福（1987）、瓦纳尔（1988）等，而其他的研究则没有剔除这些事件的影响，如威斯伯格（1988）等。

徐万里、钱锡红、梁瑞芝（2009）以 2004 年中国发生 CEO 继任的 216 家上市公司为例进行实证分析。研究结果表明，中国上市公司的 CEO 继任财富效应显著，与继任 CEO 的受教育程度、拥有 MBA 背景和国际经历正相关，与 CEO 的继任来源无显著关系。

2.2.1.7 高管团队的稳定性与高管变更

所谓高管团队稳定性是指在上市公司的主要管理人员（包括总经理或董事长）离职后引起的其他一般高级管理人员的变动情况。柯娜、克娃寇和美恩（1995）的研究表明，当 CEO 的更换是由破产程序、私有化改组或者接管活动造成的时，董事的更换与 CEO 的更换成正相关关系。作者认为董事更换频率的

---

① 朱琪，彭璧玉，黄祖辉. 人股东变更和高层更换：市场绩效的实证研究 [J]. 华南师范大学学报，2004（2）：15-20.

增加是因为低劣绩效的约束引起的①。然而这种约束性活动将向外部传递内部控制机制的失败的信号。所以包括整个经理层、董事的约束性更换也就不足为奇了。而在缺少外部压力的情况下，很少有证据表明在 CEO 更换后公司董事被更换。如哈姆林和威斯伯格（1988）检验了 142 家公司 13 年期间的董事会的变化情况，没有发现外部董事在 CEO 更换后可能离开董事会的证据。他们还认为内部董事是 CEO 职位的内部候选者，内部董事更有可能支持他们的同事而不是外部人。因为外部人比他们的候选者更可能打破公司的现有策略。也有人争论说，新任 CEO 可能需要不同技术特长的董事，那么当原 CEO 被强制更换后，可能导致大规模的董事会重组活动。

法莱尔和维德贝（2000）利用 1982—1992 年间 66 家发生 CEO 被强制更换的公司为样本，研究 CEO 的强制更换后公司中的外部董事所面临的激励问题。结果发现，公司 CEO 因绩效低劣被强制离职后，那么与 CEO 关系紧密（不独立于 CEO）而且持股量少的外部董事被更换的可能性随之增加，而且可能丢掉在其他公司的董事资格。而与 CEO 关系不紧密，做出了正确的更换决定（解雇原经理和雇佣新经理的决定，两个决定必须都正确，以更换后的绩效提高为衡量标准）且持有相对较大量股权的外部董事，在 CEO 更换后将继续在公司保持董事资格或者在更多公司中取得董事职位等。结论支持延森（1993）的言论，即董事们一般没有激励去解雇一个低效的 CEO，否则他们将会面临离开目前董事会的可能。也与路宾和达夫（1995）的研究结果一致，因为监督一个低效 CEO 活动是一个带有风险性的赌博活动。该活动涉及两个决定，即首先决定是否有必要强制

---

① Kini O, Kracaw W, Mian S. Corporate takeovers, firm performance, and board composition [J]. Journal of Corporate Finance, 1995 (1): 383–412.

CEO 离职，其次必须选择一个合适的继任者。而董事们必须做出两个正确的决定才能受到市场的奖励。所以很多董事不愿意参与解雇一个低效 CEO 的活动。法莱尔和维德贝认为，更换本身可能导致董事会的重构，而不管更换的类型。新任 CEO 可能安置自己的董事会成员，而不管他是强制更换还是正常更换的继任者。尤其是 CEO 为一外部人士时，他更可能安排自己的董事会。

张必武、石金涛（2005）从业绩相关理论、锦标赛理论和专用化人力资本理论出发，对我国上市公司总经理更换后的高管团队稳定性进行了理论分析和实证检验。经验证据表明，总经理更换提高了高管离职的概率，但降低了企业绩效对高管离职的影响；总经理被迫离职后的年轻高管有较高的离职概率；高管与离任总经理的专用化人力资本越高，总经理更换后高管离职概率越高，而与继任总经理的专用化人力资本则可使高管离职概率有一定程度的降低。实证结果支持锦标赛理论和专用化人力资本理论，但业绩相关理论没有得到支持①。

2.2.1.8　公司绩效与高管变更

国内外学者对于公司绩效与高管变更之间关系的研究很多。丹尼斯（1995）以 1985—1988 年间的 908 家未发生接管事件的公司为例，研究公司绩效与管理层更换之间的关系。发现强制性更换前总会有经营绩效的明显下降，而且更换后总伴随着绩效的大幅度的改善。正常退休的管理层变更在变化前未表现出绩效的下降，但变化后绩效呈现微弱上升趋势。他们还认为，虽然前期股价绩效与更换的负相关关系与有效董事会监督一致，但是还与两个替代性解释有关：一是为了避免股东的诉讼，经

---

① 张必武，石金涛. 总经理更换与高管团队的稳定性研究［J］. 财经研究，2005（32）：121－132.

理人可能自愿从绩效低劣公司中辞职；二是即使高管层不对公司绩效的低劣性负责，公司董事会也可能更换他。而这其中任何情形都未必导致公司绩效的改善。还有大量的学者证明了低劣的公司业绩与 CEO 变更之间存在着显著的负相关性，如卡夫林、施密特（1985）、瓦姆尔（1998）、瓦萨奇（1988）、卡普兰（1994a）以及拉斯帝德（2002）等。

但也有学者的研究结果认为绩效与高管变更之间不存在明显的相关性。哈德森、普瑞和斯塔克斯（2001）运用美国上市公司 1971—1994 年间的数据检验了强制性高管更换与此期间美国公司的内外部治理的相关性。虽然该段时间内的公司内外治理机制发生了很大变化，但是强制性高管更换的可能性与公司绩效之间的关系并没有发生显著的变化。斯密娜（2006）等用美国 1984—2002 年间 158 家不动产上市公司发生的 420 次高管变更作为研究对象，采用市场绩效指标衡量法，研究了绩效与高管变更之间的关系。结果表明，在不同时间段中绩效与变更之间呈现不同的相关关系。在更换一年前绩效与更换呈明显负相关，但更换前四年的绩效与更换的关系已下降到不明显。

我国学者中对于公司绩效与高管变更的研究的较早的是龚玉池（2001），他选取 1993 年年底之前上市的 150 家上市公司，以 1995—2000 年的高管变动情况为研究资料，实证研究了公司高层更换与公司绩效的关系。研究结果认为，高层更换的可能性显著地与公司绩效负相关，特别是用产业调整后的收益率度量公司绩效时。

皮莉莉，朱利安·劳和克里斯汀·康纳（2005）从 1996 年12 月 31 日前上市的 530 家公司中选取了 489 家作为研究样本，分析研究了 1997—2003 年间总经理变更的情况。分析发现：强制性总经理变更作为最极端的约束手段能够约束业绩差的总经理；差的业绩并不是导致总经理变更的原因。无论是强制性还是正常性总经理变更都对公司的业绩没有显著的影响，也就是说，总经理变更，特别是强制性总经理变更不能达到促进公司业绩提高的目的。

陈健、席西民、贾隽（2006）以1996—2001年间深圳交易所和上海证券交易所中76家高管随第一大股东变动而变更的上市公司作为样本，并设立了47家第一大股东变动而高管未变更的上市公司作为对比组，用经过行业调整的财务绩效来分析比较。结果发现，公司的控制权发生变化后高管变更的公司的绩效显著提高，而且绩效表现好于公司控制权发生变化后高管未变动的上市公司的绩效表现。

蒋荣、刘星（2007）以1999—2003年CEO发生变更的上市公司为样本研究发现，上市公司高管变更前的业绩变化与CEO非常规变更显著正相关，但与常规变更的正相关关系不显著，这至少说明CEO非常规变更机制是有效的。常规变更与非常规变更的比较表明，竞争是CEO变更机制有效性得以发挥的关键。

周建、方刚、刘小元（2009）以在深圳、上海证券交易所的上市公司为样本，选择数据窗口为2002—2005年的治理数据、财务数据和流通股的数据进行研究，发现在同等条件下，差的企业绩效会增加总经理变更的可能性。

王进朝（2010）对2000—2007年中国上市公司A股的CFO变更数据进行分析，发现CFO变更与公司业绩显著负相关。

2.2.2 公司外部治理与高管变更

公司控制权市场的存在降低了公司所有者与管理人员利益冲突的危险，接管威胁给管理层或进行控制的股东以动力，使其最好地为公司利益开展经营。丹尼斯（1995）的研究发现，当面对有效的控制权转移市场时，会增加经营业绩低劣公司高管人员发生变更的可能性。马丁和麦空（1991）的研究也认为，公司购并行为的存在会无形中为高管人员带来压力，即使公司的购并未取得成功，来自外界购买的压力也会促使企业更换经营不力的高管人员，从而对公司的经营产生有利的影响。丹尼斯（1995）的研究发现，公司高管人员的被迫变更往往是由于股东、债权人和潜在的公司购买者所致，而并非由于公司董事会的内部控制机制所致。

卡普兰等（2006）比较分析了美国1992—2005年间由董事会激励效应所引起的内部高管变更，和由外部接管市场和破产外部更换所引起的外部高管变更之间的差异，研究结果表明，内部高管更换与企业经营业绩有明显的负相关关系，并且这一关系自1998年开始更为明显，而外部高管变更与企业业绩之间并不存在明显的关系。

戴维等（2005）则分析了股权融资对高管变更的影响，研究发现，在股权融资过程中外部机构会对企业高管变更产生影响，存在股权融资的上市公司更容易受到外部机构的压力，更换经营业绩较差的高管，同时股权融资增加了从外部任命CEO的可能性。

随着制度因素引入到公司治理的研究中，部分国外学者也开始关注制度因素与高管人员变更的关系。帝凡德和诨奇（2004）通过对33个不同国家和地区（未包括中国）的横截面数据的比较后发现，在那些法律对股东权利保护较好地区，当企业的经营业绩较差时，股东的权利会得到更好的保护，高管人员发生变更的可能性会得到增加，企业的经营业绩与高管人员变更率之间的负相关关系会得到加强；而那些法律对股东权利保护较弱的地区，高管人员变更的频率也随之下降，高管人员变更不能成为公司治理的有效手段。

我国学者对于公司外部治理所引发的高管变更的研究的文献较少，其中具有代表性的是蒋荣、陈丽蓉（2007）以2000—

2004 年中国上市公司的 CEO 变更为视角，对产品市场竞争的治理效应进行经验研究。分析发现总体上 CEO 变更与产品竞争度之间的负相关不显著，而在竞争度低的行业下，CEO 变更与产品竞争度之间显著负相关。刘荣英（2009）以 2001—2006 年的上市公司作为研究样本，分析发现，在制度环境即市场化程度高、要素市场发育程度好的地区，高管变更与公司业绩之间的负相关关系更强。

2.3　文献综述小结

高管变更是现代企业公司治理的内外机制共同作用的结果。而且国外学者对公司高管人员问题的研究结论，是在特定的制度背景和市场竞争度的情况下做出的，这些研究结论无法适用我国的现实情况，对我国国内市场高管变更问题的研究只能在依靠来自对我国国内市场的背景全面考察的基础上才能得以进行。而在对国内沪、深市场的研究中，研究的不足主要体现于以下几个方面：

（1）研究思路存在着巨大的差异。研究者尤其是在中外研究者之间，这种差异更加明显，这是各国包括文化等方面的研究背景差异造成的。

（2）研究问题的角度越来越丰富。在研究时代背景不同的情况下，新的问题不断出现，而针对新问题的研究角度也越来越多，不断丰富着从公司治理角度研究高管变更的内容。

（3）研究结果千差万别。造成这种差异的原因大致可以分为以下几类：一是各个国家的社会和经济制度不同；二是国家间的公司治理状况的完善程度不同；三是研究者在采集实证研究数据的方法和数量上不同；四是在实证研究指标的界定上没有统一的标准。

（4）分析过程缺乏对背景特征的全面分析。在分析高管变更过程中对于内部因素分析的比重较大，而对于外部因素的分析就较为欠缺。并且在分析过程中，公司高管人员变更是基于特殊的制度背景和所有权结构特征下展开的，在研究我国国内市场高管人员因素问题的时候，上述学者都在未能对这一前提做出详尽深入的理性分析的基础上，就匆匆上马，对公司高管人员变更的问题展开了研究，这种做法使得研究缺乏理论深度，并且容易让人产生生搬硬套之感。

总而言之，高管变更是现代公司治理领域研究的热点。当前国内外各种研究结论参差不齐甚至相互矛盾的事实，为今后的研究提供了广阔的空间。

3 制度背景与理论基础

3.1 制度背景

　　自从 1978 年改革开放以来，我国经济体制由计划经济向市场经济转变。我国企业的管理体制、企业制度和生产经营运行机制也都随之发生了深刻变化。本书从政府的行为方式、企业的市场化进程、产品市场的发育进程等多个方面介绍我国的制度背景的变革。

3.1.1 政府的行为方式改革进程

　　中国政府行为方式向适应市场化方向的变革过程，是在对传统的经济管理系统进行改革的过程中逐步实现的。自从 1978 年改革开放以来，中国政府经济管理系统的改革大体沿着以下三条线索进行：第一，实行简政放权，扩大企业自主权，以期实现政企分离。这既包括中央向各部门和地方，以及中心城市、特区及沿海开放城市下放经济决策权，形成中央和地方分级管理的宏观经济调控格局；也包括直接向企业放权，扩大企业自主权，转变政府经济职能，使各级政府逐步从企业的微观经营活动中退出。第二，改变政府管理经济的方式，从过去用行政命令直接控制转变到运用经济杠杆调节经济。这主要包括对计划体制、价格管理体制、劳动人事制度和工资分配制度、商业物资体制、外贸管理体制、财政金融体制，以及投资管理体制等方面的改革。第三，政府机构改革，既包括中央政府和地方政府的机构改革，也包括基层政府和事业基层单位的机构改革。

从改革进程上来划分，政府经济管理系统的改革大体可以分为三个不同的发展阶段（陈宗胜，1999）：

1978—1986 年为第一阶段。这一阶段是政府改革的起步阶段，也是一个以破坏旧体制为主要特征的阶段。尽管当时的改革对于政府行为方式的转变来说还只是初步的，但是改革几乎在政府管理经济的所有主要方面都已展开。

1986—1991 年为第二阶段。这一阶段是政府改革稳定发展和深化的阶段，最突出的特征是在理论认识上突出了政府职能的转变，并且以职能转变为中心开展政府经济管理系统各方面的改革。

1992 年至今为第三阶段。这是按照社会主义市场经济模式建立政府宏观经济调控体系的阶段。这一阶段在政府经济管理系统改革的举措中，最突出的有以下四个方面：一是实行现代企业制度和成立专门的国有资产管理机构，在政企分离的方向上迈出了重要的一步；二是在企业中推行全员劳动合同制，在政府机关中实行国家公务员制度，使城市就业完全由国家包揽的劳动人事制度发生了根本性的变化；三是实行分税制改革，使中央与地方和国家与企业的利益分配关系向市场经济的规范性靠近了一步；四是加快了金融体制和外贸制度的改革步伐，分设了政策性银行和国家商业银行，开放了证券交易市场和期货市场，使要素市场开始迅速发育，实行汇率并轨，将国内市场和国际市场连接。

3.1.2 企业市场化进程

积极推进企业市场化进程，建立现代企业制度是中国经济体制改革的主线和核心。在中国加入世界贸易组织（WTO）和全球经济趋于一体化的背景下，历经 30 多年的改革的中国企业市场化已达到何种程度，正越来越引起国际社会的关注和重视。因此，客观、公正地评价中国企业的市场化进程，对于深化企业改革无疑具有重大意义。

中国企业的市场化改革始于 1978 年，最初的目的是对于毫无自主权的国有企业经营体制进行改革，提高国有企业运行效率。迄今为止，中国企业的市场化改革大体经历了以下三个阶段：

第一阶段（1978—1986 年）是"放权让利"。1978 年改革以前，中国企业的市场化进程程度几乎为零。高度集中的计划体制使企业几乎没有任何权利，其运转完全依靠政府的行政命令来推动，不存在任何竞争主体。企业既无内部利益刺激，又无外部市场竞争压力，因此企业的生产经营缺乏活力，长期处于低效率状态。基于这一实际情况，20 世纪 70 年代末期提出了向企业"放权让利"的改革思想路，通过扩大企业自主权和物资激励来调动企业生产经营的积极性。

由于"放权让利"完全是一种政府行为，当"放权让利"超过政府的初衷或违背政府的意志时，政府就会运用行政手段"收权减利"。因此，"一方就活，一放就乱，一乱就收，一收就死"的"怪圈"在行政性"放权让利"的"改革"中成为必然的结果，"放权让利"并没有创造出国有企业成长的市场空间。改革之初，全国改革的重心是农村，城市中的企业改革尚没有被提上议事日程，"放权让利"只是农村改革的"副产品"。但是，"放权让利"使得僵化的资源计划配置体制得以放松，从而使得政府控制较少的非国有企业，特别是乡镇企业出现快速增长（林毅夫，李周，1995），这是政府所意想不到的。另外，作为重心的农村改革对非国有企业（主要是乡镇企业）的再生产和发展也产生了较大的刺激。非国有企业的进入意味着已在中国沉寂多年的市场机制重新诞生并开始发育，因为非国有企业是市场的产物，它们必须从竞争性市场中获得生产要素，也必须在竞争性市场中出售其产品，因而具有硬预算约束，一开始就显示出比传统国有企业更高的活力和效率，并对国有企业产生了一定的压力。据世界银行提供的数据①，1980—1984 年，国有部门产出增长率和全要素生产率则分别是 14.03% 和 3.45%，远远高于前者。

可见，如果说在改革的第一阶段企业市场化有所进展的话，那几乎完全是非国有企业的贡献。但是不可否认的是，非国有企业在这一阶段相对于传统的国有企业还显得"势单力薄"，由非国有企业（主要是乡镇企业）所支撑的中国企业市场化还没有进入实质性阶段，仅仅是刚刚起步。1984 年，非国有工业企业总产值占工业总产值的比例仅为 30.9%，乡镇工业企业总产值占工业总产值的比例只有 16.3%。由于充斥国民经济各领域的产值占绝大部分比例的国有企业的一切权利仍基本掌握在政府手中，还没有任何独立的市场权利，而城市集体企业也几乎没有开放。因此，即使不考虑乡镇企业，其他非国有、非集体企业仍时常受到政府干预。显然，中国企业的市场化进程在改革初期是非常缓慢的。

第二阶段（1986—1991 年）是强化经营权试验。从 1984 年起，中国经济体制改革的重心从农村转移到城市，国有企业改革被明确为改革的中心环节，其核心内容是进行强化企业经营

---

① 资料来源：http://www.worldbank.org/。

权的改革试验。

由于第一阶段的"放权让利"完全是一种政府行为，政府干预的随意性使企业经营者因预期不稳定而产生短期行为，从而影响企业结构优化和效率提高，并导致1984年的投资消费双膨胀。于是开始试行旨在划清企业经营者权利和责任的经济责任制，其内容包括租赁制、承包制和资产经营责任制，通过重建微观利益机制和权利主体，使经营者对国有财产效率负起责任。

相对于第一阶段的"放权让利"，经济责任制扩大了国有企业成长的市场空间，企业行为有所优化，企业效率稍有改进。但是，迄今为止一个无可争议的结论是，经济体制根本不足以扭转国有企业效率低下的困境。究其原因，是因为经济责任仍然囿于行政性分权的框架内，国有企业的市场化进程虽已起步，但步子不大。然而，非国有企业的市场化进程在第二阶段则实现了实质性突破。1985—1992年，国有工业企业产值平均增长速度仅为8.3%，而非国有工业企业产值占工业总产值的比例首次超过国有工业产值所占比例，达到51.9%。这反映出市场化为非国有企业带来的效率远远高于主要是政府控制下的国有企业效率。相对于国有企业而言，非国有企业基本上是独立的产权主体，拥有较为独立的市场权利，追求较为独立的经济利益（追求利润最大化），其行为已具有典型的市场特征。

第三阶段（1992年至今）是引入现代企业制度。1992年党的"十四大"将社会主义市场经济新体制确定为中国经济改革的目标，这无疑是中国企业加速市场化的新契机。这一阶段的突出特征是国有企业引入现代企业制度，从而向市场化迈出了一大步。尽管国有企业引入现代企业制度尚处于探索阶段，但它对非国有企业的市场化却是更大的刺激。近几年中国企业的市场化速度加快已经较为明显。

3.1.3 产品市场的发育进程

中国 1978 年以前的价格体制是高度集中的计划经济体制，计划价格体制在中国经济发展史上曾发挥过积极的作用，但是随着经济的发展，它的弊端也日益显现。表现在：计划价格不随市场情况的变化，既不反映价值，也不反映供求关系，农产品原材料、能源和交通运输价格普遍低于价值，生产成本得不到应有的补偿，制约了经济的发展和生产结构的调整，也加重了国家财政的负担。1978 年以来价格体制的改革历程大体上可以分为以下五个阶段：

1979—1984 年为第一阶段，这一阶段是政府改革的初始阶段。这个阶段的特点是以"调"为主。由于重点突出、措施稳妥、力度适当，收到了较好的效果，初步改善了不合理的价格结构。但是，这一阶段的调整仍是在计划体制的框架内进行的，调整某些产品的价格，并不能解决计划价格的僵化和各种产品相对成本不断变化的矛盾，新的价格扭曲不断产生，各产业部门争先恐后要求调整价格，采取各种手段争取调价，使物价部门难以招架。这种局面使政府有关部门认识到价格形成机制市场化的必要性，这为价格改革向新的阶段发展创造了条件。

1984—1988 年为第二阶段，这一阶段是价格改革的展开阶段。这个阶段的特点是"调"、"放"结合。价格改革从管理体制和价格结构两方面全面展开，把市场机制引入价格形成和管理过程，初步形成了国家定价、国家价格指导和市场调价三种价格形式并行的新格局。这一阶段的价格改革从管理体制和价格结构调整上都取得了长足的进展，但相应的配套改革和宏观调控措施未能及时跟上，一些产品的价格出现了一定程度的失控，再加上经济过热，使经济生活中出现了明显的通货膨胀，抢购风潮迭起。同时，重要生产资料的双轨价格助长了走后门、拉关系、倒卖计划内商品等腐败行为的滋生和蔓延。这一阶段的改革是推进价格形成市场化的重要步骤，但也造成了经济秩序混乱的局面，迫使政府部门采取治理整顿措施。

1988—1991 年为第三阶段，这一阶段是治理整顿阶段。这个阶段以治理通货膨胀、整顿经济秩序、控制全社会零售价格总水平为重点，增强对价格的宏观调控能力和综合治理能力。这一阶段的措施抑制了通货膨胀，恢复了经济秩序，为价格改革的深化创造了条件。但治理整顿主要还是依靠强化计划管理手段。因此，在某些方面出现了价格形成市场化进程的倒退，计划经济的思想方法也有一定程度的回潮。

1992—1993 年为第四阶段，这一阶段是价格改革的深化阶段。这个阶段的特点是以"放"为主，初步建立了以市场形成价格为主的价格机制。邓小平同志的"南巡"谈话重新启动了价格形成市场化的进程。这一阶段的改革使绝大多数商品价格在市场上形成，反过来又能发挥对经济过程的调节作用，对促进整个经济体系的市场化进程有非常积极的意义。大部分生产资料价格的放开消除了价格双轨制的弊病。这一阶段的改革是价格形成市场化的关键步骤。

1994 年至今为第五阶段，这一阶段是价格改革不断完善阶段。由于我国经济生活中出现了严重的通货膨胀。因此，在这个阶段国家把治理通货膨胀作为宏观调控的首要任务。其特点是控制物价上涨，稳定人民生活，加强宏观调控，加大价格管理力度。这一阶段国家收回部分定价权是在审时度势的情况下，对不应放开或尚不具备放开条件的商品进行有效管理，以期扭转价格秩序混乱的局面。这种不断完善的价格管理，正是向价格形成市场化迈进的推动力量。

3.2 企业高管体制的演变

3.2.1 国有企业高管体制的演变

我国尽管在 20 世纪 90 年代之前没有引入公司治理这个术语，但其实早在 1960 年，当我国国有经济已经初具规模的时候，党中央就颁布了《国营工业企业工作条例》（简称工业 70 条），对国有企业与政府之间的关系，以及对国有企业的领导体制，都作了大致规定。这些规定形成了我国国有企业最初的治理框架。这个条例强调，国有企业既要坚持企业党委的集体领导，又要在生产组织上实行厂长负责制，建立厂长负责制的统一的生产指挥系统；既要依靠群众，走群众路线，又要发挥专家和企业内部各职能部门的作用，要实行严格的责任制度。1979 年，国务院颁布《关于扩大国营企业经营管理自主权的若干规定》，强调国有企业要在政府主管部门的领导下和职工代表大会的监督中，正确地使用自己的权限。1983 年，国务院颁布了《国营工业企业暂行条例》，指出国有企业是在国家计划指导下实行独立经济核算的生产经营单位，实行党委领导下的厂长负责制，并实行党委领导下的职工代表大会制度，企业在生产经营活动中实行党委集体领导、职工民主管理、厂长行政指挥的原则。企业在生产行政上受主管部门的领导，企业是法人，厂长是法人代表。

1985 年，国务院颁发的《关于进一步扩大国营工业企业自主权的暂行规定》，使国有企业的治理框架更加具体化。这个暂行规定指出，厂长和党委书记分别由上级主管部门任免，副厂长由厂长提名，报上级主管部门批准，中层管理干部由厂长任免。显然，这个暂行规定赋予了厂长更大的权力，而党委的权利相对削弱。1986 年，国家颁布了《全民所有制工业企业厂长工作条例》、《中国共产党全民所有制工业企业基层组织工作条例》和《全民所有制工业企业职工代表大会条例》①，明确规定国有企业实行厂长负责制。这是国有企业领导体制的重大改革。

1988 年，我国颁布了《全民所有制工业企业法》。该法明确指出，国有企业实行厂长负责制，厂长是企业法定代表人。厂长的产生，除国务院另有规定外，由政府主管部门委任、聘任，或者由职工代表大会选举产生。这使得厂长负责制正式取得法律依据，厂长的地位从而达到了空前的高度。

但是，1989 年之后，厂长负责制受到了很大的挑战，党委

---

① 《全民所有制工业企业厂长工作条例》、《中国共产党全民所有制工业企业基层组织工作条例》和《全民所有制工业企业职工代表大会条例》要点：一、全民所有制企业实行厂长负责制，企业为法人，厂长为法人代表，代表法人行使职权，对企业的生产指挥和经营管理工作统一领导，全权负责。厂长定期向党委报告工作，接受监督，定期向职工代表大会报告工作，听取意见，组织实施职工代表大会在其职权范围内做出的决定和处理其提出的议案，接受职工代表大会监督。二、厂长分别采取如下形式产生：由主管部门或干部管理机关委派任命；按照主管部门部署由职工代表大会选举或推荐，然后由主管部门或干部管理机关任命；主管部门进行招聘并经过职工代表大会同意，然后由主管部门或干部管理机关任命。厂长实行任期制，每届任期 3～5 年并可以连任。三、企业设立管理委员会协助厂长就企业经营方针和发展计划及投资项目、财务决算、自有资金使用、机构设置等重大问题协助厂长决策，重大问题的讨论方案由厂长提出。管理委员会由厂长、副厂长、总工程师和经济师、党委书记和工会主席及职工代表等组成，厂长为管理委员会主任。厂长决定中层管理干部任免，提名副厂长人选并征求党委意见后按干部管理权限上报审批。四、企业党委对企业实行思想政治领导，应当积极支持厂长行使经营管理决策和统一指挥生产活动的职权，党委根据党章规定选举产生，党委书记一般不兼任厂长。五、职工代表大会由选举产生的职工代表组成，工会委员会是职工大会的工作机构，负责日常工作。职工代表大会行使如下职权：定期听取厂长工作报告，审议企业经营方针和计划及投资方案财务决算并做出决议，审议通过工资奖金分配方案和福利方案，评议企业各级领导干部。

在国有企业中的作用被极度地强调。官方认为，党委书记应在企业中发挥政治核心作用，厂长在企业中发挥中心作用。但是，由于核心和中心的职权界定并不清楚，在实际中往往导致厂长和党委书记之间出现矛盾和扯皮，影响到企业的决策程序。在这样的情况下，一些地方通过变通方法来应付这个问题，将两人变成一人，以使两心变一心，即突破《全民所有制工业企业厂长工作条例》和《中国共产党全民所有制工业企业基层组织工作条例》党委书记不得兼任厂长的限制，实行厂长和党委书记由同一人担任。

1993 年，国家确定建立现代企业制度为国有企业改革的目标，而现代企业制度被普遍理解为公司制度。随着 1993 年《公司法》的出台，当国有企业改建为国有全资公司或国有控股的有限责任公司以及股份有限公司后，即根据《公司法》的规定建立股东会或股东大会、董事会、监事会，并设立总经理。他们各自的职权范围公司法都有明确的规定。

但在实际工作中，这些公司仍然普遍存在"新三会"和"老三会"之间的矛盾。"新三会"即董事会、监事会、股东会。"老三会"即党委会、职代会、工会。这个矛盾始终伴随着国有全资或控股的有限责任公司和股份有限公司，一直延续至现在。不少公司制国有企业往往采取党委会成员和董事会成员双向进入的办法来缓和矛盾，即党委会主要成员或多数成员与董事会成员或多数成员相互兼任，并由党委书记兼任董事长。法定代表人由董事长而不是总经理担任，而董事会主席一般由工会主席兼任。

许多国有企业，特别是大型和特大型企业国有企业，即使到现在也还没有改建为公司制企业，这些企业仍然按照 1998 年颁布的《全民所有制工业企业法》登记。不过，到了 90 年代，这些非公司制国有企业已经基本上不再维持原来的厂长负责制，不但厂长被称为总经理，而且在90年代中后期，国家也试图在这样的企业设立董事会，由董事会授权总经理进行日常管理工作。一些企业组建了董事会，董事长和总经理分设，法定代表人为董事长而不再由总经理担任。《全民所有制工业企业法》明确规定，企业实行厂长负责制，厂长是企业的法定代表人，厂长的产生一般由政府主管部门委任聘任或由职工代表大会选举产生。而设立董事会之后，这些国有企业的法定代表人改由董事长担任，总经理形式上由董事会聘用。这种变化，意味着总经理已经不再是国有企业最强势的人物，这个人物现在是董事长。同公司制国有企业一样，这些企业的董事长和党委书记一般是同一个人。显然，在非公司制国有企业设立董事会，使得这些企业按照《全民所有制工业企业法》登记注册，但又不按照该法的规定建立领导体制。这种情况也表明，在国有企业领导体制方面，法律规定往往是无关紧要的。

尽管一些非公司制国有企业设立了董事会，但董事会的设立和运作没有法律依据，而且事实上也很不规范，董事几乎全部是企业的党委会成员和高层管理人员，随着时间推移，这些企业的董事会基本上是形同虚设，甚至不少企业在董事会成员陆续退休之后便不再设有董事会了。

1998年后，国家对中央管理的大型重点国有企业，不管是公司制还是非公司制国有企业，实行稽查特派员制度。稽查特派员由稽查特派员公署派驻企业，该公署设在国家人事部。稽查特派员实际上由国务院任命，对国务院负责。一个稽查特派员负责若干个国有重点企业的稽查工作。所谓稽查工作主要是审查企业账目和财务状况以及检查企业领导人是否存在其他方面的违纪违法现象，并将稽查报告直接报送国务院总理。后来，稽查特派员改名为外派监事会主席，以区别公司法中规定需要设立的由企业内部人员担任的监事会主席。这项制度一直延续至今。

1998年之后一直到2003年，由于行政主管部门被撤销，中央管理的重点国有企业，无论是公司制还是非公司制企业，其董事长、党委书记和总经理等领导人由党中央大企业工作委员会任命。到2003年，中央政府和地方政府均设立了国有企业的所有机构，或称出资人机构，即国有资产监督管理委员会，大部分企业的领导人的选择和任命由国有资产监督管理委员会负责，也有少数极重要的国有企业的领导人仍然由党的机构任命。

从公司治理角度来认识中国国有企业的领导体制，可以发现，放权让利式的改革赋予了国有企业，具体而言，主要是国有企业的领导人，以越来越大的经营自主权。如何约束国有企业和国有企业领导人就成为一个很大的问题。总体而言，从80年代到90年代，党政部门，主要是行政部门，从外部的监督与约束，是制约国有企业和国有企业领导人的最重要的力量。同时，由于政府赋予的权力到底由企业内部的哪些人行使和如何行使，其实并不清楚。虽然政府设计了复杂的"老三会"和"新三会"，从实际效果来看，并没有解决上述问题。因此，政府不但要依靠行政权力从外部进行强有力的监督与约束，还要对国有企业领导人的是非对错做出最终裁决和处理，实际上使得政府成为了国有企业的最终裁决者。不难理解，政府的最终裁决很难摆脱政治文化和政治规则，这会对国有企业的商业化努力构成严重障碍，使国有企业无法最终摆脱政治性。因此，国有企业要想变成真正的商业化实体，并不仅仅是在生产经营方面面向市场就万事大吉了，如何使其领导人产生方式、激励方式真正实现市场化，绝对是无法回避的问题。

政府在国有企业中的角色不仅仅是充当最终裁决者。对于政府而言，许多国有企业曾经长期甚至一直是"吃奶"或者"哭奶"的孩子，政府无法真正割断其与国有企业之间的脐带。

在 90 年代中期以前，政府甚至要对国有企业的亏损进行补贴，尽管后来政府很少直接注资弥补国有企业亏损，但政府会对陷入困境和处于长期亏损状态的国有企业提供政策扶持，如帮助其获得贷款、获得垄断性项目或上市融资等。至少，政府要对这些企业职工的就业和生计承担责任。因此，政府实际上还是国有企业的最终救助者。

3.2.2 非国有企业高管体制的演变

我国的非国有企业是在改革开放的方针政策指引下发展起来的，至今已经有近三十年的历史。随着科技进步和管理现代化的进程，特别是随着全球经济一体化的发展和我国加入世界贸易组织，实行科学领导和管理日益显得重要，非国有企业的高管体制建设也正在推进，管理规范化程度在不断提高。但是，从总体情况来看，仍表现出浓厚的家族控制特色，经营权和所有权不分，"董事长兼任总经理"是最普遍的老板身份。由此可见，董事长通常是由公司的创始人来担任，而董事会成员的来源也是具有选择性，即董事会成员一般只是由其他投资人或企业内部管理人员担任，外部董事或独立董事非常少，董事会成员与股东大会大部分是重叠的，这也是与非国有企业股权高度集中的情况对称的。企业的股权集中在家族成员手中的比例高达83%，因此董事的名额主要在家族成员间分配，并且董事会成员同时兼任公司的主要管理人，如副总职务等（舒元，王珺，2007）。我国《公司法》第五十二条规定，股东人数和企业规模较小的，可以不设监事会，只设一至二名监事，并明确规定公司董事、经理及财务负责人不得兼任监事。因此，大多数的非国有企业都不设立监事会，只是从一般管理人员和职工中挑选一至二名担任监事。因此，非国有企业中"新三会"的设立，主要是一种形式主义，三会之间没有明确的界限和分工，规范的公司治理极力设法避免的委托—代理成本在非国有企业的"顶层"各权力主体间是很小的。根据前面的分析我们可以看到，非国有企业绝大多数不存在标准意义上的委托—代理关系，股东会、董事会和总经理操纵在家族成员手中，股权与血缘、亲缘的联结大大降低了治理结构中第一级和第二级委托代理中的激励—约束成本。如果非国有企业主家族成员全部垄断企业的经营控制权，那么第二级的委托代理成本也将大大降低，企业治理问题或许真的不再存在。但在事实上，家族成员垄断企业股权和全部控制权的"家庭式"的非国有企业非常少见。

但是随着我国社会所有制结构和企业产权构成上多种经济成分混合、交融的大趋势，委托—代理制将会在更大范围内被非国有企业采用，采取专家化管理的领导体制将成为一个不可逆转的趋向，即法人治理将是大势所趋。一个相对普遍被人们接受的界定是1999年5月经济合作与发展组织理事会在《公司治理结构原则》中提出的："公司治理结构是一种据以对工商公司进行管理和控制的体系，公司治理结构明确规定了公司的各个参与者的责任和权利分布，诸如董事会、经理层、股东和其他利益相关者。并且清楚地说明了决策事务时应遵循的原则和程序。同时，它还提供了一种结构，使之用以设置公司目标，也提供了达到这些目标和监控运营的手段。"简单地讲，公司法人治理结构就是指在三权分立、相互制衡的原则下所做出的公司机构设置及其相互关系和运行方式的制度安排。公司法人治理结构又称为股份公司的高管体制，是由股东大会、董事会、监事会和高级执行人员组成的组织结构。在这种结构中，上述几方面之间形成一定的制衡关系。所有者组成公司的最高权力机构即股东大会，将自己的资产交由公司董事会托管。董事会是由股东大会领导的公司的决策机构，拥有对高级经理人员的聘用、奖惩和解雇权。高级经理人员受雇于董事会，组成在董事会领导下的执行机构，在董事会的授权范围内经营企业。

从非国有股企业的法人治理结构可以看出，股东大会是企业的最高权力机构。股东拥有对于董事长的选举权和在董事长未尽职责时的起诉权，但是不直接参与公司的管理。股东大会主席由董事长担任，若董事长因故不能履行职责时，由董事长指定的副董事长或其他董事担任。实际上，我国《公司法》规定"股份公司的董事会人数为5～19人，各公司应根据自己的情况决定合适的董事会人数。董事会选举董事长1人，副董事长1~2人。董事长是公司的法人代表。"总经理是公司业务活动的首席执行人，对业务活动的效率和结果负责，具体指挥公司的经营活动。总经理由董事会聘任，对董事会负责。总经理的任期由公司章程规定，可以根据董事会的决定连任或随时解聘。

纵观20世纪的历史，我们不得不感叹职业经理人及其阶层在社会经济发展中所发挥的巨大作用。职业经理是企业成长过程的产物，但他们是主体性的、主导性、能动性的精英人物阶层，他们创立了管理科学理论与方法（想想泰勒、法约尔、斯隆、巴纳德等人的工作及其贡献，没有他们，20世纪的社会与经济的发展会是什么样），他们制定了一系列的生产制度、质量管理制度、组织管理制度、市场营销与开发方法，他们部分或全部掌握着企业的经营控制权，有着自己独特的职业生涯和职业伦理；他们追求着自己的利益，但又在与企业资产所有者和工人不断地进行利益博弈，在博弈中不断创设和更新着利益博弈的规则，而这些规则逐渐演化成企业治理制度和系统的管理制度；他们成为令人羡慕的白领，他们是工业企业社会乃至信息化社会中的中产阶级主体，而历史证明：中产阶级的有效形成是社会稳定器的基础。诚然，拥有企业控制权的经理人与资产所有者之间的矛盾也出现了很多令人不齿的龌龊、欺诈、违约背信、中饱私囊等，这些被学者称之为道德风险、机会主义形成、代理成本等，正是对这些实际问题的研究，才不断让人们了解和把握企业运行与成长的内在规律，不断理解职业经理及其阶层的作用和意义。

作为企业史学家，钱德勒着眼于宏观，通过详细的史料考察和深刻的理论透视力，揭示了西方企业成长的过程与主要管理模式，但他没有从微观角度深入考察拥有所有权的资产所有者与拥有控制权的经理人之间的矛盾博弈过程。所有者与经理人这一企业中的最基本的矛盾，不断激发人类管理智慧和制度机制的构建，由此左右着、制约着、推动着企业的管理运作与成长。由于各国民族的历史文化传统和制度初始条件的差异，这一基本矛盾在各国各民族企业成长过程中的表现形式有差异，解决矛盾的方法和路径也各有其独特性。当然，全球化趋势的日益增强，企业管理模式和成长过程也有趋同化的一面，但各自的独特性不但没有消失，而且往往成为其独有的核心竞争力。

早在 20 世纪 30 年代，伯利和米恩斯（Adolph A. Belle, Gardiner Cummins，1932）就揭示：几乎没有控制权的财富所有权与几乎没有所有权的财富控制权，似乎是公司制度发展的必然结果。① 公司的集中程度越来越高，股权越来越分散，所有权与控制权越来越趋于分离，这时，控制者（即职业经理人）的利益，有别于甚至常常是完全对立于所有者的利益。所以，很显然，单纯追求利润的控制者集团绝不会很好地服务于所有者。一个多世纪以来，几乎可以说，世界各国的企业都在这一问题的困扰中运作与成长着，这也成了企业发展和管理实践中的中心话题。

---

① 伯利，米恩斯. 现代公司与私有财产 [M]. 北京：商务印书馆，2005.

3.3　理论基础

3.3.1　市场竞争度与高管变更的理论分析

伯利与米恩斯（1932）的两权分离命题已成为现代公司制的典型特征。因两权分离而产生的代理问题是困扰现代公司的最大痼疾，如何降低代理成本成为现代公司治理的核心。信息不对称以及契约不完备是产生代理问题的主要原因，与契约的完备性相比，信息的对称性对于解决代理问题更加重要。

市场作为信息汇集的平台，为信息交流与沟通提供了最为便捷的途径。在完备的市场体系中，产品市场是最基本的市场。透过产品市场，投资者至少可以获取以下几方面的信息：一是通过同类产品的价格信号，推断所投资企业的生产成本；二是以竞争对手的盈利状况为依据，对所投资企业的经理人的经营能力及努力程度进行评价。

理论上，产品市场通过价格与竞争机制有效降低了投资者与经营者之间的信息不对称程度，为客观评价经理人提供了一个行之有效的方法，从而有助于董事会、股东识别不称职的经理，并在恰当时机实施变更决策。同时，竞争性的产品市场作为一种"硬预算约束"（Hard Budget Constraint）和激励机制（哈特，1983），不时考验着企业的生存能力，并淘汰那些不能按竞争性价格（最低价格）供给消费者需求的企业，这给经理们造成极大的外在压力，破产退出的威胁迫使想控制企业资源的经理们努力提高效率，以避免沦为被清算的对象。虽然很难如阿克艾克（1950）和斯蒂格勒（1958）所言，市场竞争（尤其是产品市场竞争）可以一劳永逸地解决公司治理问题（谢军，

2003），但是很明显，竞争性的产品市场已经成为现代公司治理机制不可或缺的有机组成部分，客观上有助于投资者对经理人的监督。

投资者对经理人的监督，主要是通过激励机制和监督机制来实现。变更不称职的 CEO 是最极端的监管控制方式，它不仅可能导致离职 CEO 当期物质利益的损失，并且，通过职业经理人市场的声誉约束机制可能导致其未来人力资本的贬值。CEO 变更作为各种治理机制发挥作用的重要表现，从而成为研究各种机制治理效应的视角。

不过，以 CEO 变更为视角，研究产品市场竞争的治理效应的实证文献并不多见。珀赖因（1997）的实证研究发现，行业中同质公司较多，业绩差 CEO 就能很容易被识别出来，并且变更业绩差的 CEO 成本也相对较低。而且，CEO 被迫替换的可能以及在行业内选聘继任 CEO 的可能随着行业的同质性增加。这意味着公司的竞争对手越多，业绩差的 CEO 被变更的可能越大，特别是被迫变更的可能越大。事实上，珀赖因（1997）的研究反映了产品市场竞争强度与 CEO 变更之间存在相关性。

国内这方面的研究更为鲜见。赵山（2001）在《中国上市公司高层更换实证研究》一文中将产品市场竞争程度分为高度竞争、中度竞争和低度竞争，并分别统计了三类行业的董事长与总经理的非常规变更率。统计表明，对总经理而言，竞争程度越高，非常规变更率越高，三类行业的非常规离职率分别为11.9%、10.6%和9.3%；对董事长而言，中度竞争行业的非常规变更率最高，为12%，其次是高度竞争行业，为7.8%，低度竞争行业最低，为6.6%。这在一定程度上说明产品市场竞争有助于企业内部治理机制作用的发挥。但是在文章中我们发现不仅存在样本容量（900 个/年）过小的局限，更重要的是研究方法局限于基本的统计，虽然统计表明产品市场竞争程度与高层变更概率存在某种趋势，但二者之间是否存在相关性有待进一步的回归分析与统计检验。淳伟德（2005）、陈璇和刘卉（2006）比较了高新技术企业与传统企业高层更换的异同，发现高新技术企业高层更换率高于传统企业，并且高新技术企业对股权变更以及会计业绩的敏感性大于传统企业。这两篇文章虽然比较了不同行业高层变更的异同，但并没研究产品市场竞争强度对高层变更的影响。

因此，根据以上的理论分析，我们提出如下的理论假设1：市场竞争度越强的企业，高管变更的可能性就越低，即市场竞争度与高管变更之间的关系是负相关关系。

3.3.2 制度环境与高管变更的理论分析

企业作为市场经济中自我经营、独立决策的经济主体，是整个社会经济的缩影。通常认为，决定和制约企业行为的因素包括两个方面：一是企业内部因素，包括企业动力、利益、目标、决策、激励、约束等；二是企业外部因素，即制度环境，主要是经营环境、市场条件、供求状况、政策法令以及法律制度等。制度是一系列用来建立生产、交换与分配基础的基本的政治、社会和法律基础规则，它构成了人类政治交易行为或经济交易行为的激励机制，不同的制度安排将导致不同的市场交易成本（瑙斯，托马斯，1973）。由瑙斯（1990）等建立的制度变迁理论甚至将制度视作影响各国经济增长和经济发展的最重要因素。企业作为利益主体（或潜在利益主体）为实现其自身利益目标，对外部环境或信号做出持续、规范的决策或反应（周立群，1999）。制度与企业行为由于交易成本而发生关联。薪酬合约作为一种重要的公司治理机制，与制度环境密切相关。林毅夫等（1997）指出，公司治理结构中最基本的成分是通过竞争的市场所实现的间接控制或外部治理，而不是当前人们所关注的公司治理结构——直接控制或内部治理结构。后者虽然是必要和重要的，但与充分竞争的市场机制（外部治理）相比，只是派生的制度安排。企业内部治理结构的选择仍然取决于企业处的制度环境，换句话说，市场环境的变化决定了企业内部组织结构和治理模式的选择。没有任何一种内部公司治理模式，能够在没有市场机制的间接控制的前提下单独奏效①。事实上，公司内部治理机制处于不断的制度创新过程中，并且值得强调的是内部治理机制与外部治理环境的匹配性。拉帕陶（1998，2000）的一系列研究发现，一国的法律体系对其公司治理具有重要影响。他发现，一国的投资者受法律保护程度与其上市公司的股权集中度负相关，与其上市公司的股利支付比率、上市公司的价值、资本市场的发达程度呈正相关关系。这些研究表明，一国法律体系在很大程度上决定了其公司的治理结构和水平，良好的公司治理必定要以有效的投资者法律保护为基础。可以说，拉帕陶等人的这一系列研究从根本上改变了以往对公司治理的看法，促使人们把目光转移到影响公司治理的根本因素上来，这些根本因素构成公司治理的制度环境。

而在我国证券市场上，公司欺诈、舞弊以及大股东对中小股东的肆意侵害行为屡屡发生，其中一个很重要的原因就是投资者受法律保护不力。虽然证券市场早在1990年就已经设立，但《中华人民共和国证券法》（以下简称《证券法》）直到1998年年底才颁布。并且，即使在《证券法》颁布实施之后，投资者依然难以得到实质性的法律保护。一个典型的表现是，虽然备受投资者期待，但证券民事赔偿制度至今未能得到有效施行。

---

① 目前，最具有代表性的是日本和德国式的银行主导型和美国和英国式的股东主导型的两人公司治理结构类型。在两人治理结构类型下，也派生出了许多种不同的内部治理机制，但相同的是这些国家的外部治理环境都相对稳定，市场竞争比较充分。

究其原因，固然与执法力量和执法水平有关，但更重要的原因可能是，上市公司大部分由各级政府所控制，而法律约束难以限制政府权力；同时，股票市场设立的初衷本就是为国企改革和解困服务，而有效的投资者法律保护与这样的目标很可能是矛盾的。因此，政府和法律的因素交织在一起，构成了中国上市公司所处治理环境的主要特征。然而，对于不同地区的上市公司来说，虽然其所处的国家大环境是一样的，但其所处地区的市场化进程、政府干预程度、法治水平却相差甚大，很不平衡（樊纲、王小鲁，2003）。我国 20 世纪 70 年代后期进行的分权化改革，引发了不同地区间市场化程度的差异，这为我们研究与产权特征相关的政府行为如何影响公司行为提高了机会。同时，我国长期以来实行的户籍制度使得公司高管人员在各地区之间的自由流动受到了限制，使得不同地区的经理人受到的变更压力各不相同，为我们的研究创造了可能。因此，将拉帕陶等人的跨国比较框架应用到中国各地区的比较中，我们便可以在实证研究中验证治理环境对公司治理的影响。

而根据制度背景的分析可以发现，由集权到分权的分权化改革，提高了地方政府发展经济的激励，使我国各地区政府被赋予一定经济调控权，同时负有发展地区经济、增加当地居民就业和地方财政收入等责任，地区利益得以确认。这种权责利为各地区自主发展提供了动力和条件，而地区自主发展必然带来区域之间直接和间接的竞争，区域竞争反过来又激发了地区发展的活力。区域竞争程度越高的地方，经济增长越快，特别是促进了乡镇企业的发展，并硬化了企业的预算软约束，形成了多种所有制经济组织共同发展、竞争的格局，企业间竞争的程度更高。

樊纲、王小鲁（2004）的研究表明，我国各地区政府与市场的关系存在较大差异，尤其是政府对企业的放权、或者说干预程度还存在很大不同。通常，市场化程度较高的地区，产权改革以及非国有经济发展较为充分，政府干预较少；而另外一些地区，政府往往向企业寻租，给企业造成额外负担，而且影响企业融资、投资和正常生产经营决策，导致市场的扭曲。

另外，根据拉帕陶的研究，在那些法律对投资者缺乏有效保护的地区，股东处于天然的信息劣势，股东权利得不到保障，企业所处的环境使得股东无法有效地监督经理的行为或衡量经理的业绩，不能对高管人员实施有效的监督行为，这时就容易发生高管人员对股东权利的侵害行为。陈信元等（2005）的研究中发现，高管人员可以通过大量的在职消费等形式，增加自己的隐性收入。李增泉、孙铮、刘凤委（2004）的进一步研究表明，这种薪酬安排是股东基于无法有效监督经理人行为的情况下，通过主动提供隐性激励的方式来降低监督成本。

并且，根据热若尔·罗兰（1999）的研究，劳动力要素市场发育的低度化也会增加高管人员被替换的难度。法玛（1980）认为，在股权分散的现代公司中，经理人员的约束主要来自经理人才市场（包括公司内部和公司外部的），公司内部以及外部"华丽的（Panoply）"监督机制仅对公司的良性运行起到"锦上添花"的作用，而公司外部的接管市场提供的则是最后"一道防线"（Last Resort）。经理人才市场对经理人员的约束作用主要来自它对经理人员能力的信号显示功能。经理人员所在企业的成功或失败都被经理人才市场作为经理人员能力的相关信息予以显示，因此，经理人员管理企业的绩效不仅影响到当期收入，而且会对将来的重新任职及薪酬水平产生重要影响。外部经理人才市场总是促使企业将经理人员的薪酬水平与其经营业绩相联系。这是因为，在一个市场上总有许多企业在寻找新的经理，而新的经理对企业的薪酬系统非常敏感，他们总是希望寻找能够对能力和努力进行奖励的企业。也就是说，给定竞争性经理人才市场的存在，任何不具有良好薪酬系统的企业都将面临失去经理的危险，尤其是能力强的经理更容易离开这些公司。在企业内部，运行良好的经理人才市场也会促使高层经理和低层经理的相互监督。由于正确评价下属的业绩是管理能力的重要组成部分，因此企业内部的高级经理必然有强烈的动机对下级经理进行监督。另外，虽然下级经理对上级经理的监督动机不是很强，但当下级经理意识到对具有懈怠或不称职现象的上级经理进行监督有利可图时，上级经理也会受到来自下级经理的监督。最后，尽管上级经理对下级经理的影响更大，但所有的经理都会意识到外部经理人才市场是用企业业绩来评价企业内所有成员的经营能力，即所有的经理的收益都会受到他的上级和下属业绩的影响。格林斯（1989），马丁和麦空（1991）的研究证明，陷入财务困境（或破产企业）以及被并企业经理人员的变更概率显著高于其他企业。卡恩拉等（1995）的研究则发现，清算公司的经理人员在公司被清算后很难找到新的工作。因此，如果存在完美竞争的劳动力要素市场，企业生产中的"棘轮效应"便会消失，在经营业绩差的时候，经理人会面临更多被替换的压力；而如果劳动力要素市场发育低度化，投资者不能很容易在劳动力市场上选聘到合适的管理人员，这样公司高管人员变更的可能性就会相应下降。

因此，根据以上的理论分析，我们提出如下的假设2：市场化程度越高，外部制度环境对股东权利保护越好的地区，股东对公司的经营状况进行监督的成本就越小，从而就会促进公司的治理效力，公司业绩与高管变更之间的负相关程度越高。

假设3：在市场发育较好的地区，高管人员变更的难度会减弱，从而增大高管人员变更的可能性，高管变更与公司业绩之间的负相关关系更强。

假设4：政府对于企业的干预力度越大，高管变更的可能性越大，高管变更与公司绩效之间的负相关性就越强。

假设5：当地政府对于商品市场的保护力度越大，高管变更的可能性就越大，高管变更与公司绩效之间的负相关性就越强。

4 上市公司高管变更描述性统计分析

由于在公司当中对于高管的界定范围较为广泛，所以本书所研究的高管特指董事长和总经理。因此本书将以董事长和总经理变更的情况作为研究重点。本书主要基于公司治理的外部环境即市场竞争度、制度环境的视角来研究高管变更的深层原因，并以2003—2007年间董事长和总经理变更的公司作为研究样本，对高管变更的样本公司所处的行业、地区、变更的原因、变更的次数、高管的任期等方面进行一般的描述性统计分析，以期发现高管变更的规律。

4.1 样本和数据的选取

4.1.1 样本的选取

1999年以后我国上市公司的信息披露更加趋于规范和高管变更的数据更易于获得，所以本书以1999年1月1日前在沪深两市上市的835家A股公司为最初的研究样本库。对于此样本库的具体筛选基于以下几个原则：①按照国际惯例剔除金融类上市公司，这是因为金融类上市公司的会计信息核算和财务特征，以及自身行业与其他行业存在很大差异，不具有可比性；②剔除无法从数据库所要查询的数据；③本书对于同一年发生多次高管变更的样本公司，以第一次高管变更作为研究样本；④剔除 1999—2007 年间由于种种原因退市的上市公司。经过以上的筛选，本书选取的样本区间是 2003—2007 年，最后得到样本公司为 778 家。

本书以上述 778 家上市公司为研究样本，收集这些样本公司在 2003—2007 年间的数据，总共得到 3 890 个观察样本（778×5＝3 890 家公司）。

4.1.2 数据的选取

为了保证研究数据的真实可靠性，本书所选取的样本公司的资料均来自经过会计师事务所审核过后经由中国证监会公开发布的上市公司的年报。而本书获取研究样本的主要途径如下：

（1）高管变更信息公告来源于深圳证券交易所（www. szse. cn）和上海证券交易所（www. sse. com. cn）；

（2）上市公司高管变更的原始数据来源于国泰君安数据库（CSMAR）；

（3）上市公司的财务数据来源于锐思金融研究数据库；

（4）补充数据缺失值来源于巨灵金融数据库。

4.2　样本公司高管变更统计分析

4.2.1　行业和地区分布特征

不同行业背景会导致高管变更存在一定的差异，所以本书根据 2001 年 4 月中国证监会公布的《上市公司行业分类指引》，本书所选样本公司分属于 13 个行业，作为研究行业大类的样本，其中制造行业又分为 10 个小类行业。由于制造业样本在整个上市公司中所占样本量超过 50%，所以将制造业细分的 10 个小类行业与其他 12 类大行业，总共组成 21 个行业分类。按照 21 个行业分类对研究样本进行划分，其分布情况如表 4-1 所示。

表 4-1　　　　　上市公司行业分布情况

行业	代码	变更样本		总样本	比例（%）	
		董事长变更	总经理变更		董事长变更	总经理变更
农林渔牧业	A	13	15	60	21.67%	25.00%
采掘业	B	8	9	30	26.67%	30.00%
制造业	C					
其中：						
食品、饮料业	C0	36	51	175	20.57%	29.14%
纺织、服装、皮毛	C1	36	58	160	22.50%	36.25%
木材、家具	C2	1	2	5	20.00%	40.00%
造纸、印刷	C3	13	32	80	16.25%	40.00%
石油、化学、塑胶	C4	97	126	415	23.37%	30.36%
电子	C5	22	30	115	19.13%	26.09%
金属、非金属	C6	78	92	320	24.38%	28.75%
机械、设备、仪表	C7	149	166	640	23.28%	25.94%
医药、生物制药	C8	46	61	220	20.91%	27.73%
其他制造业	C99	14	15	25	56.00%	60.00%
电力、煤气及水的生产和供应业	D	44	34	165	26.67%	20.61%
建筑业	E	18	20	50	36.00%	40.00%

表4 -1(续)

行业	代码	变更样本		总样本	比例(%)	
		董事长变更	总经理变更		董事长变更	总经理变更
交通运输、仓储业	F	31	33	130	23.85%	25.38%
信息技术	G	61	64	245	24.90%	26.12%
批发和零售贸易	H	64	89	370	17.30%	6.68%
房地产业	J	38	51	185	20.54%	27.57%
社会服务业	K	26	33	125	20.80%	26.4%
传播与文化产业	L	9	13	35	25.71%	37.14%
综合类	M	77	85	340	22.65%	25.00%
合计		881	1 079	3 890	22.65%	27.74%

从表4 -1可以看出，在高管变更过程中，不管是董事长变更样本，还是总经理变更样本，分属于各个行业样本的分布情况基本相近。在此当中，木材、家具行业、造纸、印刷行业、其他制造业、建筑业所占的样本比重较大，而批发和零售贸易行业高管变更的样本所占的比重较少。

根据市场竞争度 Hhia（Hhia = 主营业务收入/当年本行业主营业务收入均值）指标将所研究的样本公司分为两类。当 Hhia > 1 时样本公司在所在的行业的竞争能力较强，当 Hhia < 1 时样本公司在所在的行业的竞争能力较弱。从表4 - 2 可以看出，基于市场竞争度 Hhia 的角度视角，市场竞争能力不同的样本数量之间差距大的行业主要有农林渔木业、采掘业、食品、饮料业、纺织、服装、皮毛业、造纸、印刷业等，这说明不同行业之间市场竞争程度存在一定的差异。

表4-2　　上市公司市场竞争度的行业分布情况

行业	代码	主营业务收入/当年本行业主营业务收入均值（Hhia）		总样本	比例（%）	
		Hhia＜1	Hhia＞1		Hhia＜1	Hhia＞1
农林渔牧业	A	43	17	60	71.67%	28.33%
采掘业	B	25	5	30	83.33%	16.67%
制造业	C					
其中：						
食品、饮料业	C0	144	31	175	82.29%	17.71%
纺织、服装、皮毛	C1	131	29	160	81.88%	18.12%
木材、家具	C2	5	0	5	100%	0
造纸、印刷	C3	64	16	80	80.00%	20.00%
石油、化学、塑胶	C4	285	130	415	68.67%	31.33%
电子	C5	78	37	115	67.83%	32.17%
金属、非金属	C6	218	102	320	68.13%	21.87%
机械、设备、仪表	C7	456	184	640	71.25%	18.75%
医药、生物制药	C8	179	41	220	81.36%	18.64%
其他制造业	C99	12	13	25	48.00%	52.00%
电力、煤气及水的生产和供应业	D	110	55	165	66.67%	33.33%
建筑业	E	32	18	50	64.00%	36.00%
交通运输、仓储业	F	91	39	130	70.00%	30.00%
信息技术	G	174	71	245	71.02%	29.98%
批发和零售贸易	H	256	114	370	69.19%	30.81%
房地产业	J	131	54	185	70.81%	29.19%
社会服务业	K	94	31	125	75.20%	24.80%
传播与文化产业	L	20	15	35	57.14%	42.86%
综合类	M	240	100	340	70.59%	29.41%
合计		2788	1102	3 890	71.67%	28.33%

本书所选取的样本涉及全国31个省、直辖市、自治区（不包括中国台湾、中国香港和中国澳门地区），样本所处的地区环境不同也可能会导致高管变更存在差异。因此，本书根据上市公司的注册所在省份对高管变更样本进行描述性分析（如表4-3所示）。

表4-3　　　上市公司高管变更地区分布统计表

地区	高管变更样本		总样本	高管变更比例（%）	
	总经理变更	董事长变更		总经理变更	董事长变更
安徽	19	20	85	22.35%	23.53%
北京	49	37	170	28.82%	21.76%
福建	48	34	150	32.00%	22.67%
甘肃	13	13	50	26.00%	26.00%
广东	123	107	505	24.36%	21.19%
广西	12	9	50	24.00%	18.00%
贵州	10	10	35	28.57%	28.57%
海南	20	18	80	25.00%	22.50%
河北	24	17	95	25.26%	17.89%
河南	32	21	80	40.00%	26.25%
黑龙江	26	29	80	32.50%	36.25%
湖北	56	51	180	31.11%	28.33%
湖南	34	28	90	37.78%	31.11%
吉林	33	24	110	30.00%	21.82%
江苏	53	41	185	28.65%	22.16%
江西	14	11	55	25.45%	20.00%
辽宁	53	40	170	31.18%	23.53%
内蒙古	20	9	60	33.33%	15.00%
宁夏	8	10	35	22.86%	28.57%

表4-3(续)

地区	高管变更样本		总样本	高管变更比例（%）	
	总经理变更	董事长变更		总经理变更	董事长变更
青海	9	8	35	25.71%	22.86%
山东	52	42	210	24.76%	20.00%
山西	6	9	65	9.23%	13.85%
陕西	16	13	70	22.86%	18.57%
上海	142	119	565	25.13%	21.06%
四川	74	54	245	30.20%	22.04%
天津	17	11	60	28.33%	18.33%
西藏	7	5	25	28.00%	20.00%
新疆	16	14	50	32.00%	28.00%
云南	17	11	55	30.91%	20.00%
浙江	40	35	160	25.00%	21.88%
重庆	36	31	85	42.35%	36.47%
合计	1 079	881	3 890	27.74%	22.65%

从表4-3可以看出，上市公司高管变更比率在各个地区是不一样。在2003—2007年间，总经理变更比率较高的省份是：重庆、河南、湖南、内蒙古；总经理变更比率较低的省份是：山西、安徽、陕西、宁夏；董事长变更比率较高的省份是：重庆、黑龙江、湖南、宁夏；董事长变更比率较低的省份是：山西、内蒙古、河北、广西。董事长和总经理变更比率最高的省份都是重庆，变更比率最低的省份也均是山西。从中可以看出，董事长和总经理变更的差别不是很大，可是每个省份的高管变更比率不同。可能是由于不同地区制度环境不同，导致高管变更的比率有所不同。也可能是由于经济不发达的中西部地区的制度环境差导致其在高管变更中所占的比重较高，公司治理的

外部环境较差。

从表4-4中我们可以看出，市场竞争度较弱的样本在总样本中占有较大的比重。明显可以发现，在经济落后的地区青海、宁夏、甘肃等省份的大部分样本公司的市场竞争度都较弱，可是处于经济相对发达的广东、山东、上海等省份的大部分样本公司的市场竞争居然度也较弱，即使是北京的样本中也只有40.59%的样本的公司的市场竞争度较强，59.41%的样本公司的市场竞争度较弱。这个发现确实引起了我们的注意。这说明即使制度环境好的地方的市场竞争度也不一定会高，可能会受到其他因素的影响。

表4-4　　上市公司市场竞争度的地区分布统计表

地区	主营业务收入/当年本行业主营业务收入均值(Hhia)		总样本	所占比例（%）	
	Hhia < 1	Hhia > 1		Hhia < 1	Hhia > 1
安徽	52	33	85	61.18%	38.82%
北京	101	69	170	59.41%	40.59%
福建	112	38	150	74.67%	25.33%
甘肃	41	9	50	82.00%	18.00%
广东	378	127	505	74.85%	25.15%
广西	33	17	50	66.00%	34.00%
贵州	25	10	35	71.43%	28.57%
海南	49	31	80	61.25%	38.75%
河北	75	20	95	78.95%	21.05%
河南	59	21	80	73.75%	26.25%
黑龙江	58	22	80	72.50%	27.50%
湖北	116	64	180	64.44%	35.56%
湖南	75	15	90	83.33%	16.67%

表4-4(续)

地区	主营业务收入/当年本行业主营业务收入均值（Hhia）		总样本	所占比例（%）	
	Hhia < 1	Hhia > 1		Hhia < 1	Hhia > 1
吉林	81	29	110	73.64%	26.36%
江苏	116	69	185	62.70%	37.30%
江西	44	11	55	80.00%	20.00%
辽宁	118	52	170	69.41%	30.59%
内蒙古	40	20	60	66.67%	33.33%
宁夏	34	1	35	97.14%	2.86%
青海	32	3	35	91.43%	8.57%
山东	168	42	210	80.00%	20.00%
山西	48	17	65	73.85%	26.15%
陕西	47	23	70	67.14%	32.86%
上海	452	113	565	80.00%	20.00%
四川	180	65	245	73.47%	26.53%
天津	20	40	60	33.33%	66.67%
西藏	17	8	25	68.00%	32.00%
新疆	34	16	50	68.00%	32.00%
云南	29	26	55	52.73%	47.27%
浙江	100	60	160	62.50%	37.50%
重庆	73	12	85	85.88%	14.12%
合计	2 807	1 803	3 890	72.16%	27.84%

4.2.2 高管变更的变化情况统计分析

4.2.2.1 高管变更趋势分析

本书是以1999年1月以前上市的778家公司作为研究样本，研究的区间是2003—2007年，在此5年期间样本公司中高管变更事件层出不穷，具体变更情况如表 4-5 所示。

表 4-5   2003—2007 年间董事长、总经理变更情况统计表

年度	董事长变更公司数量	总经理变更公司数量	两职同时变更	上市公司数量	董事更换比例	总经理更换比例	两职同时变更比例
2003	185	240	104	778	23.78%	30.85%	13.37%
2004	160	198	94	778	20.57%	25.45%	12.08%
2005	191	210	98	778	24.55%	26.99%	12.60%
2006	194	219	98	778	24.94%	28.15%	12.60%
2007	151	212	91	778	19.41%	27.25%	11.70%
合计	881	1 079	484	3 890	22.65%	27.74%	12.44%
平均	176	216	97	778	22.62%	27.76%	12.47%

我们从表 4-5 可以看出，在 2003—2007 年间，董事长变更和总经理变更的数量趋势都是先减少后增加，然后再减少。其中总经理变更的数量在 2003 年最多，居然达到了 240 家，占总样本的 30.85%。而董事长变更数量最多的年份是 2006 年，达到了 194 家，占总样本的 24.94%。从高管变更趋势来看，董事长和总经理变更样本都是在 2004 年有一个明显比例的下降，在 2006 年变更样本数量达到一个顶峰后又开始趋于下降。在 5 年中，董事长和总经理同时变更的比例均值分别为 22.62% 和 27.76%，这两个数值远远高于 Gibson① 在 2003 年研究墨西哥、印度等八个新兴市场国家所得出的 CEO 变更 12.2% 的比率值。这说明，以董事长和总经理为检测标准时，中国高管变更的比率要高于西方国家。

总经理和董事长虽然在本书中都作为高管变更的监测标准，

---

① GIBSON M. Is Corporate Governance Effective in Emerging Marketing Markets? [J]. Journal of Financial and Quantitative Analysis, 2003 (38): 231-250.

可是总经理在这5年当中的变更样本的数量却都大于董事长变更样本的比例。而且从表4-5中我们还可以明显地发现，高管在两职同时变更的样本数量变化趋势是一直下降的，5年来其平均的变更比例为12.47%。在中国出现这种情况可能是因为2001年以来中国证监会出台了《公开发行证券公司信息披露内容与格式准则》、《关于在上市公司建立独立董事制度的指导意见》等一系列政策法规，规范上市公司的行为，改善公司治理状况，使上市公司的质量有所提高，所以上市公司在高管变更和董事长、总经理两职合一的情况逐渐变得更加理智和谨慎。董事长和总经理两职合一的情况在2003—2007年间得到了逐渐的改善，两职合一职务分解的情况详情如表4-6所示。

表4-6   2003—2007年间高管职务分解统计

年份	原身兼二职高管辞去董事长	董事长变更数量	分解所占比例	原身兼二职辞去总经理	总经理变更数量	分解所占比例
2003	31	185	16.76%	36	240	15.00%
2004	15	160	9.38%	19	198	9.60%
2005	27	191	14.14%	16	210	7.62%
2006	27	194	13.92%	20	219	9.13%
2007	26	151	17.22%	33	212	15.57%
合计	126	881	14.30%	124	1 079	11.49%

从表4-6中可以看出，董事长和总经理两职分离的趋势不管是董事长变更，还是总经理变更，采取两职分离的样本公司总体上是一个先减少后增加的情况，而开始减少的年份是2004年。由此我们发现在2004年不管是董事长变更，还是总经理变更的情况，两职分离的情况最少，这可能是在2004年董事长和总经理变更的样本较少（详情可见表4-5），以及上市公司高层

担心在以后的 2005 年 4 月开始上市公司正式实施"股权分置改革",让不能够流通的国有股能够进行逐步实现全流通状态,可能会导致国有资产会流失和权力被分散,所以会非常愿意在上市公司中拥有更多的控制权,不愿意损失甚至放弃对上市公司的控制权。但是董事长和总经理两职合一的职务分离虽然可以进一步完善公司治理机制,提高企业经营管理绩效促进企业发展,但是也可能会因为新任高管与原来管理团队融合当中出现摩擦产生冲突提高组织的交易费用,会阻碍公司发展。根据上市公司的权力机构设置可以知道,总经理是董事会选举产生的,而董事长作为董事会最高权力拥有者,其对董事会的影响力就可想而知。所以在我国上市公司当中,两职分离辞去董事长职位时对整个公司的治理结构的影响要比两职分离辞去总经理职位要大,很可能会引发变更后的董事长与总经理之间在权力分配和管理过程中发生摩擦,从而不利于上市公司的治理。这与于东智①在 2002 年所研究出总经理和董事长两职完全分离会阻碍董事会与经理层之间的交流,从而对公司价值的造成减损,而总经理兼任董事(不包括董事长)可能是一种较好的选择的结论不相符。

我们从表 4-6 可以发现,在两职合一时辞去总经理职务的样本数量要比辞去董事长职务的样本数量要多,这可能是因为自 2001 年以来中国证监会出台了一系列相关法规要求上市公司对其高管权力分配做出形式上的调整,而不是因为上市公司经营绩效差而解聘高管,提高公司治理效率。从 2003—2007 年这 5 年间高管变更的次数就可以看出,上市公司变更高管不再如以前那么随意,详情如表 4-7 所示。

---

① 于智东,谷立日. 公司的领导权结构与经营绩效 [J]. 中国工业经济,2002 (2): 70-78.

表4-7　2003—2007年间公司高管变更次数统计表

变更次数	变更公司数（家）	变更公司比例	变更次数
变更类公司			
其中：			
1次类	189	25.27%	189
2次类	189	25.27%	380
3次类	155	20.72%	465
4次类	103	13.77%	412
5次类	58	7.75%	290
6次类	30	4.01%	180
7次类	12	1.60%	84
8次类	9	1.20%	72
9次类	2	0.27%	18
10次类	1	0.13%	10
11次类	1	0.13%	11
合计	748	100%	2109
平均			0.5639
未变更类公司	30		

从表4-7中可以看出，在2003—2007年间总样本778家中有748家公司发生了高管变更，总共变更了2 109次。其中只有30家上市在这5年当中从来没有发生高管变更。发生变更1次和2次的高管变更的样本最多，均为189家。发生变更次数多的类别是3次变更的样本，并且从发生3次高管变更的样本开始到11次变更的公司数量逐渐减少。在这5年当中每家公司平均变更次数是0.5639次。

4.2.2.2　高管变更原因的分析

在这里我们可以看一下高管离职的原因分布情况就可知道

其原因（如表4-8所示）。

表4-8　2003—2007年间董事长、总经理变更原因统计表

变更原因	董事长变更	所占比例	总经理变更	所占比例	总计	所占比例
退休	44	4.65%	17	1.46%	61	2.89%
任期届满	256	27.06%	206	17.71%	462	21.91%
控股权变动	21	2.22%	13	1.12%	34	1.61%
健康原因	27	2.85%	26	2.24%	53	2.51%
结束代理①	18	1.90%	20	1.72%	38	1.80%
完善公司法人治理结构②	10	1.06%	18	1.55%	28	1.33%
工作调动	325	34.36%	523	44.97%	848	40.21%
辞职	148	15.64%	195	16.77%	343	16.26%
解聘	13	1.37%	37	3.18%	50	2.37%
个人原因	28	2.96%	42	3.61%	70	3.32%
涉案	9	0.95%	3	0.26%	12	0.57%
其他	16	1.69%	20	1.72%	36	1.71%
未披露	31	3.28%	43	3.70%	74	3.51%
总计	946	100%	1 163	100%	2 109	100%

　　本书根据国泰君安数据库（CSMAR）中所提供的高管变更的资料搜集高管变更样本中离职的原因。国泰君安数据库将高管变更的原因分为工作调动、退休、任期届满、控股权变动、辞职、解聘、健康原因、个人、完善公司治理、涉案、其他、

---

　　① 结束代理是指高管层在因公出国学习或到中央党校培训等情况而暂时将职务交由公司其他人担任的情况。

　　② 完善法人治理结构是1998年12月29日颁布的《中华人民共和国证券法》对上市公司要求"完善法人治理结构"，要求经营权和所有权相分离，董事长和总经理的职位应该由两个人分别担任。

结束代理、未披露等13种。从表4－8中可以看出，在诸多变更原因中，董事长变更样本和总经理变更样本的原因中排名前三位的是工作调动、任期届满、辞职。高管变更原因最多的是工作调动，分别占董事长变更样本和总经理变更样本的34.36%、44.97%。排在第二位的高管变更重要原因是任期届满，由于此原因董事长变更所占比例为27.06%，而总经理变更所占比例为17.71%。而排在前三位变更原因的董事长变更和总经理变更样本所占的比重之和分别为77.06%、79.45%，均超过了变更样本的3/4。董事长变更样本中前两大变更原因所占比例之间的差距较小，而总经理变更样本中前两大变更原因所占比例之间的差距较大。在所披露的高管变更的这13种原因中，解聘原因与改善公司治理有紧密联系，但是所占的比重很小，分别占董事长变更和总经理变更的1.37%、3.18%。而且在国泰君安数据库中董事长变更和总经理变更中变更原因中其他和未披露所占的比重之和分别是4.97%、5.42%。这种信息披露方式违背2001年中国证监会出台的《公开发行证券公司信息披露内容与格式准则》的相关规定，也不利于外在投资者的利益。

虽然国泰君安数据库罗列出上市公司高管变更的原因，但是这些披露的信息的真实可靠性还需要我们进一步分析。特别是这些原因背后所要传递出的真实信息。就以与改善公司治理有密切关系的解聘原因为例，导致解聘的原因有很多，通常有以下几种原因：第一，由于公司经营不善被解聘；第二，与大股东关系破裂被解聘；第三，高管跳槽到其他公司，为保住公司的形象用冠冕堂皇的理由解聘高管；第四，降低公司成本，需要裁员而解聘高管等等。因此，我们只是从数据库所列出的表面原因来分析高管变更的原因是不够的，还需要运用上市公司的财务数据和非财务数据的相关资料来深入剖析高管变更的原因。

4.2.2.3　高管变更的年龄分析

在高管变更当中高管的年龄也是高管变更的一个重要原因，所以我们现在从高管年龄的角度来剖析高管变更的深层原因（如表4－9所示）。

表4－9　2003—2007 年间变更高管的年龄分布统计表

年龄区间	离任高管			
	董事长变更		总经理变更	
	变更数量	所占比例	变更数量	所占比例
[21，30]	1	0.11%	4	0.35%
[31，40]	115	12.21%	241	20.88%
[41，50]	364	38.64%	559	48.44%
[51，55]	183	19.43%	189	16.38%
[56，60]	151	16.03%	133	11.53%
[61，65]	112	11.89%	25	2.17%
≥66	16	1.70%	3	0.26%
其中：				
58 岁	30	3.18%	28	2.43%
59 岁	28	2.97%	26	2.25%
60 岁	38	4.03%	30	2.60%
61 岁	35	3.72%	13	1.13%
62 岁	21	2.23%	3	0.26%
合计	942	100%	1 154	100%
平均年龄	50		47	

我国企业高管正常的退休年龄为60岁，而高管的年龄接近60岁时，就不得不考虑退休的可能，所以本书特别分析了58～62岁之间高管变更的样本比例，以期发现高管变更的深层原因。从表4－9可以看出，董事长变更和总经理变更在41～50岁之间

的年龄段发生的变更样本最多，分别为 364、559。在 51～65 岁之间董事长变更的比例是 37.35%，总经理变更的比例是 30.08%，在此区间高管变更的可能性大大增加。董事长变更年龄区间样本所占比例第二多的是在 51～55 岁之间，所占比例是 19.43%。而总经理变更年龄区间样本其次最多的是在 31～40 岁之间，所占比例是 20.88%，这与 60 岁左右退休的常理相悖。

4.2.2.4　高管变更的任期分析

正如前面所述，不仅高管的年龄会影响高管变更的概率，高管的任期年龄也会影响高管变更的概率。虽然我国上市公司高管的任期是 3 年为一届，但是很多高管没有在任期届满就发生了变更，而且高管在公司的时间越长，高管对其公司的影响力就会逐渐增大。所以本书对于 2003—2007 年间变更高管的任职情况进行了统计分析，以便能够更加全面的揭示高管变更的原因（如表 4-10 所示）。

表 4-10　2003—2007 年间离任高管任期职期限统计表

任职期限	董事长变更		总经理变更	
	变更数量	所占比例	变更数量	所占比例
1 年	211	22.45%	286	24.72%
2 年	185	19.68%	272	23.51%
3 年	175	18.62%	209	18.06%
4 年	104	11.06%	139	12.01%
5 年	78	8.30%	80	6.91%
6 年	61	6.49%	77	6.66%
7 年	44	4.68%	40	3.46%
8 年	21	2.23%	23	1.99%
9 年	26	2.77%	16	1.38%
10 年	15	1.60%	4	0.35%

任职期限	董事长变更		总经理变更	
	变更数量	所占比例	变更数量	所占比例
11 年	9	0.96%	3	0.26%
12 年	5	0.53%	3	0.26%
12 年以上	6	0.64%	5	0.43%
合计	940	100%	1 157	100%

虽然上市公司的任期一般为 3 年，如果高管的任期为 3 的倍数，在任期届满离职就属于正常的人事变动。可是从表 4－10 看出，董事长在 3 年期届满离职的比例是 18.62%，而在 6 年期离职的比例只是 6.49%，属于在任期为 3 年期、6 年期、9 年期以及 12 年期，这些在正常任期届满高管被更换的比例总和是 28.41%，其他没有在 3 年任期届满或者不是 3 的整数倍的任期高管就被更换的比例总和均然达到了 71.59%，从这可以看出，有较大比重的高管是在任期未满之际就被更换，这确实要引起我们的深思。而总经理的情况与董事长的情况类似，在 3 年期满离职的比例是 18.06%，而在 6 年期离职的比例只是 6.66%，属于在任期为 3 年期、6 年期、9 年期以及 12 年期，这些在正常任期届满高管被更换的比例总和是 26.36%，其他没有在 3 年任期届满或者不是 3 的整数倍的任期高管就被更换的比例总和均然达到了 73.64%，这个比例反而比董事长被变更的比例要高。

从表 4－10 可以看出，董事长和总经理在任期达到 5 年开始被更换的比例大幅减少，特别是高管任期达到 11 年以后，高管变更的比例非常小，几乎可以忽略不计。以高管在 5 年任期发生变更为例，董事长和总经理被更换的比例分别为 8.30%、6.91%；而以高管在 11 年任期发生变更为例，董事长和总经理被更换的比例却仅仅分别有 0.96%、0.26%。从这可以在本书所关注的 2003—2007 年的样本区间内我国上市公司高管变更大都是任期未满就被更换的，这里边包含着大量深层的原因。所以在下面的分析与研究当中对于引起高管变更的原因的公司内外部环境等诸多因素就需要特别关注。

4.2.2.5 新任高管变更的来源和职务的独立性的分析

在上市公司中变更高管的新任者通常来自于两个方面：①企业内部选拔即内聘；②企业外部引进即外聘。新任高管的这两种来源方式各有不同优缺点。内聘高管的优点在于公司内部选拔的高管对于公司内部的经营运作状况和未来发展方向了如指掌，很容易开展工作，同时对于公司内部员工也会产生激励作用；而其缺点就是经营理念陈旧、墨守成规，无法给企业注入新的活力。对于外聘的优点在于公司外部引进的高管会带来新的经营理念和运作方式，其缺点就是打击公司内部员工的积极性，新任高管需要一段时间才能融入公司高管团队层，如果无法融入就会产生冲突，不利于公司治理。因此，上市公司在选择聘用新的高管时需要慎重考虑。

上市公司在选用新的高管时不论是采用内聘还是外聘的方式，都是要使公司治理结构更加完善。但是新任高管本身的任命如果受到影响，就会导致其高管变更的初衷发生变化。所以本书引进新任高管的独立性来分析控股股东与新任高管之间的关系。所谓新任高管的独立性是指新任高管是否在其控股股东单位兼职。如果新任高管在控股股东单位兼职，那么新任高管在上市公司中开展经营活动时就要或多或少受到其控股股东的影响；如果新任高管没有在控股股东单位兼职，那么我们称其为专职高管，专职高管在上市公司中受到控股股东的影响甚至掣肘的地方可能就会相对较小。之所以会产生这些原因，我国学者何浚（1998）①经过研究给予了相应的解释：由于我国上市公司大都是国有企业改制而来，股权集中度较高，而且对公司高管的行政任命居多，内部人控制现象严重，所以新任高管的来源以及专兼职也是会影响高管变更的因素。在 2003—2007 年间高管变更的新任高管的独立性和专兼职特性的描述性统计分析如表 4 − 11 所示。

表 4 − 11　2003—2007 年间新任高管来源及职务独立情况统计

年份	独立性	董事长变更				总经理变更				总计
		来源内部	所占比例	来源外部	所占比例	来源内部	所占比例	来源外部	所占比例	
2003	专职	42	13.95%	38	12.62%	105	34.88%	116	38.54%	301
	兼职	34	22.82%	79	53.02%	18	12.08%	18	12.08%	149
2004	专职	41	16.14%	32	12.60%	88	34.65%	93	36.61%	254
	兼职	53	40.77%	46	35.38%	23	17.69%	8	6.15%	130
2005	专职	79	28.32%	16	5.73%	130	46.59%	54	19.35%	279
	兼职	67	45.89%	39	26.71%	30	20.55%	10	6.85%	146
2006	专职	44	15.33%	50	17.42%	104	36.24%	89	31.01%	287
	兼职	39	27.86%	68	48.57%	19	13.57%	14	10.00%	140
2007	专职	70	20.83%	51	15.18%	118	35.12%	97	28.87%	336
	兼职	9	16.98%	38	71.70%	3	5.66%	3	5.66%	53
合计		478		457		638		502		2 075

从表 4 − 11 可以看出，在 2003—2007 年间，除了 2007 年在董事长变更的情况下，新任董事长兼职的公司样本数量要远大于专职的公司样本数量。以 2003 年为例，董事长变更样本的新任董事长的兼职情况有 113 家，而专职只有 80 家。从这些数据

---

① 何浚. 上市公司治理结构的实证分析 [J]. 经济研究，1998（5）：50 − 57.

可以看出，来自于上市公司控股股东的新任董事长人选占有很大的比重，新任董事长的任命受到其控股股东的影响很大。新任董事长来自于企业内部的居多，有478例，而来自于企业外部的相对少些，有457例。由此可以看出，新任董事长来自于企业内部的兼职情况占据了主导地位。

新任总经理在2003—2007年间专职的公司样本要远远大于兼职的公司样本数量。以2007年为例，总经理变更样本的新任总经理的专职有118家，兼职只有3家。而且新任总经理大都来源于企业的内部，来源于企业内部的新任总经理样本公司有638家，而来源于企业外部的新任总经理样本公司只有502家。从这些可以看出，新任总经理大都来自于企业内部的专职职业经理人。出现这种情况主要是因为总经理在上市公司的地位比董事长要差一些，作为董事长的从属，而董事长才是上市公司的最高决策者，更接近于传统意义上的"一把手"的角色①。总经理在上市公司中只是公司经营政策的执行者，对于公司的控制权没有董事长大，所以上市公司的控股股东可以从公司内部选拔职业经理人来开展公司经营活动，这样不影响控股股东对上市公司的实际控制权。同时，从表4-11可以看出，不管是来源于上市公司内部还是外部，新任总经理比新任董事长专职样本要多，新任总经理专职的样本就有449家，而新任董事长专职的样本只有187家。从这个数据就可以进一步看出，上市公司中职业经理人被越来越多的上市公司所接受。

从表4-11中，我们还可以发现，不同年份的新任董事长和新任总经理的兼职情况出现递减的趋势，特别是2006年上市公司股权分置改革完成，股票进入了全流通的时代，公司治理

---

① 宋德舜. 国有控股、最高决策者激励与公司绩效 [J]. 中国工业经济，2004（3）：91-98.

更加趋于完善，对于兼职的新任的高管的选择越来越少，更加愿意追求专职的高管即职业经理人来经营公司。2007 年属于专职的新任董事长和总经理的样本数分别为 121 家、215 家。属于兼职的新任董事长和总经理的样本数分别为 47 家、215 家。从这可以看出，新任高管的来源和独立性也会或多或少地影响到高管变更。

4.2.2.6　第一大股东变更与高管变更的分析

在上市公司中第一大股东拥有控股权的情况下，该股东所委派的代理人即高管不大可能与其他人在争夺代理权的过程中失败，除非该代理人即高管已经不被第一大控股股东所信任，代理人即高管才有可能交出代理权即发生变更。① 所以当第一大股东股权发生变更时，很可能会对上市公司进行变革，特别是人事改革，主要包括高管人员的变更。而且已经有学者研究发现上市公司的第一大股东和高管变更之间的存在一定关系。朱红军②（2002）在研究中发现，在上市公司业绩不好时，第一大控股股东更换后就会更换高管。朱琪、彭璧玉、黄祖辉③（2004）研究发现，第一大控股股东控股权变更会导致高管变更在短期内产生正效应，对投资者有利。所以，本书首先对2003—2007 年间第一大股东变更的描述统计分析（如表 4 - 12所示）。

---

① 孙永祥，黄祖辉. 上市公司的股权结构与绩效 [J]. 经济研究，1999（12）：23 - 30.

② 朱红军. 大股东变更与高级管理人员更换：经营业绩的作用 [J]. 会计研究，2002（9）：31 - 40.

③ 朱琪，彭璧玉，黄祖辉. 大股东变更和高层更换：市场绩效的实证研究 [J]. 华南师范大学学报（社会科学版），2004（2）：15 - 20.

表 4 - 12 2003—2007 年间第一大股东变更情况统计表

年份	2003 年	2004 年	2005 年	2006 年	2007 年	总计
变更样本	83	84	43	99	61	370 家
变更次数	92	89	45	105	64	395 次
其中 5 年间:						
	1 次变更	2 次变更	3 次变更	4 次变更	5 次变更	
变更样本	270	43	9	3	0	325 家
所占总样本比例	36.10%	5.75%	1.20%	0.40%	0%	43.45%

从表 4 - 12 看出,在 2003—2007 年间共有 325 家样本公司第一大股东发生控股权转移,一共发生了 395 次变更。其中 2005 年第一大股东发生变更的样本量和次数最少,分别为 43 家和 45 次。第一大股东控股权发生变更最多的是 2006 年,变更的样本数量是 99 家,一共发生了 105 次变更,这可能是因为 2005 年上市公司股权分置改革已经基本完成,上市公司股票进入全流通时代,股权的变更从当年开始更加容易。

根据中国证监会 1999 年 12 月 8 日颁布的《公开发行股票公司信息披露的内容与格式准则第二号〈年度报告的内容与格式〉》,在此当中规定持有上市公司 5% 以上的股东在年度内股份增减的情况需要进行披露,而且还要对前十大股东如果存在关联关系则对其进行说明。另外《公司法》第一百零一条规定:"单独或者合计持有公司 10% 以上股份的股东有资格召开临时股东大会。"所以第一大股东发生控股权转移时转移 5% 以上的股权时都可能会影响未来的公司治理结构。所以本书对 2003—2007 年第一大股东发生变更且变更股权超过 5% 以上的样本公司和高管变更的情况进行了统计分析(如表 4 - 13 所示)。

表 4 - 13 第一大股东股权变更和高管变更统计分析

划分标准	2003年	2004年	2005年	2006年	2007年	合计
第一大股东发生变更样本	83	84	43	99	61	370
第一大股东发生变更且控制权转移在5%以上样本	73	73	35	87	52	320
控制权转移在5%以上且高管发生变更样本	42	23	29	29	28	151
控制权转移在5%以上且高管发生变更样本占第一大股东变更样本比重	50.60%	27.38%	67.44%	29.29%	45.90%	40.18%

　　从表4－13可以看出，在2003—2007年间第一大股东发生变更的趋势是先下降后上升，然后下降，并且在2006年达到了最高峰。这是因为2006年上司公司刚刚完成股权分置改革，国资委于当年出台《关于推进国有资本调整和国有企业重组指导意见》后，推动了大量国有企业进行并购，大量不能够流通的国有股进入全流通状态企业之间股权并购激增的后果。[①] 所以，从侧面也可以看出，上市公司所处的制度背景和经济环境也会影响股权的变更，进而影响高管的变更。

　　我们从表4－13还可看出，在第一大股东控制权转移超过5%以上股权的情况下所引发的高管变更样本所占的比重较大，比如2007年由于第一大股东控制权转移超过5%以上股权的情况下所引发的高管变更样本所占的比重就达到了67.44%。在每个会计年度由于第一大控股股东在发生变更的时间先后不同，以及对于变更公司高管的时间也会不同，所以导致发生高管变更的时间也不同。为了规避这时间上的误差，本书又对2003—2007年间第一大股东发生变更的上市公司在股权变更一年后发生高管变更的统计分析（如表4－14所示）。

---

　　① 王巍. 中国并购报告 [M]. 人民邮电出版社. 2008.

表 4 - 14　2003—2007 年间第一大股东变更当年和次年

高管变更情况统计

	董事长变更次数	总经理变更次数	总计	股东变更次数	董事长变更比例	总经理变更比例	总变更比例
股东变更当年	164	172	336	395	41.25%	43.54%	85.06%
股东变更次年	91	111	202	395	23.04%	28.10%	51.14%
总计	255	282	538	395	64.56%	71.65%	136.20%
其中：							
	有高管变更公司数	344		395			87.09%
	无高管变更公司数	51		395			12.91%

从表 4 - 14 可以看出，在 2003—2007 年间第一大股东发生变更当年董事长变更 164 次，董事长变更比例是 41.25%，这说明在第一大股东发生变更当年有 41.25% 的董事长发生变更。同时在第一大股东变更次年仍有董事长变更 91 次。总经理变更的情况也是一样，在这 5 年当中第一大股东发生变更当年总经理变更 172 次，总经理变更比例是 41.25%，这说明在第一大股东发生变更当年有 44.54% 的总经理发生变更，这一比例略低于董事长变更的情况。总的来说，在第一大股东变更当年发生高管变更的次数有 336 次，总变更比例为 85.06%，从这可以看出第一大股东变更与高管变更是密切相关的。然而在第一大股东变更次年仍旧发生了 202 次变更，总变更比例为 51.14%，这说明由于存在时间差异第一大股东变更次年发生高管变更的情况也比较多。

我们从表 4 - 14 中可以看出，第一大控股股东变更的 5 年来一共发生了 538 次高管变更，董事长变更和总经理变更的比例分别占 64.56%、71.65%，而总共变更的比例是 136.2%，即第一大股东每发生一次变更将会导致 1.362 个高管变更，从这个数值可以看出，第一大股东变更后，新的控股股东在当年或者次年都对上市公司的高管进行了更换，这可以明显看出，在引发高管变更的原因中第一大股东是否变更起着重要的作用。

4.3 本章小结

本章从所研究的样本出发，筛选出 1999 年 1 月 1 日以前在沪、深两地上市的公司，研究样本区间是 2003—2007 年，充分考虑到近年来上市公司信息披露和公司法人治理结构的完善程度。本章以行业和地区差异为出发点，从市场竞争度的视角来分析高管变更即董事长变更和总经理变更的情况，发现不同行业和地区的制度环境不同导致高管变更的比率有所不同。同时，还从高管变更的趋势、次数、两职合一度、年龄、任期、高管来源、职务独立性、第一大股东变更等剖析和影响高管变更的因素进行描述性统计分析。综上所述，本章发现，在 2003—2007 年这 5 年间，我国上市公司高管变更即董事长变更和总经理变更的数量趋势都是先减少后增加，然后再减少，其变更比例远高于西方国家。高管的两职分离所导致的高管变更情况分为辞去董事长和辞去总经理两类，而其中两职合一时辞去总经理引发的高管变更所占的比重较大，但是总经理作为董事长的附属，无法与董事长所拥有的最高权力相媲美，但是也可能会因为新任高管与原来管理团队融合当中出现摩擦产生冲突提高组织的交易费用，会阻碍公司发展。在分析上市公司高管变更原因分类时，我们采取国际惯例分为正常变更和非正常变更两大类，总结出 13 个具体的变更原因。其中工作调动在众多原因中所占比重最大。当高管的年龄在 51～65 岁之间，发生高管变更的概率大。我们在以 3 年的整数倍为分析标准时，发现大部分样本都是在任期未满时而被更换的，这里边包含的深层原因值得研究。新任董事长来自于企业内部的兼职情况占据了主导地位，而新任总经理来自于企业内部的专职情况所占比例较大，我们还可以发现不同年份的新任董事长和新任总经理的兼职情况出现递减的趋势。第一大股东发生变更后的当年和次年都发生了大规模的高管变更，从这可以看出第一大股东变更与高管变更是关系密切的。

以上对于与高管变更有密切关系的各因素进行了描述性统计分析，为下面开展实证分析做好了准备。

5 制度制约下国有上市公司的高管变更分析

制度对于不同属性的上市公司的影响不同，特别是国有上市公司。

本章从市场竞争力、制度环境的视角来深入剖析影响高管变更的成因。从市场竞争力、市场化程度、要素市场指数等三个方面分别进行逻辑回归验证第三章中所提出的理论假设。由于国内外对于高管变更的成因中的公司内部环境的分析较多，所以本章从外部环境视角来分析高管变更的情况，引入产业经济学的相关知识，以期能够更好地解释所研究的问题。

5.1 实证研究设计

5.1.1 变量的选取与定义

5.1.1.1 变量的选取

（1）因变量——高管变更变量

上市公司对于高管界定的范围很广，主要包括董事长、总经理以及董事会、经理层人员。国内学者对高管的界定不一，甚至有些学者根据自身研究的需要自我设定高管的概念与范畴。国外通常以 CEO 一职作为研究对象，但是我国大多上市公司却没有设有此职位，

上市公司能够与 CEO 对应的职位只有董事长和总经理，但是董事长和总经理在公司治理中起着不同的作用，到底谁真正拥有公司的实际控制权还处于混沌状态。所以，本书界定高管特指董事长和总经理。设置高管变更为变量 Turnover，当高管[1]（董事长或总经理任一职位）发生变更时 Turnover 取值为 1，否则取 0。

（2）自变量

①公司业绩

对于公司任何利益相关者来说，公司的业绩指标有很多，具体采用什么样的指标需要进行仔细的剖析研究。我国上市公司总体来说拥有会计指标和市场绩效指标。自从 20 世纪 90 年代初我国证券市场建立以来，资本市场的发展尚未成熟，处于半强势有效市场，市场绩效指标不能够有效地反映公司的绩效。所以本书将选用会计指标来衡量公司业绩。而会计指标在衡量公司业绩时的侧重点不同。本书考察的是上市公司高管变更时的业绩，是一个面向企业未来的指标，侧重于企业高管变更对企业的未来整体盈利是否有关联，所以本书选用净资产收益率（扣除摊薄）[2] 这个指标。其具体计算公式如下：

---

① 在本书实证检验中如无特殊说明，在变量定义中高管就特指董事长或者总经理。

② 净资产收益率（扣除摊薄）是公司面向未来的一个公司业绩指标，而净资产收益率（摊薄）是公司考虑未上市的因素面向过去的一个公司业绩指标。2002 年 3 月财政部、国家经贸委、中心企业工委、劳动保障部和国家计委重新颁布新的《企业业绩评价操作细则》，总共设置了 8 项基本指标、12 项修正指标和 8 项评议指标。在此当中"净资产收益率"这项指标给予的权重最高。

Roe = 净利润/平均股东权益

由于各个行业整体业绩的好坏也会直接影响高管的变更。[1]
而且公司的高管会经常将自身公司的经营状况与同行业其他公司进行比较，判断其公司在所在行业的位置和市场竞争力如何。如果是行业的因素导致公司业绩不佳，公司高管甚至股东就很难判断公司经营不善到底应该由谁来负责，在对是否进行高管变更决策时就会谨慎。而为了消除行业因素的影响，本书将各个样本公司的业绩指标 Roe 减去所处行业的所有上市公司当年的 Roe 的算术平均值，这样就可以得到一个经过行业调整的公司绩效指标 Adjroe。

②市场竞争度

市场竞争度是根据市场的参与者的数量和参与程度来反映市场的竞争程度的概念。通常来说，市场竞争度指标可以分为三类，即绝对集中度指标、相对集中度指标、赫佛因德指标。其中绝对集中度指标不能够全面考虑企业总数和市场分布这两个因素的影响，只是集中考虑行业前几家的企业的信息，而且所考虑的企业的数目也随因素的影响而变动，指标数值的高低具有一定随意性。而相对集中指标的计算繁琐，会出现扭曲事实的现象。赫佛因德指标正好克服了上述两种指标的缺陷。所以，本书选取赫佛因德指标作为衡量市场竞争度的指标。

赫佛因德指标通常简记为 HHI，其计算公式如下：

$$HHI = \sum_{i=1}^{n} \left(\frac{X_i}{X} \right)^2 = \sum_{i=1}^{n} S_i^2$$

式中：HHI——赫佛因德指数；[2]

---

[1]　Parrion R. CEO Turnover and Outside Succession: a Cross – sectional Analysis [J], Journal of Finanacial Economics, 1997 (46): 165 – 197.

[2]　赫佛因德指数是由赫佛因德在 1950 年的博士论文《钢铁业中的集中》中提出来的。

X$_i$——企业 i 的主营业务收入；

X——该行业内主营业务收入的总和；

n——该行业内企业的数量。

赫佛因德指标主要优点[1]是：赫佛因德指标能够准确地反映企业的市场竞争度，因为它考虑了企业的总数和企业的规模两个因素的影响。当行业可容纳的企业数目一定时，赫佛因德指标较小，一个产业内相同规模的企业就越多，行业内企业之间的竞争就越激烈，企业之间相互影响的程度就越大。因此，在行业内企业数量一定时，赫佛因德指标越小，市场竞争强度就越大；反之，赫佛因德指标越大，市场竞争强度就越小。

③市场化指数

上市公司所处地区的制度环境变迁是一项集合指标，很难对其进行量化，这也是在研究高管变更的有关制度方面的文献无法找到的原因。针对此问题，国内学者对于分析和计算市场化指数进行了深入的研究。其中取得的最显著成果的是樊纲在2006 年的研究成果。[2] 樊纲的研究成果即"中国市场化指数年度报告"，从多个视角揭示不同地区制度环境的所存在的差异，这为开展制度环境分析提供了重要的参考依据。所以本书以樊纲出版的《中国市场化指数——各地区市场化相对进程报告》中所揭示的各省（自治区、直辖市）市场化程度指数作为各地区制度环境的替代变量。由于该指标是一个相对数值，其取值范围在 0~10 之间。市场化程度越高的地区，相对指数就越大。如果市场化指数为 5，说明该地区市场化程度处于全国中等水平。

---

① 姜付秀，刘志彪. 行业特征、资本结构与产品市场竞争 [J]. 管理世界，2005（10）：74-81.

② 樊纲，王小鲁. 中国市场化指数 [M]. 北京：经济科学出版社，2006.

④要素市场发育指数

本书以樊纲所编著的《中国市场化指数——各地区市场化相对进程报告》所披露的要素市场发育指数作为制度环境变迁的第二替代变量。该指标也是一个相对数值，其取值范围在 0 ~ 10 之间。要素市场发育指数越低，代表企业与政府的关系越紧密，政府对企业的干预程度越大。如果要素市场发育指数为 5，说明该地区政府与企业的关系紧密程度处于全国中等水平。

⑤减少商品市场的地方保护指数

为了扶持当地企业的发展，我国各地区存在不同程度的贸易保护政策，对外来的企业的产品的销售设置障碍。这在一定程度上违背了资源优化配置的原则。所以本书选取《中国市场化指数——各地区市场化相对进程报告》所披露的减少商品市场的地方保护指数作为制度环境变迁的第三替代变量。该指标也是一个相对数值，其取值范围在 0 ~ 10 之间。减少商品市场的地方保护指数越小，说明当地政府对于商品市场的保护力度越大。

⑥减少政府对企业的干预指数

运作高效的当地政府有助于当地市场的良性运转。我国不同地区的当地政府的运作效率不同，对于企业的干预情况也不同，这就导致企业的公司治理结构存在差异。所以本书选取《中国市场化指数——各地区市场化相对进程报告》所披露的减少政府对企业的干预指数作为制度环境变迁的第四替代变量。该指标也是一个相对数值，其取值范围在 0 ~ 10 之间。减少政府对企业的干预指数越小，说明政府对于企业的干预力度越大。

（3）控制变量

①公司的规模

在以往研究当中，公司的规模与高管的变更之间存在一定的关系①，为了控制这种影响，本书采用将上市公司的总资产来表示公司的规模，由于其数值太大，故对其取自然对数。

②离任高管的年龄

高管的年龄，特别是在 51~65 岁之间的高管变更的可行性大大增加，在前面对高管年龄做描述性统计分析时就发现了此问题，因此对该指标对高管变更的影响进行控制。

③高管是否领取薪水

高管即董事长或总经理是否从上市公司领取薪水，可能会影响到管理者与股东的利益出现不一致的情况，因此本书将高管是否领取薪水作为控制变量。

④股权制衡度

股权制衡度对于完善公司治理非常重要，要是没有其他股东来监督第一大股东的行为，那么众多的公司利益相关的利益就会受到损失。特别是前面所提到的当第一大股东变更时，高管随之变更的概率很高。所以本书将股权制衡度作为控制变量。

⑤前十大股东是否存在关联

在我国上市公司当中，前十大股东的持股可以完全控制任何一家公司。但是如果前十大股东进行底层合谋，那么其他众多中小股东和公司相关利益者的利益可能会被侵害。那么，就除去了其他大股东制衡第一大股东的作用，进而也可能会影响到高管的变更。所以本书将前十大股东是否存在关联作为控制变量。

⑥资产负债率

在以往研究当中，发现公司的资产负债率与高管的变更之间存在一定的关系，为了控制这种影响，本书采用将上市公司的资产负债率作为控制变量。

---

① 龚玉池. 公司绩效与高层更换 [J]. 经济研究, 2001 (10): 75-82.

⑦独立董事比例

自从2001年8月16日中国证监会发布《关于在上市公司建立独立董事制度的指导意见》以来，上市公司必须在2003年6月30日前使董事会成员中应当至少包括三分之一的独立董事。独立董事职位的出现维护了广大股东的利益，可是现实当中是否真的起到了作用值得我们关注。而且在此指导意见中还规定"上市公司董事会、监事会、单独或者合并持有上市公司已发行股份1%以上的股东可以提出独立董事候选人，并经股东大会选举决定"。这就使得独立董事的独立性受到了质疑，所以本书将独立董事的比例作为控制变量。

⑧第一大股东持股比例

由于我国的上市公司大都是国有企业改制而来，所以第一大股东的持股比例较高，而且前面也提到，当第一大股东股权发生变更时，会影响到高管变更的概率。所以本书将第一大股东持股比例作为控制变量。

⑨年度和行业虚拟变量

不同年度和不同行业对高管变更的影响也不能忽视，为此本书引入时间变量和行业控制变量来控制这两种影响。以2004年度的样本为例，当样本为2004年时，Year2004 = 1，否则Year2004 = 0，考察其他年度和行业的样本时同理。

5.1.1.2 变量的定义

根据上边所筛选出来的变量，我们将这些变量分为因变量、自变量、控制变量三大类，具体详情如表5-1所示。

表 5－1　　　　　　　　　　　变量定义表

变量类型	变量名称		符号	定义
因变量	高管变更变量		Turnover	高管变更时 Turnover 取值 1，否则取 0。
自变量	公司业绩	净资产收益率（扣除摊薄）	Roe	净利润/平均股东权益
		主营业务利润率	Earn	主营业务利润/主营业务收入
		经过行业调整后的净资产收益率	Adjroe	Roe——当年该行业 Roe 的均值
	市场竞争度		HHI	$HHI = \sum_{i=1}^{n} \left(\frac{X_i}{X}\right)^2$，$X_i$ 为企业 i 的主营业务收入；X 为该行业内主营业务收入的总和；n 为该行业内企业的数量；
	市场化指数		Market	市场化指数哑变量，当指数大于中位数时取 1，否则为零。
	要素市场指数		Factor	要素市场发育指数哑变量，当指数大于中位数时取 1，否则为零。
	商品市场的地方保护指数		Inter	商品市场的地方保护指数哑变量，当指数大于中位数时取 1，否则为零。
	政府对企业的干预指数		Protect	政府对企业的干预指数哑变量，当指数大于中位数时取 1，否则为零。
控制变量	公司规模		Size	公司的总资产取对数
	离任高管的年龄		Age	离任高管的年龄
	高管是否领取薪水		Wage	领取薪水时取 1，否则取 0。
	股权制衡度		CN	第一股东持股比例/第二大股东到第五大股东持股比例之和
	前十大股东是否存在关联		Relate	存在关联取 1，不存在关联取 0。
	资产负债率		Debt	总负债/总资产
	独立董事比例		Idirector	独立董事人数/董事会成员总人数
	第一大股东持股比例		Cr1	第一大股东持股比例
	年度哑变量		Year	用来控制宏观经济因素的影响
	行业哑变量		Ind	用来控制行业因素的影响

5.1.2 变量描述性统计分析

5.1.2.1 全部样本的变更描述性统计分析

本书在进行逻辑回归之前，先对样本进行描述性统计分析，结果如表5-2所示。

表5-2 逻辑回归样本的主要变量描述性统计量

变量	样本量	均值	中位数	标准差	最小值	最大值
Turnover	3 890	0.338 8	0	0.473 4	0	1
Debt	3 890	0.544 2	0.549 3	0.205 9	0.008 1	0.973 4
HHI	3 890	1.565 1	1.550 8	0.914 4	0.011 8	3.185 0
Age	3 890	49.473 0	50	7.504 5	28	72
Wage	3 890	0.538 3	1	0.498 6	0	1
Adjroe	3 890	-0.030 9	0	0.169 1	-0.519 0	3.275 0
CN	3 890	9.024 2	2.475 3	6.633 4	0.280 5	57.350 5
Size	3 890	21.252 3	21.259 6	1.138 1	12.314 3	25.346 4
Relate	3 890	0.333 2	0	0.271 4	0	1
Idirector	3 890	0.345 4	0.333 3	0.052 9	0	0.666 7
Crl	3 890	0.373 9	0.337 6	0.160 2	0.008 2	0.838 3
Market	3 890	0.904 6	1	0.293 7	0	1
Factor	3 890	0.570 2	1	0.495 1	0	1
Inter	3 890	0.608 7	1	0.488 1	0	1
Protect	3 890	0.983 3	1	0.128 2	0	1

注：高管变更哑变量 Turnover 为董事长变更、总经理变更、董事长和总经理同时变更时取1，否则取0。

从表5-2的描述性统计分析的结果可以看出，上市公司的股权制衡度 CN 的均值与中位数相差太大，具有向左的偏态。因此，本书为了消除异常值的影响，从而保证下文实证结果的可靠性，对于股权制衡度 CN 这个变量进行温沙①处理，即对于分布在5%分位数以下或者95%分位数以上的观测值以5%分位数或者95%分位数替代。此种做法比传统的将最大值和最小值的5%的样本点进行截尾处理的优点在于能够在于保持样本容量的基础上消除极端值的影响。

5.1.2.2 主要变量的相关性检验

本书运用 SPSS17.0 统计软件对于将要涉及主要变量的皮尔逊相关系数矩阵列示出来（如表5-3所示），以便能够发现逻辑回归模型中各变量是否存在严重的多重共线性问题，从而影响回归的结果。

从表5-3可以看出，各变量之间的相关系数都比较低，只是公司规模变量 Size 和市场竞争度 HHI 变量之间的相关系数达到0.691，商品市场的地方保护指数 Inter 和要素市场发育指数 Factor 之间相关系数达到0.623。由于商品市场的地方保护指数和市场要素发育指数只是从不同方面衡量制度环境变迁的变量，不会出现在一个方程里，所以对于下文要开展的实证分析没有影响。总而言之，各变量之间的相关系数没有超过0.8，多重共线性存在的可能性比较小。

本书为了稳妥起见，又采用方差扩大因子对各变量之间的关系进行检验，检查各变量之间是否存在多重共线性（如表5-4所示）。

从表5-4可以看出，经过检验各变量之间的方差扩大因子均没有大于10，这说明各变量不存在严重的多重共线性。

---

① Cleary S. The Relationship between Firm Investment and Financial Status. Journal of Finance, 1999 (54): 673 - 692.

表 5 - 3

主要变量的 Pearson 相关系数矩阵

	Turnover	Debt	HHI	Age	Wage	Relate	Idirector	Size	Adjroe	Cr1	CN	Market	Factor	Inter	Protect
Turnover	1														
Debt	0.031	1													
HHI	-0.133**	-0.051**	1												
Age	-0.152**	-0.028	0.186**	1											
Wage	-0.051**	0.022	-0.012	-0.030	1										
Relate	-0.038*	-0.012	0.132**	0.055**	-0.035*	1									
Idirector	0.025	0.011	-0.024	0.002	0.012	0.003	1								
Size	-0.137**	-0.169**	0.691**	0.251**	-0.035**	0.159**	0.021	1							
Adjroe	-0.056**	-0.015	0.104**	0.058**	-0.016	0.020	-0.010	0.099**	1						
Cr1	-0.020	-0.024	0.153**	0.107**	-0.149**	-0.151**	-0.031	0.207**	-0.042**	1					
CN	-0.006	-0.009	0.023	0.022	-0.014	-0.158**	-0.038*	0.032*	0.013	0.453**	1				
Market	-0.023	0.008	0.109**	0.050**	0.012	0.079**	0.094**	0.097**	-0.003	0.030	0.003	1			
Factor	-0.017	-0.015	0.165**	0.121**	-0.108**	0.125**	0.077**	0.128**	0.029	0.013	0.004	0.374	1		
Inter	-0.006	0.020	0.098**	0.079**	-0.056**	0.117**	0.093**	0.054**	0.001	-0.028	-0.031	0.355**	0.623**	1	
Protect	-0.008	0.004	0.008	0.015	0.004	0.020	0.052*	0.036*	-0.008	-0.042*	-0.035*	0.169**	0.012	0.023	1

注：** 表示 0.01 显著水平显著，* 表示 0.05 显著水平显著。

表 5－4

主要变量的 VIF 方差扩大因子矩阵

	Debt	HHI	Age	Wage	Relate	Idirector	Size	Adjroe	Cr1	CN	Market	Factor	Inter	Protect
Debt		1.03	1.04	1.04	1.04	1.04	1.01	1.04	1.04	1.04	1.04	1.04	1.04	1.04
HHI	1.95		1.97	1.97	1.97	1.96	1.12	1.96	1.97	1.97	1.97	1.96	1.97	1.97
Age	1.08	1.08		1.08	1.08	1.08	1.06	1.08	1.08	1.08	1.08	1.08	1.08	1.08
Wage	1.04	1.04	1.04		1.04	1.04	1.04	1.04	1.02	1.04	1.04	1.03	1.04	1.04
Relate	1.10	1.10	1.10	1.10		1.10	1.09	1.10	1.09	1.08	1.10	1.10	1.10	1.10
Idirector	1.02	1.02	1.02	1.02	1.02		1.02	1.02	1.02	1.02	1.02	1.02	1.02	1.02
Size	2.05	1.20	2.07	2.12	2.09	2.11		2.12	2.08	2.12	2.12	2.12	2.12	2.12
Adjroe	1.01	1.01	1.01	1.01	1.01	1.01	1.01		1.01	1.01	1.01	1.01	1.01	1.01
Cr1	1.67	1.67	1.67	1.63	1.66	1.67	1.64	1.67		1.12	1.67	1.67	1.67	1.67
CN	1.58	1.58	1.58	1.58	1.56	1.58	1.58	1.58	1.06		1.58	1.58	1.58	1.58
Market	1.25	1.25	1.25	1.25	1.25	1.25	1.25	1.25	1.25	1.25		1.20	1.22	1.21
Factor	1.77	1.77	1.77	1.76	1.77	1.77	1.77	1.77	1.77	1.77	1.70		1.23	1.77
Inter	1.70	1.70	1.70	1.70	1.70	1.70	1.70	1.70	1.70	1.70	1.65	1.18		1.70
Protect	1.04	1.04	1.04	1.04	1.04	1.04	1.04	1.04	1.04	1.04	1.01	1.04	1.04	

5.1.3 实证模型的构建与逻辑回归分析

为了检验第四章的理论假设，本书以高管变更为因变量，分别以市场竞争度、市场化指数、要素市场指数、减少商品市场的地方保护指数、减少政府对企业的干预指数为自变量，引入公司规模、股权制衡度等相关控制变量，分别构建五个计量模型来进行逻辑回归，以期望能够发现影响高管变更的新因素。本书将对2004—2008年间的3 890家样本公司的面板数据进行回归，运用的是Stata软件对于进行逻辑回归时分析。

5.1.3.1 高管变更与市场竞争度的关系分析

为了验证假设1，本书建立如下模型分析高管变更与市场竞争度之间的关系。

$$
\begin{aligned}
\text{Turnover} = {} & \alpha_0 + \alpha_1 \text{Debt} + \alpha_2 \text{HHI} + \alpha_3 \text{Age} + \alpha_4 \text{Wage} \\
& + \alpha_6 \text{Adjroe} + \alpha_7 \text{CN} + \alpha_8 \text{Size} + \alpha_9 \text{Cr1} \\
& + \alpha_{10} \text{Relate} + \alpha_{11} \text{Idirector} \\
& + \beta_j \sum_j \text{Ind}_j + \gamma_k \sum_k \text{Year}_k + \varepsilon
\end{aligned} \tag{5.1}
$$

根据上边所列示的模型，本书首先针对全样本的高管变更即董事长和总经理变更的情况下市场竞争度与高管变更的关系展开研究，运用Stata软件对于面板数据进行逻辑回归。对于面板数据进行回归分析时，先要进行Hausman检验以判断此模型是采用固定效用模型，还是随机效应模型。运用Stata软件进行Hausman检验得出的卡方值为0.000 3且大于零，则接受原假设，本模型采用随机效应模型进行分析，其回归结果如表5-5所示。

表 5 - 5　高管变更与市场竞争度的关系模型（模型 5.1）

被解释变量：高管变更 Turnover（哑变量）			
模型 5.1			
解释变量	系数	标准差	Z 指	相伴概率 P
Debt	0. 015 296 3	0. 016 479 9	0. 93	0. 353
HHI	- 0. 037 118 3***	0. 014 389 4	- 2. 58	0. 010
Age	- 0. 037 674 1***	0. 005 051 9	- 7. 46	0. 000
Wage	- 0. 258 668 3***	0. 072 208 2	- 3. 58	0. 000
Adjroe	- 0. 114 370 4***	0. 043 345 5	- 2. 64	0. 008
CN	- 0. 001 604	0. 001 166 8	- 1. 37	0. 169
Size	- 0. 103 731 4**	0. 046 545 6	- 2. 23	0. 026
Relate	- 0. 077 428 3	0. 078 568 1	- 0. 99	0. 324
Idirector	1. 060 279	0. 669 033 8	1. 58	0. 113
Crl	0. 359 615 9	0. 289 771 5	1. 24	0. 215
C	2. 625 249**	1. 094 194	2. 40	0. 016
Year	控制	控制	控制	控制
Ind	控制	控制	控制	控制
- 2loglikelihood	4 805. 314 6			
Wald^2	147. 25			
Prob > ^{2}	0. 000 0			

注：①　*** 表示 0.01 显著水平显著，** 表示 0.05 显著水平显著，* 表示 0.1 显著水平显著。

②高管变更哑变量 Turnover，当董事长变更、总经理变更或者两者同时变更时取 1，否则取 0。

从表 5 - 5 中我们可以看到，模型 5.1 的市场竞争度指标 HHI 与高管变更的系数为负，其统计结果在 0.01 显著水平下显著，这说明市场竞争度与高管变更之间的关系是显著负相关，即市场竞争能力越强的企业，高管变更的可能性就越小，反之市场竞争能力越弱的企业，其高管变更的可能性越大。这样就支持了假设1。

本书此处虽然研究的是市场竞争度与高管变更的关系，但是国内学者对于高管的界定有所不同，因此本书在前面已经界定高管的范围，即董事长或总经理。由于在我国董事长和总经理的职能、权利等方面存在一定的差异。为防止对于高管的变更的研究出现偏差，所以本书从董事长、总经理、董事长和总经理同时变更这三种分类情况分别对高管变更的情况进行对比分析，运用 Stata 软件对于面板数据进行逻辑回归。对于面板数据进行回归分析时，先要进行 Hausman 检验以判断此模型是采用固定效用模型，还是随机效应模型。运用 Stata 软件进行 Hausman 检验分别得出在董事长、总经理、董事长和总经理同时变更这三种分类情况下的卡方值分别为 0.000 3、0.000 3、0.003 7 且均大于零，则接受原假设，本模型采用随机效应模型进行分析，其回归结果如表 5-6 所示。

表 5-6　高管变更与市场竞争度的关系（分组比较）

被解释变量：高管变更 Turnover（哑变量）					
模型 5.1					
董事长变更		总经理变更		董事长和总经理同时变更	
解释变量	系数	解释变量	系数	解释变量	系数
Debt	0.010 275 3 （0.86）	Debt	0.014 925 9 （0.97）	Debt	0.010 353 4 （0.81）
HHI	−0.043 529 6 （−2.71）***	HHI	−0.026 448 （−1.76）*	HHI	−0.036 290 1 （−1.76）*
Age	−0.054 187 3 （−9.30）***	Age	−0.024 881 3 （−4.74）***	Age	−0.054 164 2 （−6.95）***
Wage	−0.397 679 4 （−4.79）***	Wage	−0.004 229 8 （−0.06）	Wage	−0.079 003 6 （−0.72）
Adjroe	−0.076 723 4 （−2.14）**	Adjroe	−0.066 864 1 （−1.89）*	Adjroe	−0.046 467 2 （−1.30）

表5-6(续)

被解释变量:高管变更 Turnover(哑变量)					
CN	−0.000 553 (−0.41)	CN	−0.001 661 (−1.33)	CN	−0.000 080 3 (−0.05)
Size	−0.049 098 6 (−0.92)	Size	−0.143 113 7 (−2.90)***	Size	−0.125 462 8 (−1.79)*
Relate	−0.085 595 7 (−0.94)	Relate	−0.082 443 (−0.98)	Relate	−0.134 597 1 (−1.11)
Idirector	−0.284 432 (−0.37)	Idirector	1.837 916 (2.59)***	Idirector	0.642 878 7 (0.65)
Crl	−0.083 335 5 (−0.25)	Crl	0.552 242 6 (1.79)*	Crl	0.022 545 1 (0.05)
C	2.157 382 (1.73)*	C	2.029 224 (1.75)*	C	2.534 08 (1.55)
Year	控制	Year	控制	Year	控制
Ind	控制	Ind	控制	Ind	控制
-2loglikelihood	3 742.373	-2loglikelihood	4 229.304	-2loglikelihood	2 569.079 2
Wald^2	165.97	Wald^2	96.01	Wald^2	99.65
Prob > ^{2}	0.000 0	Prob > ^{2}	0.000 0	Prob > ^{2}	0.000 0

注：① *** 表示0.01 显著水平显著，** 表示0.05 显著水平显著，* 表示0.1 显著水平显著。

②在董事变更情况下，高管变更哑变量 Turnover，只有在董事长变更时取1，否则取0。在总经理变更情况下，高管变更哑变量 Turnover，只有在总经理变更时1，否则取0。在董事长和总经理同时变更情况下，高管变更哑变量 Turnover，只有在董事长和总经理同时变更时取1，否则取0。

从表5-6 的回归结果我们可以看到，在董事长变更的情况下，模型5.1 的市场竞争度指标 HHI 与高管变更的系数为负，其统计结果在0.01 显著水平下显著，这说明市场竞争度与高管变更之间的关系是显著负相关，即市场竞争能力越强的企业，高管变更的可能性就越小，反之市场竞争能力越弱的企业，其高管变更的可能性越大。这样就支持了假设1。我们从表5-6 中还可以看到：①资产负债率与高管变更正相关，可是并不显著。资产负债率越高，公司就越容易陷入财务困境，高管变更的可能性就越大。这与以往学者研究的结论基本吻合。②高管的年龄与高管变更负相关，在0.01显著水平下显著。这说明高管年龄越大，越不容易发生变更，这与前面第五章的描述性统计分析结果基本相符。③高管是否从公司领取薪水与高管变更显著的负相关，在0.01显著水平下显著，即领取薪水的高管不容易被更换掉。④公司的业绩与高管变更显著的负相关，并且是在0.05显著水平下显著。这说明公司的业绩越差，高管变更的可能性越大，与国内学者研究结论基本相符，支持了假设1。⑤股权制衡度与高管变更负相关，但是不显著。而前十大股东与高管变更存在负相关关系，但是也不显著。这说明其他股东越是能够制衡第一大股东，高管发生变更的可能性就越少；但是前十大股东如果存在关联，就会导致高管变更的发生的可能性大大减少，其他股东制衡第一大股东的效果就会大打折扣。⑥独立董事比例在模型5.1中与高管变更正相关，但是不显著。这说明独立董事在董事会中发挥的效用不大，与现实的情况基本相符。⑦公司的规模与高管变更负相关，但是不显著。这说明在董事长变更情况下资产规模的大小对高管变更的影响不大。⑧第一大股东持股比例与高管变更正相关，但是不显著。这说明第一大股东对高管变更有影响，但是不显著。因为，以往的研究中发现，控股股东持股比例越大，越不利于公司治理，公司的价值就会受到很大的影响。而第五章中对第一大股东控股权变更研究发现，只有第一大股东股权变更时才与高管变更有密切关系，而仅仅是持股比例却没有太大的关系。⑨独立董事比例与高管变更负相关，但是不显著。

从表5-6的回归结果我们可以看到，在总经理变更的情况下，市场竞争度指标HHI与高管变更的系数也为负，其统计结果在0.1显著水平下显著。这说明市场竞争能力越弱的企业，其高管变更的可能性越大。这样也支持了假设1。我们从表5－6中还可以看到：公司的业绩与高管变更显著的负相关，并且是在0.1显著水平下显著。这说明公司的业绩越差，高管变更的可能性越大，与国内学者研究结论基本相符，支持了假设1。这与董事长变更的情况相同。而总经理变更情况与董事长变更情况不同的地方有：①在总经理变更情况下，高管是否从公司领取薪水与高管变更负相关，但是不显著，而在董事长变更的情况下是在0.01显著水平下显著。②公司的规模与高管变更存在负相关关系，并且在0.01显著水平下显著，而在董事长变更的情况下不显著。③在总经理变更情况下，第一大股东持股比例与高管变更正相关，并且是在0.1显著水平下显著。④独立董事的比例与高管变更正相关，且在0.01显著水平下显著；在董事长情况下独立董事比例与高管变更负相关，但是不显著存在差异。

从表5－6的回归结果我们可以看到，在董事长和总经理同时变更的情况下，市场竞争度指标HHI与高管变更的系数也为负，其统计结果在0.1显著水平下显著，这样也支持了假设1。但是公司的业绩与高管变更负相关，但是不显著，对于假设1的支持力度较弱。我们从表5－6中还可以看到：①高管是否从公司领取薪水与高管变更负相关，但是不显著，这与在总经理变更的情况相同，与董事长变更的情况不同。②公司的规模与高管变更存在负相关关系，并且是在0.1显著水平下显著，这与总经理变更的情况相同，而与董事长变更的情况不同。③前十大股东都与高管变更存在负相关关系，并且不显著，这与董事长变更情况相同，与总经理变更情况不同。④在董事长和总经理同时变更的情况下，第一大股东持股比例与高管变更正相关，但是不显著，这与董事长变更的情况相同，仅在总经理变更情况下在0.1显著水平下显著。⑤独立董事的比例与高管变更正相关，但是不显著，这与总经理变更的情况相同，而与董事长变更的情况正好相反。

我国的上市公司大部分是由国有企业改制而来，近年来国家积极推动国有法人治理结构的进程，并且实施股权分置改革，让不能流通的国有股逐渐实现全流通，以此来引入其他法人团体来参与完善公司治理，提高治理的效率。所以，本书对于高管变更与市场竞争度之间关系的研究当中又进行了对上市公司第一大股东属性即国有股和非国有股的两大分类来进行比较分析，运用 Stata 软件对于面板数据进行逻辑回归。对于面板数据进行回归分析时，先要进行 Hausman 检验以判断此模型是采用固定效用模型，还是随机效应模型。运用 Stata 软件进行 Hausman 检验得出在第一大股东为国有股和非国有的情况下的卡方值分别为 0.352 3、0.357 7 且均大于零，接受原假设，本模型采用随机效应模型进行分析，其回归结果如表 5-7 所示。

表 5-7　　　　　高管变更与市场竞争度的关系
（国有股和非国有股分组比较）

被解释变量：高管变更 Turnover（哑变量）			
模型 5.1			
第一股东为国有股		第一股东为非国有股	
解释变量	系数	解释变量	系数
Debt	0.005 994 6 (0.38)	Debt	0.020 790 9 (0.75)
HHI	-0.032 182 6 (-1.77)*	HHI	-0.038 726 2 (-1.68)*
Age	-0.047 577 6 (-7.25)***	Age	-0.025 781 6 (-3.34)***
Wage	-0.365 087 4 (-4.04)***	Wage	-0.077 968 2 (-0.66)

表5-7(续)

被解释变量：高管变更 Turnover（哑变量）			
Adjroe	−0.050 637 1 （−0.86）	Adjroe	−0.155 084 4 （−2.61）***
CN	−0.001 957 （−1.54）	CN	−0.002 213 1 （−0.69）
Size	−0.095 021 9 （−1.62）	Size	−0.136 906 2 （−1.79）*
Relate	−0.177 698 8 （−1.78）*	Relate	0.043 189 （0.34）
Idirector	2.049 084 （2.37）**	Idirector	−0.515 437 3 （−0.48）
Cr1	0.580 276 9 （1.62）	Cr1	−0.142 905 9 （−0.27）
C	2.670 588 （1.94）*	C	3.272 651 （1.80）*
Year	控 制	Year	控 制
Ind	控 制	Ind	控 制
−2loglikelihood	2 953.994 6	−2loglikelihood	1 831.599 06
Wald^2	104.54	Wald^2	55.43
Prob > ^{2}	0.000 0	Prob > ^{2}	0.000 0

注：① *** 表示 0.01 显著水平显著，** 表示 0.05 显著水平显著，* 表示 0.1 显著水平显著。

②高管变更哑变量 Turnover，当董事长变更、总经理变更或者两者同时变更时取 1，否则取 0。

从表 5-7 可以看出，第一大股东为国有股或非国有股这两种情况下，模型 5.1 的市场竞争度指标 HHI 与高管变更的系数为负，其统计结果在 0.1 显著水平下显著，这样也就支持了假设 1。但是公司的业绩与高管变更的系数为负数，只有在第一大股东为非国有股的情况下在 0.01 显著水平显著。我们从表 5-7

中还可以看到，第一大股东为国有股或非国有股这两种情况下的不同之处在于：①高管是否从公司领取薪水与高管变更负相关，这种关系只有在第一大股东为国有股的情况下显著，并且是在0.01显著水平下显著。②在第一大股东为非国有股的情况下公司的规模与高管变更存在负相关关系，并且是在0.1显著水平下显著，而在第一大股东为国有股的情况下不显著。③在第一大股东为国有股的情况下前十大股东都与高管变更存在负相关关系，并且在0.1显著水平显著，而在第一大股东为非国有股的情况下前十大股东都与高管变更存在正相关关系，但是不显著。④独立董事的比例与高管变更在第一大股东为国有股情况下正相关，且在0.05显著水平显著，而在第一大股东为非国有股情况下独立董事的比例与高管变更负相关，但是不显著。⑤在第一大股东为国有股的情况下第一大股东持股比例与高管变更正相关，但是不显著；在第一大股东为非国有股的情况下第一大股东持股比例与高管变更负相关，但是不显著。

5.1.3.2　制度环境变迁对高管变更的关系分析

本书在分析市场竞争度的基础上，进一步引入制度环境变迁变量，即市场化指数和要素市场发育指数、商品市场地方保护指数、政府干预企业的干预指数四个变量来进一步剖析高管变更的外部影响因素，从而推动完善公司治理结构的进程。

（1）市场化程度与高管变更的关系分析

本书采用樊纲对于制度环境的研究成果，从五个方面构建23项指标建立市场化进程指数来反映我国31个省、直辖市、自治区（不包括中国台湾、中国香港和中国澳门地区）的制度环境情况（各省份具体指数见附录1）。市场化指数是一个相对数，如果市场化指数为5，说明该地区市场化程度处于全国中等水平。本书设置市场化指数哑变量，大于中位数的市场化指数取值为1，小于中位数的市场化指数取值为0。

为了验证假设 2，本书建立如下模型分析高管变更与市场化程度之间的关系。

$$
\begin{aligned}
\text{Turnover} = {} & \alpha_0 + \alpha_1 \text{Debt} + \alpha_2 \text{HHI} + \alpha_3 \text{Age} + \alpha_4 \text{Wage} \\
& + \alpha_5 \text{Adjroe} * \text{Market} + \alpha_6 \text{CN} + \alpha_7 \text{Size} + \alpha_8 \text{Cr1} \\
& + \alpha_9 \text{Relate} + \alpha_{10} \text{Idirector} + \alpha_{11} \text{Market} \\
& + \beta_j \sum_j \text{Ind}_j + \gamma_k \sum_k \text{Year}_k + \varepsilon
\end{aligned}
\tag{5.2}
$$

根据上边所列是的模型，运用 Stata 软件对于面板数据进行逻辑回归。对于面板数据进行回归分析时，先要进行 Hausman 检验以判断此模型是采用固定效用模型，还是随机效应模型。若运用 Stata 软件进行 Hausman 检验得出的卡方值为 0.007 7，且大于零，则接受原假设。本模型采用随机效应模型进行分析，其回归结果如表 5-8 所示。

表 5-8　市场化程度与高管变更的关系（模型 5.2）

被解释变量：高管变更 Turnover（哑变量）			
模型 5.2			
解释变量	系数	标准差	Z 指	相伴概率 P
Debt	0.015 503 8	0.016 541	0.94	0.349
HHI	−0.037 223 4***	0.014 404 8	−2.58	0.010
Age	−0.037 714 2***	0.005 054 2	−7.46	0.000
Wage	−0.258 059 1***	0.072 254 3	−3.57	0.000
CN	−0.001 594 3	0.001 167 3	−1.37	0.172
Size	−0.102 331 6**	0.046 600 3	−2.20	0.028
Relate	−0.076 403 8	0.078 766 7	−0.97	0.332
Idirector	1.092 088	0.672 363 6	1.62	0.104
Cr1	0.354 275	0.289 865	1.22	0.222
Market	−0.065 747 3	0.120 785 5	−0.54	0.586
Adjroe * Market	−0.120 487 3***	0.046 054 2	−2.62	0.009

表5-8(续)

被解释变量:高管变更 Turnover(哑变量)				
C	2.646 466**	1.097 137	2.41	0.016
Year	控制	控制	控制	控制
Ind	控制	控制	控制	控制
-2loglikelihood	4 805.091 8			
Wald^2	147.04			
Prob >^{2}	0.000 0			

注:① *** 表示 0.01 显著水平显著,** 表示 0.05 显著水平显著,* 表示 0.1 显著水平显著。

②高管变更哑变量 Turnover,当董事长变更、总经理变更或者两者同时变更时取 1,否则取 0。

从表 5-8 的回归结果我们可以看到,在模型 5.2 中市场化指数与公司经营业绩的交互项 Adjroe * Market 指标与高管变更负相关,在 0.01 显著水平下显著,这支持了第五章中的假设 2,说明市场化程度越高的地方,制度环境对公司股东利益保护的就越好,中小股东监督大股东和经理层的成本越小,促进公司的治理,此时的公司业绩与高管变更的负相关性就越高。同时从市场化指标 HHI 来看,在同行业竞争程度情况下,外部制度环境对于高管变更的影响更大。

为了防止对于高管变更的研究出现偏差,本书仍旧将高管变更的情况分为董事长、总经理、董事长和总经理同时变更这三种情况,分别对高管变更的情况进行对比分析,运用 Stata 软件对于面板数据进行逻辑回归。对于面板数据进行回归分析时,先要进行 Hausman 检验以判断此模型是采用固定效用模型,还是随机效应模型。运用 Stata 软件进行 Hausman 检验分别得出在董事长、总经理、董事长和总经理同时变更这三种分类情况下的卡方值,分别为 0.007 7、0.007 7、0.025 7 且均大于零,接受原假设。本模型采用随机效应模型进行分析，其回归结果如表 5-9 所示。

表 5-9 市场化程度与高管变更的关系（分组比较）

被解释变量:高管变更 Turnover(哑变量)					
模型 5.2					
董事长变更		总经理变更		董事长和总经理同时变更	
解释变量	系数	解释变量	系数	解释变量	系数
Debt	0. 010 199 9 (0. 85)	Debt	0. 014 638 8 (0. 95)	Debt	0. 009 786 4 (0. 78)
HHI	−0. 044 355 4 (−2. 76)***	HHI	−0. 027 214 (−1. 81)*	HHI	−0. 038 163 2 (−1. 87)*
Age	−0. 054 272 (−9. 31)***	Age	−0. 025 102 3 (−4. 77)***	Age	−0. 054 589 2 (−7. 02)***
Wage	−0. 398 264 9 (−4. 80)***	Wage	−0. 005 945 9 (−0. 08)	Wage	−0. 086 570 5 (−0. 80)
CN	−0. 000 549 3 (−0. 41)	CN	−0. 001 668 7 (−1. 34)	CN	−0. 000 141 4 (−0. 08)
Size	−0. 048 935 1 (−0. 92)	Size	−0. 142 539 1 (−2. 89)***	Size	−0. 126 387 2 (−1. 82)*
Relate	−0. 087 823 9 (−0. 96)	Relate	−0. 088 495 9 (−1. 05)	Relate	−0. 149 333 9 (−1. 23)
Idirector	−0. 300 331 4 (−0. 39)	Idirector	1. 784 682 (2. 50)**	Idirector	0. 474 212 (0. 48)
Cr1	−0. 093 852 2 (−0. 28)	Cr1	0. 543 113 8 (1. 76)*	Cr1	0. 002 710 3 (0. 01)
Market	0. 021 856 1 (0. 16)	Market	0. 109 768 1 (0. 84)	Market	0. 374 005 6 (1. 90)
Adjroe * Market	−0. 072 405 (−1. 97)**	Adjroe * Market	−0. 076 168 9 (−2. 05)**	Adjroe * Market	−0. 047 199 (−1. 28)
C	2. 141 222 (1. 72)*	C	1. 944 916 (1. 68)*	C	2. 297 409 (1. 41)
Year	控制	Year	控制	Year	控制
Ind	控制	Ind	控制	Ind	控制
-2loglikelihood	3 743. 034	-2loglikelihood	4 227. 570 6	-2loglikelihood	2 564. 942

表5-9(续)

被解释变量:高管变更 Turnover(哑变量)					
Wald^2	165. 35	Wald^2	97. 44	Wald^2	104. 31
Prob > ^{2}	0. 000 0	Prob > ^{2}	0. 000 0	Prob > ^{2}	0. 000 0

注: ① *** 表示 0.01 显著水平显著, ** 表示 0.05 显著水平显著, * 表示 0.1 显著水平显著。

②在董事变更情况下, 高管变更哑变量 Turnover, 只有在董事长变更时取 1, 否则取 0。在总经理变更情况下, 高管变更哑变量 Turnover, 只有在总经理变更时取 1, 否则取 0。在董事长和总经理同时变更的情况下, 高管变更哑变量 Turnover, 只有在董事长和总经理同时变更时取 1, 否则取 0。

从表5-9的回归结果我们可以看到, 在董事长变更的情况下, 市场化指数与公司经营业绩的交互项 Adjroe * Market 指标与高管变更负相关, 在 0.05 显著水平下显著, 这支持了第四章中的假设 2。同时从市场化指标 HHI 来看, 市场化指标 HHI 仍与高管变更负相关, 且在 0.001 显著水平显著。我们从表5-9中还可以看到: ①高管的年龄与高管变更负相关, 在 0.01 显著水平下显著, 这说明高管年龄越大, 越不容易发生变更, 这与前面的描述性统计分析结果基本相符。②高管是否从公司领取薪水与高管变更显著的负相关, 在 0.01 显著水平下显著。③其他指标均与高管变更不显著相关。

从表5-9的回归结果我们可以看到, 在总经理变更的情况下, 市场化指数与公司经营业绩的交互项 Adjroe * Market 指标与高管变更负相关, 但是不显著, 对第四章中的假设 2 支撑力度不大, 这与董事长变更或总经理变更的情况不一样。市场化指数 HHI 与高管变更也是负相关, 在 0.1 显著水平下显著, 这与假设 1 相符。我们从表5-9中还可以看到: ①公司规模与高管变更存在负相关关系, 并且是在 0.01 显著水平下显著, 与董事长变更的情况基本相同, 但是在董事长变更情况下这种关系不相关。②高管是否从公司领取薪水与高管变更负相关, 但是不显著，与在董事长变更情况下显著相关不同。③独立董事比例与高管变更正相关，在 0.05 显著水平下显著；在董事长变更情况下独立董事比例与高管变更的关系负相关，但是不显著。④第一大股东持股比例与高管变更正相关，且在 0.1 显著水平下显著；在董事长变更情况下第一大股东持股比例与高管变更负相关，但是不显著。

从表 5-9 的回归结果我们可以看到，在董事长和总经理同时变更的情况下，市场化指数与公司经营业绩的交互项 Adjroe * Market 指标与高管变更负相关，但是不显著，这对于支持第四章中的假设 2 略显不足。市场化指数 HHI 与高管变更也是负相关，在 0.1 显著水平下显著，这与董事长变更或者总经理变更的情况一样。我们从表 5-9 中还可以看到：①高管是否从公司领取薪水与高管变更负相关，但是不显著，这与总经理变更的情况相同，而与在董事长变更情况下显著相关不同。②公司规模与高管变更存在负相关关系，并且是在 0.1 显著水平下显著，与总经理变更的情况基本相同，但是在董事长变更情况下这种关系不显著。③独立董事比例与高管变更的关系正相关，但是不显著，这与在董事长变更情况下独立董事比例与高管变更负相关不同。

我国上市公司的治理虽然受到所处制度环境的影响，但是也与公司的属性有关，特别是国有公司与非国有公司在公司治理中存在一定的差异。所以本书在对高管变更与市场竞争度之间关系的研究当中又进行了对上市公司第一大股东属性即国有股和非国有股的两大分类来进行比较分析，运用 Stata 软件对于面板数据进行逻辑回归。对于面板数据进行回归分析时，先要进行 Hausman 检验以判断此模型是采用固定效用模型，还是随机效应模型。运用 Stata 软件进行 Hausman 检验得出在第一大股东为国有股和非国有的情况下的卡方值分别为 0.238 5、0.215 6

且均大于零，接受原假设。本模型采用随机效应模型进行分析，其回归结果如表 5 - 10 所示。

表 5 - 10　　　**市场化程度与高管变更的关系**

（国有股和非国有股分组比较）

被解释变量：高管变更 Turnover（哑变量）			
模型 5.2			
第一股东为国有股		第一股东为非国有股	
解释变量	系数	解释变量	系数
Debt	0. 006 233 5 （0. 38）	Debt	0. 021 274 （0. 77）
HHI	− 0. 031 568 2 （− 1. 72）*	HHI	− 0. 038 57 （− 1. 68）*
Age	− 0. 047 612 6 （− 7. 26）***	Age	− 0. 025 627 9 （− 3. 31）***
Wage	− 0. 366 226 7 （− 4. 05）***	Wage	− 0. 074 774 4 （− 0. 63）
CN	− 0. 001 938 8 （− 1. 52）	CN	− 0. 002 082 （− 0. 65）
Size	− 0. 094 381 4 （− 1. 61）	Size	− 0. 133 123 3 （− 1. 74）*
Relate	− 0. 175 040 8 （− 1. 75）*	Relate	0. 045 489 9 （0. 36）
Idirector	2. 102 114 （2. 41）**	Idirector	− 0. 469 753 2 （− 0. 44）
Crl	0. 577 281 8 （1. 61）	Crl	− 0. 144 647 3 （− 0. 27）
Market	− 0. 085 204 （− 0. 58）	Market	− 0. 137 104 9 （− 0. 64）
Adjroe * Market	− 0. 030 589 4 （− 0. 53）	Adjroe * Market	− 0. 193 742 （− 2. 77）***

表5-10(续)

被解释变量：高管变更 Turnover（哑变量）			
C	2. 725 385 (1. 97) **	C	3. 291 686 (1. 81) *
Year	控制	Year	控制
Ind	控制	Ind	控制
− 2loglikelihood	2 954. 188	− 2loglikelihood	1 829. 164 88
Wald ^{2}	104. 37	Wald ^{2}	55. 74
Prob > ^{2}	0. 000 0	Prob > ^{2}	0. 000 0

注：① *** 表示 0.01 显著水平显著，** 表示 0.05 显著水平显著，* 表示 0.1 显著水平显著。

②高管变更哑变量 Turnover，当董事长变更、总经理变更或者两者同时变更时取 1，否则取 0。

从表5-10 可以看出，在第一大股东为国有股的情况下，市场化指数和公司经营业绩的交互项 Adjroe * Market 指标与高管变更负相关，但是不显著；而在第一大股东为非国有股的情况下，市场化指数与公司经营业绩的交互项 Adjroe * Market 指标与高管变更负相关，在 0.01 显著水平下显著。这样就支持假设2。模型 5.2 的市场竞争度指标 HHI 与高管变更的系数为负，其统计结果均在 0.1 显著水平下显著，这样也就支持了假设1。我们从表5-10 中还可以看到，第一大股东为国有股或非国有股这两种情况下的不同之处在于：①在第一大股东为国有股情况下高管的年龄与高管变更负相关，在 0.01 显著水平下显著；而在第一大股东为非国有股情况下高管的年龄与高管变更负相关，但不显著。②在第一大股东为非国有股的情况下公司规模与高管变更负相关，在 0.1 显著水平下显著；而在第一大股东为国有股的情况下公司规模与高管变更负相关，但不显著。③在第一大股东为国有股的情况下前十大股东都与高管变更存在负相关，在 0.1 显著水平下显著，这与第一大股东为非国有股的情况不同。在第一大股东为非国有股的情况下前十大股东都与高管变更存在正相关，但不显著。④独立董事比例在第一大股东为国有股的情况下与高管变更正相关，在 0.05 显著水平下显著，而独立董事比例与高管变更在第一大股东为非国有股的情况下负相关，但不显著。

（2）要素市场发育程度与高管变更

在樊纲的中国市场化指数研究报告中，他从金融业的市场化、引进外资的程度、劳动力流动性、技术成果市场化四大方面构建要素市场发育指数，以此来反映我国 31 个省、直辖市、自治区（不包括台湾、香港和澳门地区）的制度环境情况（各省份具体指数见附录 2）。这也从一个侧面反映公司所能运用资金流、人力资源流等有关完善公司治理方面的难易程度，同时也反映出当地政府对于公司经营管理的干预程度。要素市场发育指数和市场化指数一样也是一个相对数。如果要素市场发育指数为 5，则说明该地区市场化程度处于全国中等水平。本书设置市场化指数 Factor 哑变量，大于中位数的 Factor 取值为 1，小于中位数的 Factor 取值为 0。

为了验证假设 2，本书建立如下模型分析要素市场发育程度与高管变更之间的关系。

$$
\begin{aligned}
\text{Turnover} = {} & \alpha_0 + \alpha_1 \text{Debt} + \alpha_2 \text{HHI} + \alpha_3 \text{Age} + \alpha_4 \text{Wage} \\
& + \alpha_5 \text{Adjroe} * \text{Factor} + \alpha_6 \text{CN} + \alpha_7 \text{Size} + \alpha_8 \text{Crl} \\
& + \alpha_9 \text{Relate} + \alpha_{10} \text{Idirector} + \alpha_{11} \text{Factor} \\
& + \beta_j \sum_j \text{Ind}_j + \gamma_k \sum_k \text{Year}_k + \varepsilon
\end{aligned} \tag{5.3}
$$

根据上面所列的模型，运用 Stata 软件对于面板数据进行逻辑回归。对于面板数据进行回归分析时，先要进行 Hausman 检验以判断此模型是采用固定效用模型，还是随机效应模型。运用 Stata 软件进行 Hausman 检验得出的卡方值为 0. 001 9 且大于零，接受原假设。本模型采用随机效应模型进行分析，其回归结果如表 5 - 11 所示。

表 5 - 11 要素市场发育程度与高管变更的关系（模型 5. 3）

被解释变量：高管变更 Turnover（哑变量）			
模型 5.3			
解释变量	系数	标准差	Z 值	相伴概率 P
Debt	0. 014 443 7	0. 016 314 1	0. 89	0. 376
HHI	− 0. 039 084 9***	0. 014 448 6	− 2. 71	0. 007
Age	− 0. 038 192 5***	0. 005 070 3	− 7. 53	0. 000
Wage	− 0. 247 746 4***	0. 072 607 2	− 3. 41	0. 001
CN	− 0. 001 604 7	0. 001 168 6	− 1. 37	0. 170
Size	− 0. 105 416 8**	0. 046 507 4	− 2. 27	0. 023
Relate	− 0. 087 011 8	0. 078 999 5	− 1. 10	0. 271
Idirector	1. 042 998	0. 671 213 8	1. 55	0. 120
Cr1	0. 366 654 5	0. 290 098 2	1. 26	0. 206
Factor	0. 025 306 3	0. 075 157 3	0. 34	0. 736
Adjroe * Factor	− 0. 216 807 3**	0. 089 439 3	− 2. 42	0. 015
C	2. 654 974**	1. 093 764	2. 43	0. 015
Year	控制	控制	控制	控制
Ind	控制	控制	控制	控制
− 2loglikelihood	4 804. 612 4			
Wald²	146. 45			
Prob >²	0. 000 0			

注：① *** 表示 0. 01 显著水平显著，** 表示 0. 05 显著水平显著，* 表示 0. 1 显著水平显著。

②高管变更哑变量 Turnover，当董事长变更、总经理变更或者两者同时变更时取 1，否则取 0。

从表 5-11 的回归结果我们可以看到，在模型 5.3 中，要素市场发育指数和公司经营业绩的交互项 Adjroe * Factor 指标与高管变更均为负数，在 0.01 显著水平下显著，这支持了第四章中的假设 2，说明要素市场好的地区，高管变更的可能性更大，人才的流动更加频繁，高管变更与公司绩效之间的负相关性就越强。

本书此处虽然研究的是要素市场发育指数与高管变更的关系，但为了防止对于高管变更的研究出现偏差，所以本书对于董事长、总经理、董事长和总经理同时变更这三种情况分别对高管变更的情况进行对比分析，运用 Stata 软件对于面板数据进行逻辑回归。对于面板数据进行回归分析时，先要进行 Hausman 检验以判断此模型是采用固定效用模型，还是随机效应模型。运用 Stata 软件进行 Hausman 检验分别得出在董事长、总经理、董事长和总经理同时变更这三种分类情况下的卡方值分别为 0.001 9、0.001 9、0.001 且均大于零，接受原假设。本模型采用随机效应模型进行分析，其回归结果如表 5-12 所示。

表 5-12 要素市场发育程度与高管变更的关系（分组比较）

被解释变量:高管变更 Turnover(哑变量)					
模型 5.3					
董事长变更		总经理变更		董事长和总经理同时变更	
解释变量	系数	解释变量	系数	解释变量	系数
Debt	0. 009 445 (0. 80)	Debt	0. 014 089 (0. 92)	Debt	0. 009 428 7 (0. 76)
HHI	−0. 045 918 (−2. 85)***	HHI	−0. 027 170 5 (−1. 80)*	HHI	−0. 036 606 4 (−1. 78)*
Age	−0. 054 853 2 (−9. 39)***	Age	−0. 025 494 4 (−4. 84)***	Age	−0. 055 063 5 (−7. 08)***
Wage	−0. 384 215 5 (−4. 61)***	Wage	0. 008 830 8 (0. 11)	Wage	−0. 058 860 8 (−0. 54)

被解释变量:高管变更 Turnover(哑变量)					
CN	−0.000 602 (−0.44)	CN	−0.001 679 9 (−1.34)	CN	−0.000 172 (−0.10)
Size	−0.053 132 (−1.00)	Size	−0.144 486 1 (−2.93)***	Size	−0.129 954 3 (−1.86)*
Relate	−0.098 253 9 (−1.07)	Relate	−0.093 337 9 (−1.10)	Relate	−0.155 647 3 (−1.28)
Idirector	−0.337 694 6 (−0.44)	Idirector	1.820 864 (2.56)**	Idirector	0.586 665 4 (0.60)
Crl	−0.080 824 5 (−0.24)	Crl	0.566 893 7 (1.83)*	Crl	0.038 428 7 (0.09)
Factor	0.063 178 3 (0.74)	Factor	0.034 157 5 (0.43)	Factor	0.095 050 9 (0.85)
Adjroe * Factor	−0.095 101 (−1.86)*	Adjroe * Factor	−0.162 074 (−2.36)**	Adjroe * Factor	−0.102 575 (−2.04)**
C	2.234 26 (1.79)*	C	2.058 391 (1.78)*	C	2.635 363 (1.62)
Year	控制	Year	控制	Year	控制
Ind	控制	Ind	控制	Ind	控制
−2loglikelihood	3 743.787 6	−2loglikelihood	4 225.238 6	−2loglikelihood	2 567.303 8
Wald^2	166.84	Wald^2	98.60	Wald^2	105.13
Prob > ^{2}	0.000 0	Prob > ^{2}	0.000 0	Prob > ^{2}	0.000 0

注:① *** 表示0.01显著水平显著,** 表示0.05显著水平显著,* 表示0.1显著水平显著。

②在董事变更的情况下,高管变更哑变量 Turnover,只有在董事长变更时取1,否则取0。在总经理变更的情况下,高管变更哑变量 Turnover,只有在总经理变更时取1,否则取0。在董事长和总经理同时变更的情况下,高管变更哑变量 Turnover,只有在董事长和总经理同时变更时取1,否则取0。

从表5－12的回归结果我们可以看到,在董事长变更的情况下,要素市场发育指数和公司经营业绩的交互项 Adjroe * Factor 指标与高管变更负相关,在0.1显著水平下显著,这支持了第四章中的假设2。同时从市场化指标 HHI 来看,市场化指标

HHI 仍与高管变更负相关，且在 0.001 显著水平显著。我们从表 5-12 中还可以看到，高管的年龄、高管是否从公司领取薪水都与高管变更负相关，在 0.01 显著水平下显著。

从表 5-12 的回归结果我们可以看到，在总经理变更的情况下，要素市场发育指数和公司经营业绩的交互项 Adjroe * Factor 指标与高管变更负相关，在 0.05 显著水平下显著，这支持了第四章中的假设 2。同时从市场化指标 HHI 来看，市场化指标 HHI 仍与高管变更负相关，且在 0.1 显著水平显著。我们从表 5-12 中还可以看到，与董事长变更情况不同之处在于：①高管的年龄与高管变更负相关，在 0.01 显著水平下显著，这与董事长变更的情况相同。②高管是否从公司领取薪水与高管变更正相关，但不显著；在董事长变更情况下高管是否从公司领取薪水与高管变更负相关，在 0.001 显著水平显著。③公司规模与高管变更负相关，在 0.001 显著水平显著；而在董事长变更情况下，这种负相关关系不显著。④独立董事比例与高管变更正相关，在 0.05 显著水平下显著；而在董事长变更情况下独立董事比例与高管变更负相关，但是不显著。⑤第一大股东持股比例与高管变更正相关，在 0.1 显著水平下显著；而在董事长变更情况下第一大股东持股比例与高管变更负相关，但是不显著。

从表 5-12 的回归结果我们可以看到，在董事长和总经理同时变更的情况下，要素市场发育指数和公司经营业绩的交互项 Adjroe * Factor 指标与高管变更负相关，在 0.05 显著水平下显著，这支持了第四章中的假设 2。同时从市场化指标 HHI 来看，市场化指标 HHI 仍与高管变更负相关，且在 0.1 显著水平显著。我们从表 5-12 中还可以看到，与董事长变更、总经理变更情况相比的异同处在于：①高管是否从公司领取薪水与高管变更负相关，但不显著；在总经理变更情况下高管是否从公司领取薪水与高管变更负相关，在 0.001 显著水平显著。②公司规模与高管变更负相关，在 0.1 显著水平显著；在董事长变更情况下公司规模与高管变更负相关，但不显著。

我国的要素市场的发育程度所包括的金融市场化程度、引进外资的程度等方面对于拥有不同股权属性的上市公司的影响也不同。特别是国有企业和非国有企业之间的差别也比较大。所以本书对于高管变更与要素市场的发育程度之间关系的研究又引入对上市公司第一大股东属性即国有股和非国有股的两大分类来进行比较分析，运用 Stata 软件对于面板数据进行逻辑回归。对于面板数据进行回归分析时，先要进行 Hausman 检验以判断此模型是采用固定效用模型，还是随机效应模型。运用 Stata 软件进行 Hausman 检验得出在第一大股东为国有股和非国有的情况下的卡方值分别为 0.220 2、0.348 6 且均大于零，接受原假设。本模型采用随机效应模型进行分析，其回归结果如表 5-13 所示。

表 5-13　要素市场发育程度与高管变更的关系
（国有股和非国有股分组比较）

被解释变量：高管变更 Turnover（哑变量）			
模型 5.3			
第一股东为国有股		第一股东为非国有股	
解释变量	系数	解释变量	系数
Debt	0.005 927 9 （0.39）	Debt	0.019 201 （0.72）
HHI	−0.034 740 1 （−1.87）*	HHI	−0.037 558 （−1.62）
Age	−0.047 754 2 （−7.26）***	Age	−0.027 438 9 （−3.50）***

被解释变量：高管变更 Turnover（哑变量）			
Wage	−0. 360 609 7 （−3. 97）***	Wage	−0. 055 592 （−0. 46）
CN	−0. 001 974 2 （−1. 55）	CN	−0. 002 168 6 （−0. 67）
Size	−0. 093 035 3 （−1. 59）	Size	−0. 144 358 9 （−1. 87）*
Relate	−0. 183 388 2 （−1. 83）*	Relate	0. 031 508 （0. 24）
Idirector	2. 014 307 （2. 31）**	Idirector	−0. 504 599 4 （−0. 47）
Crl	0. 591 070 3 （1. 65）*	Crl	−0. 177 476 3 （−0. 33）
Factor	0. 036 476 2 （0. 39）	Factor	−0. 010 817 7 （−0. 09）
Adjroe * Factor	−0. 071 490 6 （−0. 94）	Adjroe * Factor	−0. 415 405 7 （−2. 73）***
C	2. 597 507 （1. 88）*	C	3. 522 323 （1. 93）*
Year	控制	Year	控制
Ind	控制	Ind	控制
−2loglikelihood	2 953. 516 8	−2loglikelihood	1 828. 038 72
Wald^2	104. 91	Wald^2	55. 58
Prob > ^{2}	0. 000 0	Prob > ^{2}	0. 000 0

注：① *** 表示 0. 01 显著水平显著，** 表示 0. 05 显著水平显著，* 表示 0. 1 显著水平显著。

②高管变更哑变量 Turnover，当董事长变更、总经理变更或者两者同时变更时取 1，否则取 0。

从表5－13可以看出，在第一大股东为国有股的情况下，要素市场发育指数和公司经营业绩的交互项 Adjroe＊Factor 指标与高管变更负相关，但是不显著；在第一大股东为非国有股的情况下，要素市场发育指数和公司经营业绩的交互项 Adjroe＊Factor 指标与高管变更负相关，在 0.01 显著水平下显著。这样就支持假设2。模型5.3的市场竞争度指标 HHI 与高管变更的系数为负，但在第一大股东为国有股的情况下在 0.1 显著水平下显著，在第一大股东为非国有股的情况下不显著。我们从表5－13中还可以看到，第一大股东为国有股或非国有股这两种情况下的不同之处在于：①高管是否从公司领取薪水与高管变更负相关；在第一大股东为国有股的情况下在 0.01 显著水平下显著，在第一大股东为非国有股的情况下不显著。②公司规模与高管变更负相关，在第一大股东为非国有股的情况下在 0.1 显著水平下显著，在第一大股东为国有股的情况下不显著。③在第一大股东为国有股的情况下，前十大股东都与高管变更存在负相关，在 0.1 显著水平下显著，这与第一大股东为非国有股的情况不同。在第一大股东为非国有股的情况下，前十大股东都与高管变更存在正相关，但不显著。④独立董事比例在第一大股东为国有股的情况下与高管变更正相关，在 0.05 显著水平下显著；独立董事比例与高管变更在第一大股东为非国有股的情况下负相关，但不显著。⑤在第一大股东为国有股的情况下第一大股东持股比例与高管变更正相关，在 0.1 显著水平下显著；在第一大股东为非国有股的情况下第一大股东持股比例与高管变更负相关，但不显著。

（3）政府对于企业的干预与高管变更

一个运作高效的政府有助于市场的良性运转。我国不同地区的当地政府的运作效率不同，对于企业的干预情况也不同，这就导致企业的公司治理结构存在差异。所以本书选取《中国市场化指数——各地区市场化相对进程报告》所披露的减少政府对企业的干预指数作为制度环境变迁的第四替代变量。该指标也是一个相对数值,其取值范围在 0 ~ 10 之间。减少政府对企业的干预指数越小说明政府对于企业的干预力度越大。为了验证假设 3,本书建立如下模型分析商品市场的地方保护指数与高管变更之间的关系。

$$
\begin{aligned}
\text{Turnover} = {} & \alpha_0 + \alpha_1 \text{Debt} + \alpha_2 \text{HHI} + \alpha_3 \text{Age} + \alpha_4 \text{Wage} \\
& + \alpha_5 \text{Adjroe} * \text{Inter} + \alpha_6 \text{CN} + \alpha_7 \text{Size} + \alpha_8 \text{Crl} \\
& + \alpha_9 \text{Relate} + \alpha_{10} \text{Idirector} + \alpha_{11} \text{Inter} \\
& + \beta_j \sum_j \text{Ind}_j + \gamma_k \sum_k \text{Year}_k + \varepsilon
\end{aligned} \tag{5.4}
$$

根据上边所列的模型,运用 Stata 软件对于面板数据进行逻辑回归。对于面板数据进行回归分析时,先要进行 Hausman 检验以判断此模型是采用固定效用模型,还是随机效应模型。运用 Stata 软件进行 Hausman 检验得出的卡方值为 0.012 3 且大于零,接受原假设。本模型采用随机效应模型进行分析,其回归结果如表 5 - 14 所示。

表 5 - 14   减少政府对企业的干预与高管变更的关系(模型 5.4)

被解释变量:高管变更 Turnover(哑变量)				
模型 5.4				
解释变量	系数	标准差	Z 值	相伴概率 P
Debt	0.014 561 2	0.016 261 7	0.90	0.371
HHI	- 0.039 692 3***	0.014 386 4	- 2.76	0.006
Age	- 0.037 794 6***	0.005 059	- 7.47	0.000
Wage	- 0.252 926 7***	0.072 241 3	- 3.50	0.000
CN	- 0.001 585 2	0.001 166	- 1.36	0.174
Size	- 0.100 606**	0.046 499 4	- 2.16	0.030

表5-14(续)

被解释变量：高管变更 Turnover（哑变量）			
Relate	-0.083 340 9	0.078 924 3	-1.06	0.291
Idirector	1.048 415	0.672 189 1	1.56	0.119
Cr1	0.378 734 2	0.289 897 8	1.31	0.191
Inter	0.016 419 5	0.074 687 1	0.22	0.826
Adjroe * Inter	-0.240 502 2***	0.083 858 3	-2.87	0.004
C	2.522 889**	1.094 653	2.30	0.021
Year	控制	控制	控制	控制
Ind	控制	控制	控制	控制
-2loglikelihood	4 800.673 4			
Wald^2	148.00			
Prob >^{2}	0.000 0			

注：① *** 表示 0.01 显著水平显著，** 表示 0.05 显著水平显著，* 表示 0.1 显著水平显著。

②高管变更哑变量 Turnover，当董事长变更、总经理变更或者两者同时变更时取 1，否则取 0。

从表5-14的回归结果我们可以看到，在模型5.4中，减少政府对企业的干预指数和公司经营业绩的交互项 Adjroe * Inter 指标与高管变更均为负数，在 0.01 显著水平下显著，这支持了第四章中的假设 3。减少政府对于企业的干预力度越小，高管变更的可能性加大，人才的流动更加频繁，高管变更与公司绩效之间的负相关性就越强。

此处虽然研究的是政府对企业的干预指数与高管变更的关系，但为了防止研究对于高管的变更的研究为了出现偏差，所以本书对于董事长、总经理、董事长和总经理同时变更这三种分类情况分别对高管变更的情况进行对比分析，运用 Stata 软件对于面板数据进行逻辑回归。对于面板数据进行回归分析时，先要进行 Hausman 检验以判断此模型是采用固定效用模型，还是随机效应模型。运用 Stata 软件进行 Hausman 检验分别得出在董事长、总经理、董事长和总经理同时变更这三种分类情况下的卡方值分别为 0.012 3、0.012 3、0.086 2 且均大于零，则接受原假设。本模型采用随机效应模型进行分析，其回归结果如表 5-15 所示。

表 5-15　政府对企业的干预与高管变更的关系（分组比较）

被解释变量:高管变更 Turnover(哑变量)					
模型 5.4					
董事长变更		总经理变更		董事长和总经理同时变更	
解释变量	系数	解释变量	系数	解释变量	系数
Debt	0.009 766 2 (0.82)	Debt	0.014 415 7 (0.94)	Debt	0.010 063 4 (0.80)
HHI	-0.046 063 1 (-2.86)***	HHI	-0.027 921 5 (-1.86)*	HHI	-0.037 153 5 (-1.80)*
Age	-0.054 361 4 (-9.30)***	Age	-0.024 992 9 (-4.75)***	Age	-0.054 144 (-6.95)***
Wage	-0.393 055 5 (-4.73)***	Wage	0.000 472 3 (0.01)	Wage	-0.075 249 6 (-0.69)
CN	-0.000 549 3 (-0.40)	CN	-0.001 649 1 (-1.32)	CN	-0.000 077 (-0.04)
Size	-0.048 359 8 (-0.91)	Size	-0.141 005 6 (-2.86)***	Size	-0.124 764 1 (-1.78)*
Relate	-0.094 193 8 (-1.03)	Relate	-0.088 979 7 (-1.05)	Relate	-0.143 685 4 (-1.18)
Idirector	-0.346 768 6 (-0.45)	Idirector	1.814 071 (2.54)**	Idirector	0.589 935 (0.60)
Crl	-0.080 878 4 (-0.24)	Crl	0.564 164 6 (1.83)*	Crl	0.026 094 1 (0.06)
Inter	0.039 306 9 (0.46)	Inter	0.016 975 (0.21)	Inter	0.028 377 3 (0.25)
Adjroe * Inter	-0.105 988 4 (-2.05)**	Adjroe * Inter	-0.140 079 8 (-2.33)**	Adjroe * Inter	-0.083 469 4 (-1.69)*

被解释变量:高管变更 Turnover(哑变量)					
C	2. 122 377 (1. 70)*	C	1. 966 102 (1. 70)*	C	2. 513 456 (1. 53)
Year	控制	Year	控制	Year	控制
Ind	控制	Ind	控制	Ind	控制
－2loglikelihood	3 741. 599 2	－2loglikelihood	4 225. 239 2	－2loglikelihood	2 567. 332 2
Wald^2	165. 75	Wald^2	97. 19	Wald^2	100. 97
Prob >^{2}	0. 000 0	Prob >^{2}	0. 000 0	Prob >^{2}	0. 000 0

注:① *** 表示 0.01 显著水平显著, ** 表示 0.05 显著水平显著, * 表示 0.1 显著水平显著。

②在董事变更情况下, 高管变更哑变量 Turnover, 只有在董事长变更时取1, 否则取0。在总经理变更情况下, 高管变更哑变量 Turnover, 只有在总经理变更时取1, 否则取0。在董事长和总经理同时变更情况下, 高管变更哑变量 Turnover, 只有在董事长和总经理同时变更时取1, 否则取0。

从表5－15 的回归结果我们可以看到, 在董事长变更的情况下, 减少政府对企业的干预指数和公司经营业绩的交互项 Adjroe * Inter 指标与高管变更负相关, 在 0.05 显著水平下显著, 这支持了第四章中的假设3。同时从市场化指标 HHI 来看, 市场化指标 HHI 仍与高管变更负相关, 且在 0.01 显著水平显著。我们从表5－15 中还可以看到:高管的年龄、高管是否从公司领取薪水都与高管变更负相关, 均在 0.01 显著水平下显著。

从表5－15 的回归结果我们可以看到, 在总经理变更的情况下, 减少政府对企业的干预指数和公司经营业绩的交互项 Adjroe * Factor 指标与高管变更负相关, 在 0.05 显著水平下显著, 这支持了第四章中的假设3。同时从市场化指标 HHI 来看, 市场化指标 HHI 仍与高管变更负相关, 且在 0.1 显著水平显著。我们从表5－15 中还可以看到:①高管的年龄与高管变更负相关, 在 0.01 显著水平下显著, 这与在董事长变更的情况下相同。②高管是否从公司领取薪水与高管变更正相关，但是不显著；在董事长变更的情况下高管是否从公司领取薪水与高管变更负相关，在0.01显著水平下显著。③公司规模与高管变更负相关，在0.01显著水平下显著。④独立董事比例与高管变更正相关，在0.05显著水平下显著；在董事长变更的情况下独立董事比例与高管变更负相关，但是不显著。⑤第一大股东持股比例与高管变更正相关，在0.1显著水平下显著；在董事长变更的情况下独立董事比例与高管变更负相关，但是不显著。

从表5-15的回归结果我们可以看到，在董事长和总经理同时变更的情况下，减少政府对企业的干预指数和公司经营业绩的交互项 Adjroe * Factor 指标与高管变更负相关，在0.1显著水平下显著，这支持了第四章中的假设3。同时从市场化指标 HHI 来看，市场化指标 HHI 仍与高管变更负相关，且在0.1显著水平显著。我们从表5-15中还可以看到：①高管是否从公司领取薪水与高管变更负相关，但不显著；在总经理变更的情况下高管的年龄与高管变更正相关，但不显著。②公司规模与高管变更负相关，在0.1显著水平下显著，这与董事长变更或者总经理变更情况相同。③第一大股东持股比例与高管变更正相关，但是不显著；在董事长变更的情况下第一大股东持股比例与高管变更负相关，但是不显著。

我国的上市公司大都是由国有企业改制而来，是为了进一步完善证券市场，逐渐增加了非国有的上市公司的比重。但是我国正处于由计划经济向市场经济转化，进而实现全面的市场化的转轨时期，政府为了推动经济发展和促进社会和谐，从而对于不同属性的企业的干预程度也有所不同。所以本书对于高管变更与政府对企业的干预之间关系的研究又引入对上市公司第一大股东属性即国有股和非国有股的两大分类来进行比较分析，运用 Stata 软件对于面板数据进行逻辑回归。对于面板数据进行回归分析时，先要进行 Hausman 检验以判断此模型是采用固定效用模型，还是随机效应模型。运用 Stata 软件进行 Hausman 检验得出在第一大股东为国有股和非国有的情况下的卡方值分别为 0. 116 9、0. 278 6 且均大于零，接受原假设。本模型采用随机效应模型进行分析，其回归结果如表 5 - 16 所示。

表 5 - 16　政府对企业的干预与高管变更的关系

（国有股和非国有股分组比较）

被解释变量：高管变更 Turnover（哑变量）			
模型 5. 4			
第一股东为国有股		第一股东为非国有股	
解释变量	系数	解释变量	系数
Debt	0. 005 768 9 （0. 37）	Debt	0. 019 304 9 （0. 73）
HHI	−0. 034 409 2 （−1. 87）*	HHI	−0. 041 875 8 （−1. 82）*
Age	−0. 047 671 1 （−7. 25）***	Age	−0. 026 657 5 （−3. 42）***
Wage	−0. 361 731 2 （−4. 00）***	Wage	−0. 064 202 4 （−0. 54）
CN	−0. 001 971 （−1. 55）	CN	−0. 002 181 8 （−0. 68）
Size	−0. 092 353 6 （−1. 58）	Size	−0. 133 087 4 （−1. 74）*
Relate	−0. 185 701 8 （−1. 85）*	Relate	0. 045 214 4 （0. 35）
Idirector	2. 025 516 （2. 33）**	Idirector	−0. 511 307 6 （−0. 47）
Cr1	0. 597 698 4 （1. 67）*	Cr1	−0. 150 829 3 （−0. 28）

表5-16(续)

被解释变量：高管变更 Turnover（哑变量）			
Inter	0. 035 437 4 (0. 38)	Inter	-0. 007 888 5 (-0. 06)
Adjroe * Inter	-0. 092 730 4 (-1. 07)	Adjroe * Inter	-0. 355 326 6 (-2. 93)***
C	2. 576 009 8 (1. 86)*	C	3. 190 552 (1. 76)*
Year	控制	Year	控制
Ind	控制	Ind	控制
-2loglikelihood	2 952. 976 8	-2loglikelihood	1 826. 068 08
Wald^2	105. 12	Wald^2	56. 52
Prob >^{2}	0. 000 0	Prob >^{2}	0. 000 0

注：① *** 表示 0. 01 显著水平显著，** 表示 0. 05 显著水平显著，* 表示 0. 1 显著水平显著。

②高管变更哑变量 Turnover，当董事长变更、总经理变更或者两者同时变更时取 1，否则取 0。

从表 5-16 可以看出，在第一大股东为国有股的情况下，减少政府对企业的干预指数和公司经营业绩的交互项 Adjroe * Inter 指标与高管变更负相关，但是不显著；在第一大股东为非国有股的情况下，减少政府对企业的干预指数和公司经营业绩的交互项 Adjroe * Inter 指标与高管变更负相关，在 0. 01 显著水平下显著。这样就支持了假设 3。不管第一大股东为国有股，还是第一大股东为非国有股，模型 5. 4 中的市场竞争度指标 HHI 与高管变更的系数均为负，在 0. 1 显著水平下显著。我们从表 5-16 中还可以看到，第一大股东为国有股或非国有股这两种情况下的不同之处在于：①高管是否从公司领取薪水与高管变更负相关，但是只有在第一大股东为国有股的情况下在 0. 01 显著水平下显著，在第一大股东为非国有股的情况下不显著。②公司规模与高管变更负相关，但是只有在第一大股东为非国有股的情况下在 0.1 显著水平下显著，在第一大股东为国有股的情况下不显著。③在第一大股东为国有股的情况下前十大股东都与高管变更存在负相关，在 0.1 显著水平下显著，这与第一大股东为非国有股的情况不同。在第一大股东为非国有股的情况下前十大股东都与高管变更存在正相关，但不显著。④独立董事比例在第一大股东为国有股的情况下与高管变更正相关，在 0.05 显著水平下显著；而独立董事比例与高管变更在第一大股东为非国有股的情况下负相关，但不显著。⑤在第一大股东为国有股的情况下第一大股东持股比例与高管变更正相关，在 0.1 显著水平下显著；而在第一大股东为非国有股的情况下第一大股东持股比例与高管变更负相关，但不显著。

（4）商品市场的地方保护与高管变更

地方政府为了扶持和保护当地企业的发展，在外来企业进入本地市场时对其设置障碍，这在一定程度上降低了资源配置的效率。如果能够减少地区的贸易保护壁垒，就可以加速市场化的进程。所以本书选取《中国市场化指数——各地区市场化相对进程报告》所披露的减少商品市场的地方保护指数作为制度环境变迁的第四替代变量。该指标也是一个相对数值，其取值范围在 0～10 之间。减少商品市场的地方保护指数越小说明当地政府对于商品市场的保护力度越大。

为了验证假设 4，本书建立如下模型分析减少商品市场的地方保护指数与高管变更之间的关。

$$
\begin{aligned}
\text{Turnover} = {} & \alpha_0 + \alpha_1 \text{Debt} + \alpha_2 \text{HHI} + \alpha_3 \text{Age} + \alpha_4 \text{Wage} \\
& + \alpha_5 \text{Adjroe} * \text{Protect} + \alpha_6 \text{CN} + \alpha_7 \text{Size} + \alpha_8 \text{Crl} \\
& + \alpha_9 \text{Relate} + \alpha_{10} \text{Idirector} + \alpha_{11} \text{Protect}
\end{aligned}
$$

$$+ \beta_j \sum_j \mathrm{Ind}_j + \gamma_k \sum_k \mathrm{Year}_k + \varepsilon \qquad (5.5)$$

根据上边所列是的模型，运用 Stata 软件对于面板数据进行逻辑回归。对于面板数据进行回归分析时，先要进行 Hausman 检验以判断此模型是采用固定效用模型，还是随机效应模型。运用 Stata 软件进行 Hausman 检验得出的卡方值为 0.006 1 且大于零，接受原假设。本模型采用随机效应模型进行分析，其回归结果如表 5 - 17 所示。

表 5 - 17　减少商品市场上的地方保护与高管变更的关系(模型 5.5)

被解释变量：高管变更 Turnover（哑变量）				
模型 5.5				
解释变量	系数	标准差	Z 值	相伴概率 P
Debt	0.015 395 3	0.016 511 1	0.93	0.351
HHI	− 0.037 249 3***	0.014 399 5	− 2.59	0.010
Age	− 0.037 680 9***	0.005 054 6	− 7.45	0.000
Wage	− 0.258 806 9***	0.072 243 9	− 3.58	0.000
CN	− 0.001 598 3	0.001 167 3	− 1.37	0.171
Size	− 0.102 938 8**	0.046 618 8	− 2.21	0.027
Relate	− 0.077 227 3	0.078 603 3	− 0.98	0.326
Idirector	1.072 435	0.670 150 4	1.60	0.110
Cr1	0.354 853	0.290 156 1	1.22	0.221
Protect	− 0.104 409 5	0.270 601 5	− 0.39	0.700
Adjroe * Protect	− 0.114 616***	0.043 387 7	− 2.64	0.008
C	2.707 215**	1.114 33	2.43	0.015
Year	控制	控制	控制	控制
Ind	控制	控制	控制	控制
− 2loglikelihood	4 805.180 2			
Wald²	147.19			

表5-17(续)

被解释变量：高管变更 Turnover（哑变量）	
Prob > ^{2}	0.0000

注：① *** 表示0.01显著水平显著，** 表示0.05显著水平显著，* 表示0.1显著水平显著。

②高管变更哑变量 Turnover，当董事长变更、总经理变更或者两者同时变更时取1，否则取0。

从表5-17的回归结果我们可以看到，在模型5.5中，减少商品市场上的地方保护指数和公司经营业绩的交互项 Adjroe * Protect 指标与高管变更负相关，在0.01显著水平下显著，这支持了第四章中的假设4。减少当地政府对于商品市场的保护力度越小，高管变更的可能性就加大，人才的流动更加频繁，高管变更与公司绩效之间的负相关性就越强。

此处虽然研究的是减少商品市场上的地方保护指数与高管变更的关系，但为了防止研究对于高管的变更的研究出现偏差，所以本书对于董事长、总经理、董事长和总经理同时变更这三种分类情况分别对高管变更的情况进行对比分析，运用 Stata 软件对于面板数据进行逻辑回归。对于面板数据进行回归分析时，先要进行 Hausman 检验以判断此模型是采用固定效用模型，还是随机效应模型。运用 Stata 软件进行 Hausman 检验分别得出在董事长、总经理、董事长和总经理同时变更这三种分类情况下的卡方值分别为0.0061、0.0061、0.0196且均大于零，接受原假设。本模型采用随机效应模型进行分析，其回归结果如表5-18所示。

表 5－18　减少商品市场上的地方保护与高管变更的关系(分组比较)

被解释变量:高管变更 Turnover(哑变量)					
模型 5.5					
董事长变更		总经理变更		董事长和总经理同时变更	
解释变量	系数	解释变量	系数	解释变量	系数
Debt	0.010 194 3 (0.85)	Debt	0.014 890 1 (0.96)	Debt	0.010 097 2 (0.80)
HHI	−0.043 447 1 (−2.70)***	HHI	−0.026 402 6 (−1.76)*	HHI	−0.035 776 1 (−1.74)*
Age	−0.054 227 3 (−9.30)***	Age	−0.024 891 9 (−4.74)***	Age	−0.054 190 1 (−6.97)***
Wage	−0.398 087 6 (−4.80)***	Wage	−0.004 310 1 (−0.06)	Wage	−0.080 570 5 (−0.74)
CN	−0.000 562 8 (−0.41)	CN	−0.001 662 7 (−1.33)	CN	−0.000 124 3 (−0.07)
Size	−0.050 032 7 (−0.94)	Size	−0.143 4 (−2.91)***	Size	−0.128 895 3 (−1.84)*
Relate	−0.086 078 7 (−0.94)	Relate	−0.082 553 3 (−0.98)	Relate	−0.135 968 8 (−1.12)
Idirector	−0.300 212 7 (−0.39)	Idirector	1.832 834 (2.58)***	Idirector	0.585 833 5 (0.59)
Cr1	−0.079 423 7 (−0.24)	Cr1	0.553 587 4 (1.79)*	Cr1	0.038 847 1 (0.09)
Protect	0.118 503 1 (0.36)	Protect	0.036 741 8 (0.12)	Protect	0.478 972 2 (1.00)
Adjroe * Protect	−0.076 009 8 (−2.12)**	Adjroe * Protect	−0.067 051 8 (−1.90)*	Adjroe * Protect	−0.045 772 6 (−1.29)*
C	2.068 23 (1.63)	C	2.001 606 (1.70)*	C	2.161 141 (1.29)
Year	控制	Year	控制	Year	控制
Ind	控制	Ind	控制	Ind	控制
−2loglikelihood	3 742.284	−2loglikelihood	4 229.258	−2loglikelihood	2 567.969 8
Wald^2	165.99	Wald^2	96.05	Wald^2	101.04

表5-18(续)

被解释变量:高管变更 Turnover(哑变量)					
Prob > ^{2}	0.000 0	Prob > ^{2}	0.000 0	Prob > ^{2}	0.000 0

注:① *** 表示 0.01 显著水平显著,** 表示 0.05 显著水平显著,* 表示 0.1 显著水平显著。

②在董事变更情况下,高管变更哑变量 Turnover,只有在董事长变更时取 1,否则取 0。在总经理变更情况下,高管变更哑变量 Turnover,只有在总经理变更时取 1,否则取 0。在董事长和总经理同时变更情况下,高管变更哑变量 Turnover,只有在董事长和总经理同时变更时取 1,否则取 0。

从表5-18的回归结果我们可以看到,在董事长变更的情况下,减少商品市场上的地方保护指数和公司经营业绩的交互项 Adjroe * Protect 指标与高管变更负相关,在 0.05 显著水平下显著,这支持了第四章中的假设 4。同时从市场化指标 HHI 来看,市场化指标 HHI 仍与高管变更负相关,且在 0.01 显著水平显著或在 0.1 显著水平显著。我们从表5-18中还可以看到:高管的年龄、高管是否从公司领取薪水都与高管变更负相关,均在 0.01 显著水平下显著。

从表5-18的回归结果我们可以看到,在总经理变更的情况下,减少商品市场上的地方保护指数和公司经营业绩的交互项 Adjroe * Protect 指标与高管变更负相关,在 0.05 显著水平下显著,这支持了第四章中的假设 4。同时从市场化指标 HHI 来看,市场化指标 HHI 仍与高管变更负相关,且在 0.1 显著水平显著。我们从表5-18中还可以看到:①高管是否从公司领取薪水与高管变更负相关,但不显著,而在董事长变更情况下却是在 0.01 显著水平下显著。②公司规模与高管变更负相关,在 0.01 显著水平下显著。而在董事长变更情况下不显著。③独立董事与高管变更正相关,在 0.01 显著水平下显著;在董事长变更情况下独立董事与高管变更负相关,但是不显著。④第一大股东持股比例与高管变更正相关，在 0.1 显著水平下显著，这与在董事长变更情况下不同。在董事长变更情况下第一大股东持股比例与高管变更负相关，但是不显著。

从表 5-18 的回归结果我们可以看到，在董事长和总经理同时变更的情况下，减少商品市场上的地方保护指数和公司经营业绩的交互项 Adjroe * Protect 指标与高管变更负相关，在 0.01 显著水平下显著，这支持了第四章中的假设 4。同时从市场化指标 HHI 来看，市场化指标 HHI 仍与高管变更负相关，且在 0.1 显著水平显著。我们从表 5-18 中还可以看到：①公司规模与高管变更负相关，在 0.1 显著水平显著；而在董事长变更的情况下公司规模与高管变更负相关，但不显著。②高管是否从公司领取薪水与高管变更负相关，但是不显著，而在董事长变更的情况下显著。

随着全球经济一体化的加剧，我国政府也正在积极推动市场经济的发展，市场化的进程不可避免。但是由于各地存在贸易保护措施，导致上市公司的发展不平衡，政府为了推动经济发展和促进社会和谐，从而对于不同属性的企业的干预程度也有所不同。特别是国有企业和非国有企业之间存在的较大差别。所以本书对于高管变更与商品市场上的地方保护之间关系的研究又引入对上市公司第一大股东属性即国有股和非国有股的两大分类来进行比较分析，运用 Stata 软件对于面板数据进行逻辑回归。对于面板数据进行回归分析时，先要进行 Hausman 检验以判断此模型是采用固定效用模型，还是随机效应模型。运用 Stata 软件进行 Hausman 检验得出在第一大股东为国有股和非国有的情况下的卡方值分别为 0.2249、0.2136 且均大于零，接受原假设。本模型采用随机效应模型进行分析，其回归结果如表 5-19 所示。

表 5 - 19 商品市场上的地方保护与高管变更的关系

（国有股和非国有股分组比较）

被解释变量：高管变更 Turnover（哑变量）			
模型 5.5			
第一股东为国有股		第一股东为非国有股	
解释变量	系数	解释变量	系数
Debt	0. 006 251 8 (0. 37)	Debt	0. 020 400 7 (0. 75)
HHI	− 0. 032 761 7 (− 1. 80) *	HHI	− 0. 038 590 8 (− 1. 68) *
Age	− 0. 047 853 4 (− 7. 28) ***	Age	− 0. 026 033 7 (− 3. 38) ***
Wage	− 0. 370 050 8 (− 4. 09) ***	Wage	− 0. 083 067 8 (− 0. 70)
CN	− 0. 001 940 5 (− 1. 52)	CN	− 0. 002 243 4 (− 0. 70)
Size	− 0. 091 730 6 (− 1. 56)	Size	− 0. 138 248 1 (− 1. 81) *
Relate	− 0. 177 970 1 (− 1. 78) *	Relate	0. 041 503 5 (0. 33)
Idirector	2. 099 937 (2. 42) **	Idirector	− 0. 537 024 3 (− 0. 50)
Cr1	0. 562 944 6 (1. 57)	Cr1	− 0. 132 591 (− 0. 25)
Protect	− 0. 372 025 1 (− 1. 17)	Protect	0. 269 239 7 (0. 54)
Adjroe * Protect	− 0. 050 069 3 (− 0. 86)	Adjroe * Protect	− 0. 155 329 4 (− 2. 61) ***
C	2. 964 309 (2. 12) **	C	3. 058 045 (1. 65) *

表5-19（续）

被解释变量：高管变更 Turnover（哑变量）			
Year	控制	Year	控制
Ind	控制	Ind	控制
-2loglikelihood	4 805. 180 2	-2loglikelihood	1 831. 195 54
Wald^2	147. 19	Wald^2	55. 98
Prob > ^{2}	0. 000 0	Prob > ^{2}	0. 000 0

注：① *** 表示 0.01 显著水平显著，** 表示 0.05 显著水平显著，* 表示 0.1
显著水平显著。

②高管变更哑变量 Turnover，当董事长变更、总经理变更或者两者同时变更
时取 1，否则取 0。

从表 5-19 可以看出，在第一大股东为国有股的情况下，
减少商品市场上的地方保护指数和公司经营业绩的交互项 Ad-
jroe * Protect 指标与高管变更负相关，但是不显著；而在第一大
股东为非国有股的情况下，在 0.01 显著水平下显著。这样就支
持了假设 3。不管第一大股东为国有股，还是第一大股东为非国
有股，模型 5.4 中的市场竞争度指标 HHI 与高管变更的系数均
为负，在 0.1 显著水平下显著。我们从表 5-19 中还可以看到，
第一大股东为国有股或非国有股这两种情况下的不同之处在于：
①高管是否从公司领取薪水与高管变更负相关，但是只有在第
一大股东为国有股的情况下在 0.01 显著水平下显著，在第一大
股东为非国有股的情况下不显著。②公司规模与高管变更负相
关，但是只有在第一大股东为非国有股的情况下在 0.1 显著水
平下显著，在第一大股东为国有股的情况下不显著。③在第一
大股东为国有股的情况下前十大股东都与高管变更存在负相关，
在 0.1 显著水平下显著，这与第一大股东为非国有股的情况不
同。在第一大股东为非国有股的情况下前十大股东都与高管变

更正相关，但不显著。④ 独立董事比例在第一大股东为国有股的情况下与高管变更正相关，在 0.05 显著水平下显著；而独立董事比例与高管变更在第一大股东为非国有股的情况下负相关，但不显著。⑤ 在第一大股东为国有股的情况下第一大股东持股比例与高管变更正相关，但不显著；而在第一大股东为非国有股的情况下第一大股东持股比例与高管变更负相关，但不显著。

5.2 实证结果检验

为了保证研究的结果的稳健性，本书用净资产收益率 Roe 指标来代替前边研究样本中的公司业绩指标 Adjroe，分别对于所要研究的样本重新进行逻辑回归分析。本书在进行逻辑回归之前，先对公司业绩用 Roe 来进行替代时的样本进行描述性统计分析，结果如表 5 - 20 所示。

表 5 - 20 逻辑回归样本的主要变量描述性统计量

变量	样本量	均值	中位数	标准差	最小值	最大值
Turnover	3 890	0. 338 8	0	0. 473 4	0	1
Debt	3 890	0. 544 2	0. 549 3	0. 205 9	0. 008 1	0. 973 4
HHI	3 890	1. 565 1	1. 550 8	0. 914 4	0. 011 8	3. 185 0
Age	3 890	49. 473 0	50	7. 504 5	28	72
Wage	3 890	0. 538 3	1	0. 498 6	0	1
Roe	3 890	-0. 125 338	0. 031 7	-0. 017 15	-1. 201 8	3. 134 3
CN	3 890	9. 024 2	2. 475 3	6. 633 4	0. 280 5	57. 350 5
Size	3 890	21. 252 3	21. 259 6	1. 138 1	12. 314 3	25. 346 4
Relate	3 890	0. 333 2	0	0. 471 4	0	1
Idirector	3 890	0. 345 4	0. 333 3	0. 052 9	0	0. 666 7

表5-20(续)

变量	样本量	均值	中位数	标准差	最小值	最大值
Cr1	3 890	0.373 9	0.337 6	0.160 2	0.008 2	0.838 3
Market	3 890	0.904 6	1	0.293 7	0	1
Factor	3 890	0.570 2	1	0.495 1	0	1
Inter	3 890	0.608 7	1	0.488 1	0	1
Protect	3 890	0.983 3	1	0.128 2	0	1

　　从表5-20的描述性统计分析的结果可以看出，上市公司的股权制衡度CN的均值与中位数相差太大，具有向左的偏态。因此，为了消除异常值的影响，从而保证下文实证结果的可靠性，此处与前文一样对于股权制衡度CN这个变量进行温湿处理。

　　本书运用SPSS17.0统计软件对于将要涉及主要变量的皮尔逊相关系数用矩阵列示出来（如表5-21所示），以便能够发现逻辑回归模型中各变量是否存在严重的多重共线性问题，从而影响回归的结果。

　　从表5-21我们可以看出，各变量之间的相关系数都比较低，只是公司规模变量Size和市场竞争度HHI变量之间的相关系数达到0.691，第一大股东持股比例与股权制衡度之间的相关系数达到0.594，商品市场的地方保护指数Inter和要素市场发育指数Factor之间相关系数达到0.623。由于商品市场的地方保护指数和市场要素发育指数只是从不同方面衡量制度环境变迁的变量，不会出现在同一个方程里，所以对于下文要开展的实证分析没有影响。总而言之，各变量之间的相关系数没有超过0.8，多重共线性存在的可能性比较小。

　　为了稳妥起见，本书又采用方差扩大因子对各变量之间的关系进行检验，检查各变量之间是否存在多重共线性（如表5-22所示）。

表 5-21　　主要变量的 Pearson 相关系数矩阵

	Turnover	Debt	HHI	Age	Wage	Roe	CN	Size	Relate	Idirector	Cr1	Market	Factor	Inter	Protect
Turnover	1														
Debt	0.031	1													
HHI	-0.133**	-0.051**	1												
Age	-0.152**	-0.028	0.186**	1											
Wage	-0.061**	0.022	-0.012	-0.030	1										
Roe	-0.055**	-0.016	0.101**	0.059**	-0.017	1									
CN	-0.026	-0.012	0.056**	0.064**	-0.058**	0.024	1								
Size	-0.137**	-0.169**	0.691**	0.251**	-0.035*	0.101**	0.077**	1							
Relate	-0.038*	-0.012	0.132**	0.055**	-0.035*	0.020	-0.191**	0.159**	1						
Idirector	0.025	0.011	-0.024	0.001	0.012	-0.010	-0.028	0.021	0.003	1					
Cr1	-0.020	-0.024	0.153**	0.107**	-0.149**	0.042**	0.594**	0.207**	-0.151**	-0.031	1				
Market	-0.023	0.008	0.109*	0.050**	0.012	-0.003	0.011	0.097**	0.079**	0.094**	0.030	1			
Factor	-0.017	-0.015	0.165**	0.121**	-0.108**	0.029	0.032*	0.128**	0.125**	0.077**	0.013	0.374**	1		
Inter	-0.006	0.020	0.098**	0.079**	-0.056**	0.001	-0.006	0.054**	0.117**	0.093**	-0.028	0.355**	0.623**	1	
Protect	-0.008	0.004	0.008	0.015	0.004	-0.009	-0.020	0.036*	0.020	0.052**	-0.042**	0.169**	0.012	0.023	1

注：** 表示 0.01 显著水平显著，* 表示 0.05 显著水平显著。

表 5 - 22　主要变量的 VIF 方差膨胀因子矩阵

	Debt	HHI	Age	Wage	Relate	Idirector	Size	Roe	Cr1	CN	Market	Factor	Inter	Protect
Debt		1.03	1.04	1.04	1.04	1.04	1.01	1.04	1.04	1.04	1.04	1.04	1.04	1.04
HHI	1.95		1.97	1.97	1.97	1.96	1.11	1.96	1.97	1.97	1.97	1.96	1.97	1.97
Age	1.08	1.08		1.08	1.08	1.08	1.06	1.08	1.08	1.08	1.08	1.08	1.08	1.08
Wage	1.04	1.04	1.04		1.04	1.04	1.04	1.04	1.02	1.04	1.04	1.03	1.04	1.04
Relate	1.10	1.10	1.10	1.10		1.10	1.09	1.10	1.09	1.08	1.10	1.10	1.10	1.10
Idirector	1.02	1.02	1.02	1.02	1.02		1.02	1.10	1.02	1.02	1.02	1.02	1.02	1.02
Size	2.05	1.20	2.07	2.12	2.09	2.11		2.12	2.08	2.12	2.12	2.12	2.12	2.12
Roe	1.01	1.01	1.01	1.01	1.01	1.01	1.01		1.01	1.01	1.01	1.01	1.01	1.01
Cr1	1.67	1.67	1.67	1.63	1.66	1.67	1.64	1.67		1.12	1.67	1.67	1.67	1.67
CN	1.58	1.58	1.58	1.58	1.56	1.58	1.58	1.58	1.06		1.58	1.58	1.58	1.58
Market	1.25	1.25	1.25	1.25	1.25	1.25	1.25	1.25	1.25	1.25		1.20	1.22	1.21
Factor	1.77	1.77	1.77	1.76	1.77	1.77	1.77	1.77	1.77	1.77	1.70		1.23	1.77
Inter	1.70	1.70	1.70	1.70	1.70	1.70	1.70	1.70	1.70	1.70	1.65	1.18		1.70
Protect	1.04	1.04	1.04	1.04	1.04	1.04	1.04	1.04	1.04	1.04	1.01	1.04	1.04	

从表 5-22 可以看出，经过检验，各变量之间的方差扩大因子均没有大于 10，这说明各变量不存在严重的多重共线性。

5.2.1 高管变更与市场竞争度的关系分析检验

本书运用 Roe 指标重新构建检验模型 5.6 来验证高管变更与市场竞争度的关系来分析上述实证结果（如表 5-23 所示）。本书所建立的检验模型是：

$$\begin{aligned}
\text{Turnover} = {} & \alpha_0 + \alpha_1 \text{Debt} + \alpha_2 \text{HHI} + \alpha_3 \text{Age} + \alpha_4 \text{Wage} \\
& + \alpha_5 \text{Roe} + \alpha_6 \text{CN} + \alpha_7 \text{Size} + \alpha_8 \text{Crl} + \alpha_9 \text{Relate} \\
& + \alpha_{10} \text{Idirector} + \beta_j \sum_j \text{Ind}_j + \gamma_k \sum_k \text{Year}_k + \varepsilon
\end{aligned}$$

$$(5.6)$$

根据上面所列示的模型，本书首先针对全样本的高管变更即董事长和总经理变更的情况下市场竞争度与高管变更的关系进行检验，运用 Stata 软件对于面板数据进行逻辑回归。对于面板数据进行回归分析时，先要进行 Hausman 检验以判断此模型是采用固定效用模型，还是随机效应模型。运用 Stata 软件进行 Hausman 检验得出的卡方值为 0.007 6 且大于零，接受原假设。本模型采用随机效应模型进行分析，其回归结果如表 5-23 所示。

表 5-23　检验高管变更与市场竞争度的关系（检验模型 5.6）

被解释变量：高管变更 Turnover（哑变量）			
检验模型 5.6		原模型 5.1	
解释变量	系数	解释变量	系数
Debt	0.015 336 6 (0.93)	Debt	0.015 296 3 (0.93)
HHI	−0.037 820 8 (−2.63)***	HHI	−0.037 118 3 (−2.58)***

表5 -23(续)

被解释变量：高管变更 Turnover（哑变量）			
Age	−0. 037 668 7 （−7. 46）***	Age	−0. 037 674 1 （−7. 46）***
Wage	−0. 259 036 2 （−3. 59）***	Wage	−0. 258 668 3 （−3. 58）***
Roe	−0. 110 448 2 （−2. 60）***	Adjroe	−0. 114 370 4 （−2. 64）***
CN	−0. 001 598 6 （−1. 37）	CN	−0. 001 604 （−1. 37）
Size	−0. 102 251 1 （−2. 20）**	Size	−0. 103 731 4 （−2. 23）**
Relate	−0. 077 186 7 （−0. 98）	Relate	−0. 077 428 3 （−0. 99）
Idirector	1. 058 686 （1. 58）	Idirector	1. 060 279 （1. 58）
Cr1	0. 358 259 9 （1. 24）	Cr1	0. 359 615 9 （1. 24）
C	2. 590 876 （2. 37）**	C	2. 625 249 （2. 40）**
Year	控制	Year	控制
Ind	控制	Ind	控制
−2loglikelihood	4 805. 658 6	−2loglikelihood	4 805. 314 6
Wald^2	147. 15	Wald^2	147. 25
Prob $>^2$	0. 000 0	Prob $>^2$	0. 000 0

注：① *** 表示0.01 显著水平显著，** 表示0.05 显著水平显著，* 表示0.1 显著水平显著。

②高管变更哑变量 Turnover，当董事长变更、总经理变更或者两者同时变更时取1，否则取0。

从表 5 - 23 中我们可以看到，模型 5.6 与模型 5.1 的实证分析结果相同，市场竞争度指标 HHI 与高管变更的系数为负，其统计结果均在 0.01 显著水平下显著。这说明市场竞争度与高管变更之间的关系是显著负相关，即市场竞争能力越强的企业，高管变更的可能性就越小；反之市场竞争能力越弱的企业，其高管变更的可能性越大。假设 1 得到了验证。这说明表 5 - 5 的实证结论是稳健的。

本书对于董事长、总经理、董事长和总经理同时变更这三种分类情况进行检验以发现其实证结果是否存在差异，运用 Stata 软件对于面板数据进行逻辑回归。对于面板数据进行回归分析时，先要进行 Hausman 检验以判断此模型是采用固定效用模型，还是随机效应模型。运用 Stata 软件进行 Hausman 检验分别得出在董事长、总经理、董事长和总经理同时变更这三种分类情况下的卡方值分别为 0.007 6、0.007 6、0.040 8 且均大于零，接受原假设。本模型采用随机效应模型进行分析，其回归结果如表 5 - 24 所示。

表 5 - 24　检验高管变更与市场竞争度的关系（分组比较）

被解释变量:高管变更 Turnover(哑变量)					
检验模型 5.6					
董事长变更		总经理变更		董事长和总经理同时变更	
解释变量	系数	解释变量	系数	解释变量	系数
Debt	0.010 303 7 (0.86)	Debt	0.014 950 3 (0.97)	Debt	0.010 378 5 (0.82)
HHI	− 0.043 908 7 (− 2.73)***	HHI	− 0.026 840 8 (− 1.79)*	HHI	− 0.036 470 6 (− 1.77)*
Age	− 0.054 184 4 (− 9.30)***	Age	− 0.024 877 2 (− 4.74)***	Age	− 0.054 161 5 (− 6.95)***
Wage	− 0.397 899 5 (− 4.79)***	Wage	− 0.004 460 9 (− 0.06)	Wage	− 0.079 134 2 (− 0.73)

表5-24(续)

被解释变量:高管变更 Turnover(哑变量)					
Roe	-0.076 252 7 (-2.14)**	Roe	-0.065 547 8 (-1.87)*	Roe	-0.047 061 7 (-1.31)
CN	-0.000 550 5 (-0.41)	CN	-0.001 658 2 (-1.33)	CN	-0.000 078 6 (-0.04)
Size	-0.048 076 6 (-0.90)	Size	-0.142 203 9 (-2.88)***	Size	-0.124 776 4 (-1.78)*
Relate	-0.085 419 8 (-0.94)	Relate	-0.082 253 (-0.97)	Relate	-0.134 516 5 (-1.11)
Idirector	-0.285 130 5 (-0.37)	Idirector	1.837 102 (2.59)***	Idirector	0.642 872 5 (0.65)
Crl	-0.083 470 3 (-0.25)	Crl	0.551 693 2 (1.79)*	Crl	0.022 666 5 (0.05)
C	2.134 194 (1.71)*	C	2.008 165 (1.74)*	C	2.518 917 (1.54)
Year	控制	Year	控制	Year	控制
Ind	控制	Ind	控制	Ind	控制
-2loglikelihood	3 742.384 4	-2loglikelihood	4 229.400 4	-2loglikelihood	2 569.025
Wald²	165.96	Wald²	95.95	Wald²	99.69
Prob >²	0.000 0	Prob >²	0.000 0	Prob >²	0.000 0

注:① *** 表示 0.01 显著水平显著,** 表示 0.05 显著水平显著,* 表示 0.1 显著水平显著。

②在董事变更情况下,高管变更哑变量 Turnover,只有在董事长变更时取1,否则取0。在总经理变更情况下,高管变更哑变量 Turnover,只有在总经理变更时取1,则取0。在董事长和总经理同时变更情况下,高管变更哑变量 Turnover,只有在董事长和总经理同时变更时取1,否则取0。

从表5-24可以看到,在董事长变更情况下市场竞争度指标 HHI 与高管变更的系数为负,在0.01显著水平下显著;在总经理变更与董事长和总经理同时变更情况下市场竞争度指标 HHI 与高管变更的系数也为负,均在在0.1显著水平下显著。假设1得到了验证。这说明表5-6的实证结论是稳健的。

本书对于上市公司第一大股东属性即国有股和非国有股的两大分类来进行检验市场竞争与高管变更的关系。对于面板数据进行回归分析时，先要进行 Hausman 检验以判断此模型是采用固定效用模型，还是随机效应模型。运用 Stata 软件进行 Hausman 检验得出在第一大股东为国有股和非国有的情况下的卡方值分别为 0.171、0.378 且均大于零，接受原假设。本模型采用随机效应模型进行分析，其回归结果如表 5 - 25 所示。

表 5 - 25　　检验高管变更与市场竞争度的关系

（国有股和非国有股分组比较）

被解释变量：高管变更 Turnover（哑变量）			
检验模型 5.6			
第一股东为国有股		第一股东为非国有	
解释变量	系数	解释变量	系数
Debt	0. 005 995 7 （0. 38）	Debt	0. 020 734 1 （0. 76）
HHI	− 0. 032 322 1 （− 1. 77）*	HHI	− 0. 040 321 6 （− 1. 76）*
Age	− 0. 047 574 2 （− 7. 25）***	Age	− 0. 025 790 2 （− 3. 34）***
Wage	− 0. 365 049 7 （− 4. 04）***	Wage	− 0. 079 090 8 （− 0. 67）
Roe	− 0. 051 611 2 （− 0. 88）	Roe	− 0. 145 889 3 （− 2. 56）***
CN	− 0. 001 958 5 （− 1. 54）	CN	− 0. 002 190 1 （− 0. 69）
Size	− 0. 094 558 2 （− 1. 62）	Size	− 0. 134 012 7 （− 1. 75）*
Relate	− 0. 177 654 3 （− 1. 78）*	Relate	0. 043 914 7 （0. 35）

表 5 - 25（续）

被解释变量：高管变更 Turnover （哑变量）			
Idirector	2. 049 393 (2. 37) **	Idirector	- 0. 518 241 (- 0. 48)
Cr1	0. 581 067 7 (1. 62)	Cr1	- 0. 153 143 4 (- 0. 28)
C	2. 660 41 (1. 93) *	C	3. 203 399 (1. 77) *
Year	控制	Year	控制
Ind	控制	Ind	控制
- 2loglikelihood	2 953. 963	- 2loglikelihood	1 832. 192 64
Wald^2	104. 57	Wald^2	55. 38
Prob > ^{2}	0. 000 0	Prob > ^{2}	0. 000 0

注：① *** 表示 0.01 显著水平显著，** 表示 0.05 显著水平显著，* 表示 0.1 显著水平显著。

②高管变更哑变量 Turnover，当董事长变更、总经理变更或者两者同时变更时取 1，否则取 0。

从表 5 - 25 可以看到，在第一大股东为国有股和非国有股的市场竞争度指标 HHI 与高管变更均为负相关，在 0.1 显著水平下显著，这与模型 5.1 的结论相同，假设 1 得到验证。这说明表 5 - 7 的实证结论是稳健的。

5.2.2 制度环境变迁对高管变更的影响检验

5.2.2.1 市场化程度与高管变更的关系分析检验

本书运用 Roe 指标重新构建检验模型 5.7 来验证模型 5.2 中的市场化程度与高管变更的关系，进而验证假设 2 （如表 5 - 23 所示）。本书所建立的检验模型是：

$$Turnover = \alpha_0 + \alpha_1 Debt + \alpha_2 HHI + \alpha_3 Age + \alpha_4 Wage$$

$$+ \alpha_5 \text{Roe} * \text{Market} + \alpha_6 \text{CN} + \alpha_7 \text{Size} + \alpha_8 \text{Crl}$$

$$+ \alpha_9 \text{Relate} + \alpha_{10} \text{Idirector} + \alpha_{11} \text{Market}$$

$$+ \beta_j \sum_j \text{Ind}_j + \gamma_k \sum_k \text{Year}_k + \varepsilon \qquad (5.7)$$

根据上面所列是的模型,运用 Stata 软件进行逻辑回归,其回归结果如表 5-26 所示。

从表 5-26 中可以看出,在模型 5.7 中,市场化指数和公司经营业绩的交互项 Roe * Market 指标与高管变更负相关,在 0.01 显著水平下显著,这与模型 5.2 的分析结果相同,与假设 2 的预期一致,假设 2 得到验证。这说明表 5-8 的实证结论是稳健的。

表 5-26 检验市场化程度与高管变更的关系(检验模型 5.7)

被解释变量:高管变更 Turnover(哑变量)			
检验模型 5.7		原模型 5.2	
解释变量	系数	解释变量	系数
Debt	0. 015 542 1 (0. 94)	Debt	0. 015 503 8 (0. 94)
HHI	−0. 037 890 5 (−2. 63)***	HHI	−0. 037 223 4 (−2. 58)***
Age	−0. 037 717 2 (−7. 46)***	Age	−0. 037 714 2 (−7. 46)***
Wage	−0. 258 438 2 (−3. 58)***	Wage	−0. 258 059 1 (−3. 57)***
CN	−0. 001 588 8 (−1. 36)	CN	−0. 001 594 3 (−1. 37)
Size	−0. 100 988 (−2. 17)**	Size	−0. 102 331 6 (−2. 20)**
Relate	−0. 076 168 4 (−0. 97)	Relate	−0. 076 403 8 (−0. 97)

表5-26(续)

被解释变量：高管变更 Turnover（哑变量）			
Idirector	1.089 864 (1.62)	Idirector	1.092 088 (1.62)
Cr1	0.352 892 5 (1.22)	Cr1	0.354 275 (1.22)
Market	−0.061 014 7 (−0.51)	Market	−0.065 747 3 (−0.54)
Roe * Market	−0.115 380 4 (−2.57)***	Adjroe * Market	−0.120 487 3 (−2.62)***
C	2.611 577 (2.38)**	C	2.646 466 (2.41)***
Year	控制	Year	控制
Ind	控制	Ind	控制
−2loglikelihood	4 805.535 4	−2loglikelihood	4 805.091 8
Wald^2	146.91	Wald^2	147.04
Prob > ^{2}	0.000 0	Prob > ^{2}	0.000 0

注：① *** 表示 0.01 显著水平显著，** 表示 0.05 显著水平显著，* 表示 0.1 显著水平显著。

②高管变更哑变量 Turnover，当董事长变更、总经理变更或者两者同时变更时取 1，否则取 0。

从表5-27中可以看出，在模型5.7中，在董事长变更情况下市场化指数和公司经营业绩的交互项 Roe * Market 指标与高管变更负相关，在 0.1 显著水平下显著；在总经理变更情况下市场化指数和公司经营业绩的交互项 Roe * Market 指标与高管变更负相关，在 0.05 显著水平下显著；在董事长和总经理同时变更情况下市场化指数和公司经营业绩的交互项 Roe * Market 指标与高管变更负相关，但是不显著。这些检验结果与表5-9中的模型 5.1 分析的结果一样。但是在在董事长变更和总经理变更情况下与假设 2 的预期一致,而在董事长和总经理同时变更的情况下却是不显著,这说明实证结论是稳健的。

表 5 - 27 检验市场化程度与高管变更的关系分析(分组比较)

被解释变量:高管变更 Turnover(哑变量)					
检验模型 5.7					
董事长变更		总经理变更		董事长和总经理同时变更	
解释变量	系数	解释变量	系数	解释变量	系数
Debt	0. 010 221 4	Debt	0. 014 662 5	Debt	0. 009 802 3
	(0. 85)		(0. 95)		(0. 78)
HHI	−0. 044 683 6	HHI	−0. 027 637 2	HHI	−0. 038 368 6
	(−2. 78)***		(−1. 85)*		(−1. 88)*
Age	−0. 054 273 6	Age	−0. 025 102 3	Age	−0. 054 590 9
	(−9. 31)***		(−4. 77)***		(−7. 02)***
Wage	−0. 398 460 8	Wage	−0. 006 218 3	Wage	−0. 086 695 5
	(−4. 80)***		(−0. 08)		(−0. 80)
CN	−0. 000 547 2	CN	−0. 001 665 6	CN	−0. 000 139 8
	(−0. 40)		(−1. 33)		(−0. 08)
Size	−0. 048 111 1	Size	−0. 141 659 5	Size	−0. 125 831 3
	(−0. 90)		(−2. 87)***		(−1. 81)*
Relate	−0. 087 669 6	Relate	−0. 088 289 4	Relate	−0. 149 226
	(−0. 96)		(−1. 04)		(−1. 23)
Idirector	−0. 301 308 8	Idirector	1. 783 219	Idirector	0. 473 702 3
	(−0. 39)		(2. 50)**		(0. 48)
Crl	−0. 094 062 5	Crl	0. 542 377 2	Crl	0. 002 565 5
	(−0. 28)		(1. 76)*		(0. 01)
Market	0. 024 504	Market	0. 112 772	Market	0. 375 675 2
	(0. 18)		(0. 86)		(1. 91)*
Roe * Market	−0. 071 390 3	Roe * Market	−0. 073 726 8	Roe * Market	−0. 046 806 2
	(−1. 95)*		(−2. 01)**		(−1. 28)
C	2. 120 424	C	1. 922 089	C	2. 283 611
	(1. 70)*		(1. 66)*		(1. 41)
Year	控制	Year	控制	Year	控制
Ind	控制	Ind	控制	Ind	控制

表5-27(续)

被解释变量:高管变更 Turnover(哑变量)					
-2loglikelihood	3 743. 106 8	-2loglikelihood	4 227. 785 6	-2loglikelihood	2 564. 959 2
Wald ^{2}	165. 30	Wald ^{2}	97. 30	Wald ^{2}	104. 31
Prob > ^{2}	0. 000 0	Prob > ^{2}	0. 000 0	Prob > ^{2}	0. 000 0

注：① *** 表示 0.01 显著水平显著，** 表示 0.05 显著水平显著，* 表示 0.1 显著水平显著。

②在董事变更情况下，高管变更哑变量 Turnover，只有在董事长变更时取 1，否则取 0。在总经理变更情况下，高管变更哑变量 Turnover，只有在总经理变更时取 1，否则取 0。在董事长和总经理同时变更情况下，高管变更哑变量 Turnover，只有在董事长和总经理同时变更时取 1，否则取 0。

从表 5-28 中可以看到，检验模型 5.7 中，在第一大股东为国有股情况下市场化指数和公司经营业绩的交互项 Roe * Market 指标与高管变更负相关，但是不显著；而在第一大股东为国有股情况下市场化指数和公司经营业绩的交互项 Roe * Market 指标与高管变更负相关，在 0.01 显著水平下显著。与表 5-10 中的模型 5.2 的回归结果一样，这说明实证结论是稳健的。

表 5-28　检验市场化程度与高管变更的关系分析
（国有股和非国有股分组比较）

被解释变量：高管变更 Turnover（哑变量）			
检验模型 5.7			
第一股东为国有股		第一股东为非国有股	
解释变量	系数	解释变量	系数
Debt	0. 006 231 6 (0. 38)	Debt	0. 021 202 3 (0. 77)
HHI	- 0. 031 634 1 (-1. 73) *	HHI	- 0. 040 410 8 (-1. 76) *

表5-28(续)

被解释变量：高管变更 Turnover（哑变量）			
Age	−0.047 612 3 (−7.26)***	Age	−0.025 647 5 (−3.31)***
Wage	−0.366 188 3 (−4.05)***	Wage	−0.075 840 7 (−0.64)
CN	−0.001 939 8 (−1.52)	CN	−0.002 060 2 (−0.65)
Size	−0.094 085 6 (−1.61)	Size	−0.130 171 (−1.70)*
Relate	−0.175 026 7 (−1.75)*	Relate	0.046 567 9 (0.37)
Idirector	2.102 258 (2.41)**	Idirector	−0.477 105 4 (−0.44)
Crl	0.577 859 4 (1.62)	Crl	−0.155 815 1 (−0.29)
Market	−0.084 173 6 (−0.57)	Market	−0.129 632 6 (−0.61)
Roe * Market	−0.031 884 3 (−0.55)	Roe * Market	−0.177 985 5 (−2.71)***
C	2.718 076 (1.97)**	C	3.214 745 (1.76)*
Year	控制	Year	控制
Ind	控制	Ind	控制
−2loglikelihood	2 954.163 2	−2loglikelihood	1 830.114 96
Wald^2	104.40	Wald^2	55.72
Prob >^{2}	0.000 0	Prob >^{2}	0.000 0

注：① *** 表示 0.01 显著水平显著，** 表示 0.05 显著水平显著，* 表示 0.1 显著水平显著。

②高管变更哑变量 Turnover，当董事长变更、总经理变更或者两者同时变更时取 1，否则取 0。

5.2.2.2 要素市场发育程度与高管变更检验

本书运用 Roe 指标重新构建检验模型 5.8 来验证模型 5.3 中的市场化程度与高管变更的关系，进而验证假设 2（如表 5-29 所示）。本书所建立的检验模型是：

$$
\begin{aligned}
\text{Turnover} = {} & \alpha_0 + \alpha_1 \text{Debt} + \alpha_2 \text{HHI} + \alpha_3 \text{Age} + \alpha_4 \text{Wage} \\
& + \alpha_5 \text{Roe} * \text{Factor} + \alpha_6 \text{CN} + \alpha_7 \text{Size} + \alpha_8 \text{Crl} \\
& + \alpha_9 \text{Relate} + \alpha_{10} \text{Idirector} + \alpha_{11} \text{Factor} \\
& + \beta_j \sum_j \text{Ind}_j + \gamma_k \sum_k \text{Year}_k + \varepsilon
\end{aligned}
\tag{5.8}
$$

根据上面所列是的模型，运用 Stata 软件进行逻辑回归，其回归结果如表 5-29 所示。

从表 5-29 的回归结果我们可以看到，在检验模型 5.8 中，要素市场发育指数和公司经营业绩的交互项 Roe * Factor 指标与高管变更均为负数，在 0.05 显著水平下显著，这支持了第四章中的假设 2，说明要素市场好的地区，高管变更的可能性加大，人才的流动更加频繁，高管变更与公司绩效之间的负相关性就越强。这与模型 5.3 中的回归结果一样，这说明实证结论是稳健的。

表 5-29　检验要素市场发育程度与高管变更的关系（检验模型 5.8）

被解释变量：高管变更 Turnover（哑变量）			
检验模型 5.8		原模型 5.3	
解释变量	系数	解释变量	系数
Debt	0.014 458 5 (0.89)	Debt	0.014 443 7 (0.89)
HHI	−0.039 384 3 (2.73) ***	HHI	−0.039 084 9 (−2.71) ***
Age	−0.038 187 5 (−7.53) ***	Age	−0.038 192 5 (−7.53) ***

被解释变量：高管变更 Turnover（哑变量）			
Wage	−0.247 749 4 （−3.41）***	Wage	−0.247 746 4 （−3.41）***
CN	−0.001 606 7 （−1.37）	CN	−0.001 604 7 （−1.37）
Size	−0.104 476 8 （−2.25）**	Size	−0.105 416 8 （−2.27）**
Relate	−0.087 092 5 （−1.10）	Relate	−0.087 011 8 （−1.10）
Idirector	1.041 545 （1.55）	Idirector	1.042 998 （1.55）
Cr1	0.368 026 6 （1.27）	Cr1	0.366 654 5 （1.26）
Factor	0.032 707 5 （0.44）	Factor	0.025 306 3 （0.34）
Roe ∗ Factor	−0.216 507 4 （−2.43）**	Adjroe ∗ Factor	−0.216 807 3 （−2.42）**
C	2.631 462 （2.41）**	C	2.654 974 （2.43）**
Year	控制	Year	控制
Ind	控制	Ind	控制
−2loglikelihood	4 804.582 8	−2loglikelihood	4 804.612 4
Wald^2	146.49	Wald^2	146.45
Prob > ^{2}	0.000 0	Prob > ^{2}	0.000 0

注：① *** 表示0.01显著水平显著，** 表示0.05显著水平显著，* 表示0.1显著水平显著。

②高管变更哑变量 Turnover，当董事长变更、总经理变更或者两者同时变更时取1，否则取0。

从表 5-30 的回归结果我们可以看到，在检验模型 5.8 中，在董事长变更的情况下，要素市场发育指数和公司经营业绩的交互项 Adjroe * Factor 指标与高管变更负相关，在 0.1 显著水平下显著，这与表 5-12 中模型 5.3 中回归结果一样。这说明实证结论是稳健的。从表 5-30 的回归结果我们还可以看到，在总经理变更与董事长和总经理同时变更的情况下，要素市场发育指数和公司经营业绩的交互项 Adjroe * Factor 指标与高管变更负相关，在 0.05 显著水平下显著，与表 5-12 中模型 5.3 中回归结果一样，这说明实证结论是稳健的。

表 5-30　检验要素市场发育程度与高管变更的关系(分组比较)

被解释变量:高管变更 Turnover(哑变量)					
检验模型 5.8					
董事长变更		总经理变更		董事长和总经理同时变更	
解释变量	系数	解释变量	系数	解释变量	系数
Debt	0.009 451 1 (0.80)	Debt	0.014 101 3 (0.92)	Debt	0.009 436 2 (0.76)
HHI	-0.046 035 9 (-2.86)***	HHI	-0.027 372 4 (-1.82)*	HHI	-0.036 700 6 (-1.78)*
Age	-0.054 852 5 (-9.39)***	Age	-0.025 493 6 (-4.84)***	Age	-0.055 059 9 (-7.08)***
Wage	-0.384 193 8 (-4.61)***	Wage	0.008 865 (0.11)	Wage	-0.058 774 3 (-0.54)
CN	-0.000 602 6 (-0.44)	CN	-0.001 681 (-1.34)	CN	-0.000 172 4 (-0.10)
Size	-0.052 725 6 (-0.99)	Size	-0.143 774 1 (-2.91)***	Size	-0.129 543 9 (-1.86)*
Relate	-0.098 304 3 (-1.07)	Relate	-0.093 419 2 (-1.10)	Relate	-0.155 771 7 (-1.28)
Idirector	-0.338 421 8 (-0.44)	Idirector	1.819 993 (2.55)**	Idirector	0.585 924 4 (0.59)
Cr1	-0.080 135 8 (-0.24)	Cr1	0.568 106 4 (1.84)*	Cr1	0.039 211 4 (0.09)

表5 - 30(续)

被解释变量:高管变更 Turnover(哑变量)					
Factor	0. 066 370 2 (0. 78)	Factor	0. 039 570 5 (0. 50)	Factor	0. 098 353 8 (0. 88)
Roe * Factor	-0. 095 359 1 (-1. 87)*	Roe * Factor	-0. 162 942 3 (-2. 37)**	Roe * Factor	-0. 103 318 3 (-2. 05)**
C	2. 224 289 (1. 78)*	C	2. 040 86 (1. 76)*	C	2. 625 592 (1. 61)
Year	控制	Year	控制	Year	控制
Ind	控制	Ind	控制	Ind	控制
-2loglikelihood	3 743. 758 6	-2loglikelihood	4 225. 151 8	-2loglikelihood	2 567. 235 2
Wald ^{2}	166. 86	Wald ^{2}	98. 63	Wald ^{2}	105. 19
Prob > ^{2}	0. 000 0	Prob > ^{2}	0. 000 0	Prob > ^{2}	0. 000 0

注: ① *** 表示 0. 01 显著水平显著, ** 表示 0. 05 显著水平显著, * 表示 0. 1 显著水平显著。

②在董事变更情况下, 高管变更哑变量 Turnover, 只有在董事长变更时取 1, 否则取 0。在总经理变更情况下, 高管变更哑变量 Turnover, 只有在总经理变更时取 1, 否则取 0。在董事长和总经理同时变更情况下, 高管变更哑变量 Turnover, 只有在董事长和总经理同时变更时取 1, 否则取 0。

从表5 - 31 的回归结果我们可以看到, 在检验模型 5. 8 中, 在第一大股东为国有股的情况下, 要素市场发育指数和公司经营业绩的交互项 Roe * Factor 指标与高管变更负相关, 但是不显著; 而在第一大股东为非国有股的情况下, 要素市场发育指数和公司经营业绩的交互项 Roe * Factor 指标与高管变更负相关, 在 0. 01 显著水平下显著。与表 5 - 13 中模型 5. 3 中回归结果一样, 这说明实证结论是稳健的。

表5-31 检验要素市场发育程度与高管变更的关系
(国有股和非国有股分组比较)

被解释变量：高管变更 Turnover（哑变量）			
检验模型 5.8			
第一股东为国有股		第一股东为非国有股	
解释变量	系数	解释变量	系数
Debt	0.005 931 6 (0.39)	Debt	0.019 207 7 (0.72)
HHI	−0.034 863 9 (−1.88)*	HHI	−0.038 015 4 (−1.64)
Age	−0.047 753 (−7.26)***	Age	−0.027 430 1 (−3.50)***
Wage	−0.360 579 2 (−3.97)***	Wage	−0.055 488 7 (−0.46)
CN	−0.001 975 4 (−1.55)	CN	−0.002 163 2 (−0.67)
Size	−0.092 658 3 (−1.58)	Size	−0.143 041 9 (−1.85)*
Relate	−0.183 403 9 (−1.83)*	Relate	0.031 288 4 (0.24)
Idirector	2.014 265 (2.31)**	Idirector	−0.510 328 3 (−0.47)
Cr1	0.591 807 1 (1.65)*	Cr1	−0.178 034 (−0.33)
Factor	0.039 085 6 (0.42)	Factor	0.002 067 9 (0.02)
Roe * Factor	−0.072 280 7 (−0.95)	Roe * Factor	−0.412 389 6 (−2.73)***
C	2.587 727 (1.87)*	C	3.491 138 (1.91)*

表5-31(续)

被解释变量：高管变更 Turnover（哑变量）			
Year	控制	Year	控制
Ind	控制	Ind	控制
-2loglikelihood	2 953. 494 4	-2loglikelihood	1 828. 082 16
Wald^2	104. 92	Wald^2	55. 60
Prob > ^{2}	0. 000 0	Prob > ^{2}	0. 000 0

注：① *** 表示 0. 01 显著水平显著，** 表示 0. 05 显著水平显著，* 表示 0. 1
显著水平显著。

②高管变更哑变量 Turnover，当董事长变更、总经理变更或者两者同时变更
时取 1，否则取 0。

5.2.2.3 减少政府对于企业的干预与高管变更检验

本书运用 Roe 指标重新构建检验模型 5.9 来验证模型 5.4 中
的减少政府对于企业的干预与高管变更的关系，进而验证假设 3
（如表 5-32 所示）。本书所建立的检验模型是：

$$
\begin{aligned}
Turnover = {} & \alpha_0 + \alpha_1 Debt + \alpha_2 HHI + \alpha_3 Age + \alpha_4 Wage \\
& + \alpha_5 Roe * Inter + \alpha_6 CN + \alpha_7 Size + \alpha_8 Cr1 \\
& + \alpha_9 Relate + \alpha_{10} Idirector + \alpha_{11} Inter \\
& + \beta_j \sum_j Ind_j + \gamma_k \sum_k Year_k + \varepsilon
\end{aligned} \tag{5.9}
$$

根据上面所列是的模型，运用 Stata 软件进行逻辑回归，其
回归结果如表 5-32 所示。

表 5 - 32　检验减少政府对企业的干预与高管变更的关系(模型 5.9)

被解释变量：高管变更 Turnover（哑变量）			
检验模型 5.9		原模型 5.4	
解释变量	系数	解释变量	系数
Debt	0.014 579 9 (0.90)	Debt	0.014 561 2 (0.90)
HHI	-0.040 040 3 (-2.78)***	HHI	-0.039 692 3 (-2.76)***
Age	-0.037 778 8 (-7.47)***	Age	-0.037 794 6 (-7.47)***
Wage	-0.253 018 7 (-3.50)***	Wage	-0.252 926 7 (-3.50)***
CN	-0.001 587 2 (-1.36)	CN	-0.001 585 2 (-1.36)
Size	-0.099 460 3 (-2.14)**	Size	-0.100 606 (-2.16)**
Relate	-0.083 355 7 (-1.06)	Relate	-0.083 340 9 (-1.06)
Idirector	1.047 484 (1.56)	Idirector	1.048 415 (1.56)
Cr1	0.379 689 9 (1.31)	Cr1	0.378 734 2 (1.31)
Inter	0.024 612 (0.33)	Inter	0.016 419 5 (0.22)
Roe * Inter	-0.239 559 5 (-2.87)***	Adjroe * Inter	-0.240 502 2 (-2.87)***
C	2.493 933 (2.28)**	C	2.522 889 (2.30)**
Year	控制	Year	控制
Ind	控制	Ind	控制
-2loglikelihood	4 800.683	-2loglikelihood	4 800.673 4

表5 - 32（续）

被解释变量：高管变更 Turnover（哑变量）			
Wald^2	148. 03	Wald^2	148. 00
Prob > ^{2}	0. 000 0	Prob > ^{2}	0. 000 0

注：① *** 表示 0. 01 显著水平显著，** 表示 0. 05 显著水平显著，* 表示 0. 1 显著水平显著。

②高管变更哑变量 Turnover，当董事长变更、总经理变更或者两者同时变更时取 1，否则取 0。

从表 5 - 32 的回归结果我们可以看到，在检验模型 5. 8 中，减少政府对企业的干预指数和公司经营业绩的交互项 Roe * Inter 指标与高管变更为负数，在 0. 01 显著水平下显著，这与表 5 - 14 中模型 5. 4 中回归结果完全相符。这说明实证结论是稳健的。

从表 5 - 33 的回归结果我们可以看到，在检验模型 5. 8 中，在董事长变更、总经理变更、这两种情况下减少政府对企业的干预指数和公司经营业绩的交互项 Roe * Inter 指标与高管变更为负数，在 0. 05 显著水平下显著；而在董事长和总经理同时变更情况下政府对企业的干预指数和公司经营业绩的交互项 Roe * Inter 指标与高管变更为负数，在 0. 1 显著水平下显著。这与表 5 - 15 中模型 5. 4 中回归结果完全相符，支持假设 3。这说明实证结论是稳健的。

表 5 - 33　检验减少政府对企业的干预与高管变更的关系(分组比较)

被解释变量:高管变更 Turnover(哑变量)					
检验模型 5.9					
董事长变更		总经理变更		董事长和总经理同时变更	
解释变量	系数	解释变量	系数	解释变量	系数
Debt	0.009 776 1 (0.82)	Debt	0.014 429 5 (0.94)	Debt	0.010 073 7 (0.80)
HHI	−0.046 206 8 (−2.87)***	HHI	−0.028 113 5 (−1.87)*	HHI	−0.037 246 8 (−1.81)*
Age	−0.054 356 (−9.30)***	Age	−0.024 985 3 (−4.75)***	Age	−0.054 138 4 (−6.95)***
Wage	−0.393 082 2 (−4.73)***	Wage	0.000 425 9 (0.01)	Wage	−0.075 263 (−0.69)
CN	−0.000 549 8 (−0.41)	CN	−0.001 650 1 (−1.32)	CN	−0.000 077 3 (−0.04)
Size	−0.047 857 5 (−0.90)	Size	−0.140 317 8 (−2.84)***	Size	−0.124 369 6 (−1.78)*
Relate	−0.094 197 3 (−1.03)	Relate	−0.088 990 8 (−1.05)	Relate	−0.143 730 4 (−1.18)
Idirector	−0.347 179 (−0.45)	Idirector	1.813 621 (2.54)**	Idirector	0.589 525 (0.60)
Cr1	−0.080 349 8 (−0.24)	Cr1	0.564 877 (1.83)*	Cr1	0.026 537 8 (0.06)
Inter	0.042 875 8 (0.50)	Inter	0.021 674 6 (0.27)	Inter	0.031 101 (0.28)
Roe*Inter	−0.105 995 1 (−2.05)**	Roe*Inter	−0.140 283 3 (−2.33)**	Roe*Inter	−0.083 810 9 (−1.70)*
C	2.109 796 (1.69)*	C	1.948 914 (1.68)*	C	2.503 877 (1.53)
Year	控制	Year	控制	Year	控制
Ind	控制	Ind	控制	Ind	控制
−2loglikelihood	3 741.588 4	−2loglikelihood	4 225.204 4	−2loglikelihood	2 567.034 6
Wald^2	165.76	Wald^2	97.22	Wald^2	101.00

表5-33(续)

被解释变量:高管变更 Turnover(哑变量)					
Prob > ^{2}	0.000 0	Prob > ^{2}	0.000 0	Prob > ^{2}	0.000 0

注:① *** 表示 0.01 显著水平显著,** 表示 0.05 显著水平显著,* 表示 0.1 显著水平显著。

②在董事变更情况下,高管变更哑变量 Turnover,只有在董事长变更时取1,否则取0。在总经理变更情况下,高管变更哑变量 Turnover,只有在总经理变更时取1,否则取0。在董事长和总经理同时变更情况下,高管变更哑变量 Turnover,只有在董事长和总经理同时变更时取1,否则取0。

从表5-34中可以看出,在第一大股东为国有股的情况下,减少政府对企业的干预指数和公司经营业绩的交互项 Roe * Inter 指标与高管变更负相关,但是不显著;而在第一大股东为非国有股的情况下,减少政府对企业的干预指数和公司经营业绩的交互项 Roe * Inter 指标与高管变更负相关,在 0.01 显著水平下显著。这样就验证了模型 5.4 的实证回归结果,说明实证结论是稳健的。

表 5-34　检验减少政府对企业的干预与高管变更的关系
(国有股和非国有股分组比较)

被解释变量:高管变更 Turnover(哑变量)			
检验模型 5.9			
第一股东为国有股		第一股东为非国有股	
解释变量	系数	解释变量	系数
Debt	0.005 772 2 (0.37)	Debt	0.019 344 8 (0.73)
HHI	-0.034 559 2 (-1.88)*	HHI	-0.042 333 6 (-1.84)*
Age	-0.047 667 3 (-7.25)***	Age	-0.026 630 7 (-3.42)***

表5-34(续)

被解释变量:高管变更 Turnover(哑变量)			
Wage	-0.361 759 7 (-4.00)***	Wage	-0.064 267 6 (-0.54)
CN	-0.001 972 7 (-1.55)	CN	-0.002 173 2 (-0.68)
Size	-0.091 944 (-1.57)	Size	-0.131 331 (-1.71)*
Relate	-0.185 679 1 (-1.85)*	Relate	0.045 014 7 (0.35)
Idirector	2.025 927 (2.33)**	Idirector	-0.515 538 9 (-0.48)
Cr1	0.598 223 9 (1.67)*	Cr1	-0.151 966 2 (-0.28)
Inter	0.038 820 2 (0.42)	Inter	0.002 885 7 (0.02)
Roe * Inter	-0.092 466 1 (-1.07)	Roe * Inter	-0.354 714 5 (-2.94)***
C	2.565 084 (1.86)*	C	3.149 034 (1.73)*
Year	控制	Year	控制
Ind	控制	Ind	控制
-2loglikelihood	2 952.979	-2loglikelihood	1 826.043 24
Wald^2	105.12	Wald^2	56.57
Prob > ^{2}	0.000 0	Prob > ^{2}	0.000 0

注:① *** 表示0.01显著水平显著, ** 表示0.05显著水平显著, * 表示0.1显著水平显著。

②高管变更哑变量 Turnover, 当董事长变更、总经理变更或者两者同时变更时取1, 否则取0。

5.2.2.4 减少商品市场的地方保护与高管变更检验

为了验证假设 4，本书建立模型 5.10 分析减少商品市场的地方保护指数与高管变更之间的关系。

$$\begin{aligned}
\text{Turnover} =\ & \alpha_0 + \alpha_1 \text{Debt} + \alpha_2 \text{HHI} + \alpha_3 \text{Age} + \alpha_4 \text{Wage} \\
& + \alpha_5 \text{Roe} * \text{Protect} + \alpha_6 \text{CN} + \alpha_7 \text{Size} + \alpha_8 \text{Crl} \\
& + \alpha_9 \text{Relate} + \alpha_{10} \text{Idirector} + \alpha_{11} \text{Protect} \\
& + \beta_j \sum_j \text{Ind}_j + \gamma_k \sum_k \text{Year}_k + \varepsilon \qquad (5.10)
\end{aligned}$$

根据上面所列是的模型，运用 Stata 软件进行逻辑回归，其回归结果如表 5-35 所示。

从表 5-35 的回归结果我们可以看到，在模型 5.10 中，减少商品市场上的地方保护指数和公司经营业绩的交互项 Roe * Protect 指标与高管变更为负数，在 0.01 显著水平下显著。这支持了第四章中的假设 4。减少当地政府对于商品市场的保护力度越小，高管变更的可能性就越大，高管变更与公司绩效之间的负相关性就越强。与表 5-17 中模型 5.5 中回归结果完全相符，这说明实证结论是稳健的。

表 5-35　检验减少商品市场上的地方保护与高管变更的关系
(模型 5.10)

被解释变量：高管变更 Turnover（哑变量）			
检验模型 5.10		原模型 5.5	
解释变量	系数	解释变量	系数
Debt	0.015 435 7 (0.93)	Debt	0.015 395 3 (0.93)
HHI	-0.037 942 9 (-2.64) ***	HHI	-0.037 249 3 (-2.59) ***
Age	-0.037 676 1 (-7.45) ***	Age	-0.037 680 9 (-7.45) ***

被解释变量：高管变更 Turnover（哑变量）			
Wage	−0.259 175 (−3.59)***	Wage	−0.258 806 9 (−3.58)***
CN	−0.001 592 9 (−1.36)	CN	−0.001 598 3 (−1.37)
Size	−0.101 452 9 (−2.18)**	Size	−0.102 938 8 (−2.21)**
Relate	−0.076 972 9 (−0.98)	Relate	−0.077 227 3 (−0.98)
Idirector	1.070 965 (1.60)	Idirector	1.072 435 (1.60)
Crl	0.353 527 2 (1.22)	Crl	0.354 853 (1.22)
Protect	−0.100 631 3 (−0.37)	Protect	−0.104 409 5 (−0.39)
Roe * Protect	−0.110 851 5 (−2.61)***	Roe * Protect	−0.114 616 (−2.64)***
C	2.669 004 (2.39)**	C	2.707 215 (2.43)**
Year	控制	Year	控制
Ind	控制	Ind	控制
−2loglikelihood	4 805.504 8	−2loglikelihood	4 805.180 2
Wald^2	147.10	Wald^2	147.19
Prob >^{2}	0.000 0	Prob >^{2}	0.000 0

注：① *** 表示 0.01 显著水平显著，** 表示 0.05 显著水平显著，* 表示 0.1 显著水平显著。

②高管变更哑变量 Turnover，当董事长变更、总经理变更或者两者同时变更时取1，否则取0。

从表5-36的回归结果我们可以看到，在董事长变更的情况下，减少商品市场上的地方保护指数和公司经营业绩的交互项 Roe * Protect 指标与高管变更负相关，在0.05显著水平下显著。在总经理变更情况下，减少商品市场上的地方保护指数和公司经营业绩的交互项 Roe * Protect 指标与高管变更负相关，在0.1显著水平下显著。而在董事长和总经理同时变更的情况下，减少商品市场上的地方保护指数和公司经营业绩的交互项 Roe * Protect 指标与高管变更负相关，但是不显著。这与表5-18中模型5.5中回归结果完全相符，说明实证结论是稳健的。

表5-36　检验减少商品市场上的地方保护与高管变更的关系（分组比较）

被解释变量:高管变更 Turnover(哑变量)					
检验模型5.10					
董事长变更		总经理变更		董事长和总经理同时变更	
解释变量	系数	解释变量	系数	解释变量	系数
Debt	0.010 222 5 (0.86)	Debt	0.014 914 9 (0.97)	Debt	0.010 121 9 (0.80)
HHI	−0.043 820 5 (−2.73)***	HHI	−0.026 790 7 (−1.79)*	HHI	−0.035 955 3 (−1.75)*
Age	−0.054 225 (−9.30)***	Age	−0.024 888 4 (−4.74)***	Age	−0.054 187 8 (−6.97)***
Wage	−0.398 306 3 (−4.80)***	Wage	−0.004 541 8 (−0.06)	Wage	−0.080 703 (−0.74)
CN	−0.000 560 3 (−0.41)	CN	−0.001 659 8 (−1.33)	CN	−0.000 122 6 (−0.07)
Size	−0.049 022 2 (−0.92)	Size	−0.142 484 4 (−2.89)***	Size	−0.128 218 1 (−1.83)*
Relate	−0.085 897 7 (−0.94)	Relate	−0.082 356 7 (−0.98)	Relate	−0.135 882 7 (−1.12)
Idirector	−0.300 843 3 (−0.39)	Idirector	1.832 102 (2.58)***	Idirector	0.585 862 5 (0.59)

被解释变量:高管变更 Turnover(哑变量)					
Cr1	-0.079 582 2 (-0.24)	Cr1	0.553 046 9 (1.79)*	Cr1	0.038 932 4 (0.09)
Protect	0.120 866 3 (0.37)	Protect	0.038 887 8 (0.13)	Protect	0.480 260 4 (1.00)
Roe * Protect	-0.075 542 1 (-2.12)**	Roe * Protect	-0.065 821 5 (-1.88)*	Roe * Protect	-0.046 335 5 (-1.30)
C	2.042 964 (1.61)	C	1.978 315 (1.68)*	C	2.144 888 (1.28)
Year	控制	Year	控制	Year	控制
Ind	控制	Ind	控制	Ind	控制
-2loglikelihood	3 742.295 6	-2loglikelihood	4 229.345 4	-2loglikelihood	2 567.918 4
Wald^2	165.98	Wald^2	96.00	Wald^2	101.07
Prob > ^{2}	0.000 0	Prob > ^{2}	0.000 0	Prob > ^{2}	0.000 0

注:① *** 表示 0.01 显著水平显著,** 表示 0.05 显著水平显著,* 表示 0.1 显著水平显著。

②在董事变更情况下,高管变更哑变量 Turnover,只有在董事长变更时取 1,否则取 0。在总经理变更情况下,高管变更哑变量 Turnover,只有在总经理变更时取 1,否则取 0。在董事长和总经理同时变更情况下,高管变更哑变量 Turnover,只有在董事长和总经理同时变更时取 1,否则取 0。

从表5－37可以看出,在第一大股东为国有股的情况下,减少商品市场上的地方保护指数和公司经营业绩的交互项 Roe * Protect 指标与高管变更负相关,但是不显著;而在第一大股东为非国有股的情况下,在 0.01 显著水平下显著。这与表5－19中模型 5.5 中回归结果完全相符,说明实证结论是稳健的。

表 5 - 37　检验商品市场上的地方保护与高管变更的关系

（国有股和非国有股分组比较）

被解释变量:高管变更 Turnover(哑变量)			
检验模型 5. 10			
第一股东为国有股		第一股东为非国有股	
解释变量	系数	解释变量	系数
Debt	0. 006 251 8 (0. 37)	Debt	0. 020 346 4 (0. 75)
HHI	− 0. 032 891 3 (− 1. 80)*	HHI	− 0. 040 190 7 (− 1. 76)*
Age	− 0. 047 850 9 (− 7. 28)***	Age	− 0. 026 042 8 (− 3. 38)***
Wage	− 0. 370 005 8 (− 4. 09)***	Wage	− 0. 084 195 3 (− 0. 71)
CN	− 0. 001 942 1 (− 1. 53)	CN	− 0. 002 220 2 (− 0. 70)
Size	− 0. 091 270 1 (− 1. 56)	Size	− 0. 135 341 9 (− 1. 77)*
Relate	− 0. 177 921 8 (− 1. 78)*	Relate	0. 042 238 3 (0. 33)
Idirector	2. 100 333 (2. 42)**	Idirector	− 0. 539 794 7 (− 0. 50)
Cr1	0. 563 767 6 (1. 57)	Cr1	− 0. 142 784 6 (− 0. 27)
Protect	− 0. 370 318 8 (− 1. 16)	Protect	0. 274 995 4 (0. 55)
Roe * Protect	− 0. 051 290 1 (− 0. 87)	Roe * Protect	− 0. 146 088 (− 2. 56)***
C	2. 952 558 (2. 11)**	C	2. 982 722 (1. 61)

表5 - 37(续)

被解释变量:高管变更 Turnover(哑变量)			
Year	控制	Year	控制
Ind	控制	Ind	控制
- 2loglikelihood	2 952. 675 6	- 2loglikelihood	1 831. 790 8
Wald^2	105. 63	Wald^2	55. 93
Prob > ^{2}	0. 000 0	Prob > ^{2}	0. 000 0

注:① *** 表示 0. 01 显著水平显著, ** 表示 0. 05 显著水平显著, * 表示 0. 1 显著水平显著。

②高管变更哑变量 Turnover, 当董事长变更、总经理变更或者两者同时变更时取 1, 否则取 0。

5.3 实证结果总结

5.3.1 实证结果相同之处

本书以高管变更作为研究对象, 以高管是否发生变更的这个哑变量作为研究的自变量进行逻辑回归, 所得出的结论如下:

5.3.1.1 市场竞争度与高管变更呈现负的相关关系

本书在单独分析市场竞争度与高管变更的关系时发现, 市场竞争度与高管变更两者之间呈显著负相关。不仅如此, 本书再将制度环境变迁因素变量即市场化指数、要素市场发育指数、减少商品市场的地方保护指数、减少政府对企业的干预指数引入到模型当中发现, 企业的市场竞争度与高管变更仍旧显著负相关。这与假设 1 中所论述的市场竞争能力越强, 公司经营的状况越好, 高管变更的概率越小相符。即使不同地区的制度环境发生变化, 对于这种关系的影响也不会发生太大的变化。

5.3.1.2 市场化指数和公司经营业绩的交互项指标与高管变更负相关

本书在分析制度环境变迁因素中发现，市场化指数和公司经营业绩的交互项指标与高管变更显著负相关。这说明假设2中市场化程度越高的地方制度环境对公司股东利益保护的就越好，中小股东监督大股东和经理层的成本越小，促进公司的治理，此时的公司业绩与高管变更的负相关性就越高。

5.3.1.3 要素市场发育指数与高管变更负相关

本书在分析要素市场发育指数与高管变更之间发现，在董事长变更、总经理变更、董事长和总经理同时变更、第一大股东为非国有股的情况下二者之间呈现显著的负相关关系，这支持了第四章中的假设2，说明要素市场好的地区，高管变更的可能性加大，人才的流动更加频繁，高管变更与公司绩效之间的负相关性就越强。

5.3.1.4 减少政府对企业的干预指数和公司经营业绩的交互项与高管变更负相关

本书发现，在董事长变更、总经理变更、董事长和总经理同时变更、第一大股东为非国有股四种情况下减少政府对企业的干预指数与公司经营业绩的交互项指标与高管变更均为负数，且在不同程度下显著，这与第四章中的假设3相符。这就说明减少政府对于企业的干预力度越小，高管变更的可能性加大，人才的流动更加频繁，高管变更与公司绩效之间的负相关性就越强。

5.3.1.5 减少商品市场上的地方保护指数与公司经营业绩的交互项指标与高管变更负相关

本书在分析制度环境变迁第四个替代变量时引入减少商品市场上的地方保护指数，发现减少商品市场上的地方保护指数与公司经营业绩的交互项指标与高管变更在董事长变更、总经理变更、第一大股东为非国有股等四种情况下负相关，且在不同程度下显著，这支持了第四章中的假设4。这就说明当地政府对于商品市场的保护力度越小，高管变更的可能性就加大，高管变更与公司绩效之间的负相关性就越强。

5.3.1.6 高管的年龄与高管变更显著负相关

不管在任何情况下，高管的年龄与高管变更之间都呈现负相关关系，且在在0.01显著水平下显著。这说明高管的年龄对高管变更的影响不受企业竞争和制度环境的变化的影响。

5.3.1.7 资产负债比率与高管变更不显著正相关

资产负债率与高管变更的相关系数为正值，而且不显著，但是其数值非常小。这说明外部债务人监督或影响公司治理的动力不足，与以往国内学者研究的结论基本相符。

5.3.1.8 公司业绩与高管变更显著负相关

不管是采用经过行业调整后的净资产收益率，还是未经调整的净资产收益率，都会出现公司的业绩与高管变更的显著负相关的关系。股东在没有有效衡量管理者的经营能力的体系时还是大都以公司的绩效作为衡量的标准。公司业绩差会影响到公司的价值，进而影响到股东的利益，高管变更的发生就在所难免。

5.3.1.9 股权制衡度与高管变更负相关，但不显著

在董事长变更、总经理变更、董事长和总经理同时变更、第一大股东为国有股或非国有股等所有情况下第二大到第五大股东对于第一大股东的股权制衡度与高管变更都是负相关，而且不显著。这与我国股权集中度较高、大部分公司都是由国有企业改制而来有很大的关系。

5.3.2 实证结果异常之处

本书在前文已经对于所提出的假设所对应的指标给出了大

量的解释，但是在实际分析当中，我们还引入了大量的控制变量，虽然有些变量没有在假设中出现，但是这些变量之间是否存在联系在进一步研究高管变更情况时需要引起我们大家的关注。

5.3.2.1　高管是否领取薪水与高管变更关系不一致

本书在分析要素发育指数和高管变更，以及减少政府对企业的干预与高管变更的两种情况下都是在总经理变更的分类中高管是否领取薪水与高管变更呈现正相关，但不显著。这与在其他分类情况下，高管是否领取薪水与高管变更呈现负相关，但十分显著不一样。

5.3.2.2　公司规模与高管变更负相关，显著性不同

通常来说，公司规模的大小在一定程度上会影响高管层的稳定性，所以在本书研究中引入了公司规模变量。分析发现，公司规模与高管变更负相关，但是这种关系的显著性在不同的分类情况下不一样。在董事长变更和第一大股东为国有股这两种情况下公司规模与高管变更之间的负相关就是不显著，而在总经理变更、董事长和总经理同时变更、第一大股东为非国有股等三种情况下这种关系就十分显著。

5.3.2.3　前十大股东关联度与高管变更之间的关系和显著性均不同

本书在分析中发现，在第一大股东为国有股的情况下前十大股东关联度与高管变更之间负相关，在 0.1 显著水平下显著。在第一大股东为非国有股的情况下前十大股东关联度与高管变更之间正相关，但不显著。

5.3.2.4　独立董事比例与高管变更关系不一致

我国设立独立董事的初衷是为了能够监督公司治理的行为，保护广大股东的利益。但是本书在分析中发现，在第一大股东为国有股的情况下独立董事比例与高管变更负相关，且在 0.1 显著水平下显著。在第一大股东为非国有股的情况下独立董事

比例与高管变更正相关，但是不显著。

5.3.2.5 第一大股东持股比例与高管变更关系不一致

本书在分析中发现，在董事长变更的情况下，第一大股东持股比例与高管变更负相关，而在总经理变更、董事长和总经理同时变更的情况下第一大股东持股比例与高管变更正相关。同时，在第一大股东为国有股的情况下，第一大股东持股比例与高管变更正相关；而在第一大股东为非国有股的情况下，第一大股东持股比例与高管变更负相关。

综上所述，本书的实证分析都是按照前文所提到的假设逐步开展分析的。从总体上来看都能够证实所提出的假设。但是在此当中为了深入发现影响高管变更的深层原因，本书将所研究的样本分为两大类别即第一大类为董事长变更、总经理变更、董事长和总经理同时变更的情况，第二大类为第一大股东为国有股、第一大股东为非国有股的情况，进行对比分析以期发现市场竞争度、制度环境变迁因素即市场化指数、要素市场指数、减少商品市场的地方保护指数、减少政府对企业的干预指数等指标与高管变更之间的关系。然而，在实证分析当中却发现一些控制变量即高管是否领取薪水、公司规模、前十大股东关联度、独立董事比例、第一大股东持股比例等五个变量与高管变更的关系在不同的分组情况下存在着巨大的差异，这与以往学者研究当中没有得出一致的结论情况类似。本书对于实证分析中在不同的分组情况得出相同或者不同的结论进一步的深入剖析需要在下一章将进行详细的分析，以期能够发现影响高管变更的本质原因。

6 高管变更实证解释

本书对于与前文理论与假设一致的实证结果解释已经在第四章中进行了详细的解释，这一章将对不能有效支持假设以及在分析高管变更的过程中假设当中没有涉及的，但是对于高管变更具有一定影响力的指标在不同分组情况下存在的差异进行对比解释，以期更加全面剖析影响高管变更的影响因素。

6.1 能够有效支持假设的解释

本书展开实证分析的主要目的是希望能够从市场竞争度与制度环境变迁即市场化程度、要素市场发育程度、减少政府对企业的干预、减少商品市场的地方保护等方面来分析影响高管变更的原因。

6.1.1 市场竞争度与高管变更假设的验证

本书从市场竞争度的角度提出了假设1：市场竞争度与高管变更之间的关系是显著负相关，即市场竞争能力越强的企业，高管变更的可能性就越小，反之市场竞争能力越弱的企业，其高管变更的可能性就越大。我们可以看到，在本书第五章中，

表5-5中运用建立的模型5.1分析全样本情况下市场竞争度与高管变更的关系，进行逻辑分析发现，市场竞争度指标HHI与高管变更的系数为负，其统计结果在0.01显著水平下显著。为了防止由于对高管变更的界定范围的不同导致分析结果出现偏差，所以本书又将高管变更分为董事长变更、总经理变更、董事长和总经理同时变更三种情况来考虑。经过分析验证，市场竞争度与高管变更之间负相关，在0.01显著水平下显著。这说明市场竞争越激烈，公司可以通过价格信号筛选出不称职的高管，同时引入市场竞争的优胜劣汰机制所带来的破产威胁，从外部对高管进行有效监督和控制。同时，对于同行业的公司来说，公司越多，市场上拥有同行业从业经验的职业经理人就越多，如果高管的表现差就能对其进行更换，那么公司选择继任高管的成本就会更低。而市场竞争越激烈，在没有外界的干扰的情况下资源的优化配置就会越好。这样在一定程度上对于市场竞争度不高或者垄断的行业来说，公司的竞争力相对于市场竞争度高的企业就会有所削弱，现实中市场竞争小的行业例如钢铁、电力、煤炭等行业的公司的竞争力就会小。以钢铁行业为例，我国的钢铁行业的公司2010年与世界矿业的巨头淡水河谷公司的谈判陷入僵局，钢铁行业的成本压力骤增。虽然这个事件存在一些行业因素，但是作为钢铁公司的高管对此应该负有不可推卸的责任。考虑到上市公司的股东的属性本书又将样本分为第一大股东为国有股和非国有股。从第五章表5-7可以看出，市场竞争度与高管变更之间的关系是负相关，均在0.1显著水平下显著，又进一步支持了假设1。从侧面看出，不管是国有上市公司，还是非国有上市公司，都不会影响市场竞争度与高管变更的显著负相关关系。

6.1.2　市场化程度与高管变更假设的验证

本书开始从制度环境变迁的角度开始分析高管变更的成因，首先引入了市场化程度这个综合性的指标来分析与高管变更的关系，提出了假设2：市场化程度越高的地方，制度环境对公司股东利益保护的就越好，中小股东监督大股东和经理层的成本越小，促进公司的治理，此时的公司业绩与高管变更的负相关性就越高。我们可以看到，在本书第五章中表5-8中运用建立的模型5.2分析全样本情况下市场化指数与公司经营业绩的交互项和高管变更的关系，进行逻辑分析发现，市场化指数与公司经营业绩的交互项和高管变更的系数为负，在0.01显著水平下显著。当公司处在一定的制度环境下，公司的经营业绩会受到制度环境的影响。目前，公司股东在没有很好的指标来衡量高管经营管理能力时经常就采用经营绩效作为评估高管能力的重要指标。公司的经营绩效通常分为市场业绩指标和会计业绩指标两大类，但是我国证券市场自从20世纪90年代初成立以来，由于会计准则不完善、监督体制不健全等因素，导致在我国证券市场上屡屡出现"内幕交易"等暗箱操作的事件，所以我国证券市场一直处于半强势有效市场。市场业绩指标不能反映企业的经营绩效或价值，计量也比较困难，所以股东经常用会计指标来衡量企业的经营绩效或价值。但是会计业绩指标的度量会受到噪音因素的影响，特别是制度环境的变化会影响人们的目标和行为。例如在竞争激烈的市场环境下，高管的经营管理越努力，公司被兼并、高管变更的可能性就越大。在市场化程度越高的制度环境中，公司会计业绩受干扰的因素的就越少，股东用财务和非财务指标作为衡量高管管理能力就较为容易，能够做出较为准确的判断。

6.1.3 要素市场发育程度与高管变更假设的验证

公司经营活动中的商品要素市场的发展程度对于公司未来的可持续发展起着重要的作用。因此，本书又引入制度环境变量即要素市场发育程度指标来分析与高管变更之间的关系，提出了假设3：在市场发育较好的地区，高管人员变更的难度会减弱，从而增大高管人员变更的可能性，可以促进股东有效的监督高管人员的经营行为，因此要素市场发育度越好的地区，公司治理的效果越好。通常来说，公司的商品要素市场主要包括金融市场、人力资本市场，这些市场的发育程度的好坏直接影响着公司治理的效果。首先，我国金融市场的格局还是四大国有商业银行占据主导地位，金融业的全面市场竞争还没有形成。而我国资本市场尚未成熟，公司采取融资的方式比较单一，向金融企业特别是四大国有商业银行贷款成了企业获取资金的主要手段。各地政府对于招商引资的政策和措施也不同，导致不同地区的公司获得资金的规模和持续性也有所不同。如果公司没能及时获得所需要的资金，公司经营就会陷入困境甚至破产被兼并，高管变更的可能性就大大增加。其次，人力资本市场中劳动力的流动性是其中一个重要的指标。我国的户籍和人事档案制度在一定程度上影响着人才的流动。无论是软环境，还是硬件环境，处于较好的状态下都会吸引更多的人才流动，从而能够以较低的成本更换不称职的高管，高管的变更更加频繁。

6.1.4 减少政府对于企业的干预与高管变更假设的验证

任何公司的经营都要遵守政府所制定的相关法律与规章制度，特别是处于不同经济形态和运作效率不同的政府对于公司的管制和要求也有所不同。所以本书引入制度环境变量即减少政府对于企业的干预指数来分析其与高管变更之间的关系，提出了假设4：政府对于企业的干预力度越大，高管变更的可能性加大，人才的流动更加频繁，高管变更与公司绩效之间的负相关性就越强。公司在经营活动中要经常与外部利益者即政府打交道，那么公司的高管就会花费大量的时间、精力和财力与政府相关部门进行交流沟通，有时甚至为了公司的利益拉拢收买政府工作人员以谋求更大的利益。特别是国有企业的高管都或多或少的具有一定行政任命的性质，导致高管具有双重的身份。而非国有企业的高管的任命也需要遵守政府所规定的相关法律和规章制度。由此可见，一个廉洁、高效的政府是企业正常高效运转的重要条件。为了保证市场能够自动优化配置资源，实现自由竞争，所以减少政府对于企业的干预力度越大，高管变更的可能性就会越少。

6.1.5 减少商品市场的地方保护与高管变更假设的验证

公司在开展经营活动时要受到所面临的环境即各地地方政府的影响。所以本书引入减少商品市场上的地方保护指数来分析其与高管变更之间的关系，提出了假设5：当地政府对于商品市场的保护力度越大，高管变更的可能性加大，高管变更与公司绩效之间的负相关性就越强。我国由于区域经济发展不平衡，导致各地政府在某种程度上为了保护低效率的企业实施地区性贸易保护政策，这样就降低了资源优化配置的效率，阻碍了其他公司在本地区市场的拓展，作为衡量高管能力的公司的经营业绩指标必然会受到影响，高管能力必然会低估，变更的可能性就会加大。

6.2 研究中出现的问题

6.2.1 假设2研究中的问题

本书在研究中发现，市场化进程与高管变更的关系在董事长和总经理同时变更、第一大股东为国有股的情况下，市场化指数与公司经营业绩的交互项指标与高管变更负相关，但是不显著。这与假设2中所论述的市场化指数与公司经营业绩的交互项指标与高管变更负相关，但是十分显著有些不符。这可能是由于在董事长和总经理同时变更的情况下，公司的业绩不能作为变更的重要原因，很可能是第一大股东发生了变化，导致新任大股东需要重新调整公司的治理结构，改组公司高层，这从本书第四章表4-14就可以看出。在第一大股东发生变化的当年和次年引起董事或者总经理的大量变更。而且在本书所研究的5年样本区间来看，在这5年当中，在第一大控股股东变更时一共发生了538次高管变更，董事长变更和总经理变更的比例分别占64.56%、71.65%，而总共变更的比例是136.2%。即第一大股东每发生一次变更将会导致1.362个高管变更。而第一大股东作为国有股东的公司的高管人选更多来自于当地的或者国家的国有资产委员会的行政任命，至于公司外部的市场化进程所引发的公司业绩对其影响是存在的，但不是最重要的因素，所以在分析在董事长和总经理同时变更的情况下，发现市场化指数与公司经营业绩的交互项指标与高管变更负相关，但是不显著是比较符合事实情况的。

6.2.2 假设4研究中的问题

本书在研究减少政府对于企业的干预与高管变更的关系时

发现，第一大股东为国有的公司的分析结果是减少政府对企业的干预指数与公司经营业绩的交互项指标与高管变更负相关，但是不显著，这与假设4中减少政府对企业的干预指数和公司经营业绩的交互项指标与高管变更负相关，十分显著有所不同。这是因为，国有企业上市公司本身的背景以及成为上市公司的这些国有企业大都是通过上市的途径获得筹集更多的资金，与那些没有上市的国有企业的区别不大，仍旧要受到当地或者国家国有资产管理委员会的领导和监督。通常情况下，不管是地方还是国家国有资产管理委员会都会派出代表以独立董事或者其他的身份进驻企业，随时监控高管的经营活动，以实现国有资产的保值增值的目的。由于国有上市公司具有多重目的，导致在评价高管经营能力能否实现公司目标时，将公司经营的绩效多为评估高管的能力的标准的就不是十分重要。

6.2.3 假设5研究中的问题

本书在研究减少商品市场上的地方保护与高管变更的关系时发现，第一大股东为国有的公司的分析结果是减少商品市场上的地方保护指数和公司经营业绩的交互项指标与高管变更负相关，但是不显著，这与假设5中减少商品市场上的地方保护指数和公司经营业绩的交互项指标与高管变更负相关，十分显著有所不同。我国的当地政府的地方保护主义政策由来已久，有些当地政府为了完成国家所下达的经济指标任务，稳定地方社会发展，千方百计为国有大、中型企业创造良好的市场氛围积极开拓和占领本地市场，对于外来的公司所生产的商品或提供的劳务设立诸多的准入限制，以保护当地低效率的国有企业，以及获得更多的局部市场垄断利润。在此当中，国有企业就成为了当地政府扶持的重点对象，这样国有企业的高管与当地政府特别是当地国有资产委员会的关系就会更加紧密，具有行政任命色彩的国有上市公司的高管在被考核能力时，地方政府对于商品市场的保护程度越高，高管变更的可能性就会越小，高管变更与减少商品市场上的地方保护指数和公司经营业绩的交互项指标负相关，但不显著。

6.3　控制变量结果相同的解释

6.3.1　高管年龄与高管变更显著负相关

在本书的分析当中，不管是考虑市场竞争度还是考虑制度环境与高管变更的关系时，高管的年龄都与高管变更负相关，在 0.01 显著水平下显著。根据第四章表 4 - 9 可以看出，从 41 岁开始，董事长和总经理随着年龄的增大其变更的可能性逐渐下降。按照高管 3 年任期的体制从第四章表 4 - 10 可以看出，随着高管任职期限的延长，其变更的可能性也会逐渐下降。这主要是因为高管在公司的时间越久，与董事会、经理层，以及控股股东的关系就会越紧密。公司股东出于保证高管团队稳定性的需求的考虑，将高管继续留任在公司服务的可能性就会加大，高管的年龄也随之增加；而且高管特别是董事长和总经理作为高管控股股东的代言人，只有在拥有控股股东充分信任和保持控股股东在公司的利益时，其在公司的地位才会更加牢固，否则在失去控股股东的信任，甚至关系破裂时会被变更。

6.3.2　资产负债比率与高管变更不显著正相关

本书发现分析，市场竞争度和制度环境都不会影响资产负债率与高管变更的关系，即两者正相关，但不显著。由于我国资本市场还不够成熟，金融产品和衍生品的种类还不能够充分满足公司的融资需求，所以在我国，大部分公司还是通过向银行进行借贷来开展生产经营活动的。我国仍旧是四大商业银行占据金融市场的主导地位，所以作为公司最大的债权人即四大商业银行具有举足轻重的作用。但是随着经济的发展，我国商业银行逐步商业化，银行的独立产权地位逐步确立。作为债权人的银行，并没有有效地监督与参与公司的治理活动，从根本上保护自身的利益。这就更别说其他债权人，他们如果要监督或者参与公司治理活动，就需要花费大量的成本，所以债权人的主观能动性地位缺失，只有在公司债台高筑且明显无法偿还到期债务时才会发挥其作用来更换高管，以此来改善公司治理结构，保证自己的利益不会损失。

6.3.3　公司业绩与高管变更显著负相关

本书在前面已经提到，目前股东还没有有效的方法来衡量高管的能力的指标，只能借助于公司业绩这个重要指标来评估高管的经营管理能力。对于这一点，国内外学者的研究结论是一致的。公司业绩指标分为市场业绩指标和会计业绩指标两大类，但是由于我国证券市场处于半强势有效市场，仍旧有暗箱操作的事件发生。所以，市场业绩指标不能反映企业的经营绩效或价值，而且计量也比较困难，所以股东通常采用会计指标来衡量企业的经营绩效或价值。这样衡量高管管理能力做出判断较为容易。如果高管经营不善，公司业绩差，就可能会导致公司亏损，股东在公司的价值也会受到很大的影响。所以为了保值增值，股东通常会在公司业绩差的时候更换高管。

6.3.4　股权制衡度与高管变更负相关，但不显著

本书采用第一股东持股比例除以第二大股东到第五大股东持股比例之和作为衡量股权制衡度的指标。这个指标越大，说

明第一大股东在公司中的持股比例份额越大，对于公司的控制力度也会越强，就越有监控和上市公司的动力和权力。但是在我国证券市场条件下，上市公司的股权高度集中较高，特别是大股东比例较大。在股权高度集中时大股东会有动力和能力来监督约束高管的日常管理行为，在企业业绩表现不佳时能够将其更换以有效维护自己股东利益。但在我国上市公司中处于大股东地位的往往是产权主体虚置的国有股东，制衡的第二大到第五大股东也不乏国有股股东。国有股东在背负社会和经济双重目标的情况下，很难仅仅从公司经营情况的好坏来考核上市公司的管理层。加之公司的高管往往是股东委派出的代表，人际关系情结的存在也降低了高管被更换的可能，即股权制衡度与高管负相关，但不显著。

6.4 控制变量结果不同的解释

6.4.1 高管是否领取薪水与高管变更关系不一致

本书在分析中发现，高管是否领取薪水与高管变更在董事长变更和第一大股东为国有的情况下两者之间是负相关关系，在 0.01 显著水平下显著。而高管是否领取薪水与高管变更在总经理变更、董事长和总经理同时变更、第一大股东为非国有的情况下两者之间是负相关关系，但不显著。通常来说，从高管是否在上市公司领取薪酬可以判定其与上市公司的关系。一般来讲，不在上市公司领取薪酬的高管人员一般是控股股东派往上市公司的代表，有的还同时在控股股东单位和上市公司兼职，在这种情况下高管的人事、工资等关系仍保留在股东单位，所以其并不在上市公司领取薪酬。通常这种类型的高管具备两种特征：①由于控股股东对他的信任和权力支持，使他在对上市公司进行改革调整时会显得从容和坚决，尤其在强制更换条件下继任高管。②因为他们不从上市公司领取薪酬，所以公司业绩与其物质利益不能有效挂钩，这样他们就缺乏足够的动力和积极性去关注上市公司的经营管理，因为高管成员能力的高低并不关系到其本质利益。在我国，总经理的地位从属于董事长，作为控股股东的实际代言人董事长，特别是在国有企业的董事长具有行政任命的色彩，董事长在公司领取的薪水越多，在公司获取的利益越多，其为了保住既得利益就会与控股股东打好关系，国有公司的董事长变更与领取薪水的关系就是负相关，且非常显著。在非国有公司的董事长变更下这种关系却是不明显。总经理由董事长提名在董事会中选举产生，总经理的去留很大程度上受到董事长的影响。当然，如果总经理从公司里领取薪水，那么总经理的利益就与公司休戚相关，为了能够获得更大的自身利益越会想办法留在公司里，所以总经理变更、总经理和董事长同时变更的情况下高管是否领取薪水与高管变更负相关，但不显著。

6.4.2 公司规模与高管变更负相关，显著性不同

本书在分析中发现，公司规模与高管变更在董事长变更和第一大股东为国有的情况下两者之间是负相关关系，但不显著。而公司规模与高管变更在总经理变更、董事长和总经理同时变更、第一大股东为非国有的情况下两者之间是负相关关系，在0.01显著水平下显著。公司的规模在公司治理研究中作为一个常用的控制变量，公司规模的大小也会在一定程度上影响公司高管的变更。在国有企业当中，董事长作为股东即地方或者国家资产管理委员会的代表经营管理着公司。在规模大的国企，通常为了保持公司经营的稳定性和实施国家政策的稳健性等多

重目的都不会随便更换高管。而对于规模小的国企，国家则给予了更大的灵活性，引入了其他属性的股东公司治理法人治理方式更加完善，以市场为导向的开展生产经营活动，董事长变更的就会增加，但仍以行政任命为主。在我国，公司的权力分配是总经理是从属于董事长的，在目前的市场经济下，在非国有企业中总经理只是扮演着职业经理人的角色，对公司进行经营管理，大规模企业的股东或者董事会考虑公司执行政策的一贯性以及替换总经理所带来的潜在成本，通常不会轻易更换其职位。但是小规模企业经营灵活，总经理的更换对其公司治理的影响较小，从而其职位的变更就较为频繁。公司的规模与高管的变更就呈现出显著的负相关。

6.4.3 前十大股东关联度与高管变更之间的关系和显著性均不同

本书在分析中发现，在第一大股东为国有股的情况下前十大股东关联度与高管变更之间负相关，在 0.1 显著水平下显著。在第一大股东为非国有股的情况下前十大股东关联度与高管变更之间正相关，但不显著。我国上市公司相对集中，在公司排名前十的股东就能够控制这家公司，而且上市公司大都是由国有企业改制而来。为了防止国有资产流失，在国有上市公司当中排名靠前的大股东大都是具有国有性的股东，既然其他大股东与第一大股东大都是国有股东，他们之间就会具有千丝万缕的关系，公司的高管又大都是地方或者国家国有资产委员会行政任命的。即使前十大股东不全是国有股股东，但是只要具有关联，他们就会实施底层合谋，选举所信赖的高管来经营管理公司，所以高管变更的可能性就会越小。而在非国有上市公司中，这种情况正好相反。在非国有上市公司中，前十大股东如果存在关联，就会争夺公司的代理权即任命自己所信任的股东，但是并不是前十大股东相互之间都有关联，而是分成两、三群不等的相互关联体。一些具有一定控股权的前十大股东为了自身的利益更换上自己所信赖的高管，而把其他前十大股东的任命的高管替换掉，而被更换掉高管所代表的那部分前十大股东的一部分股东又会反过来再次争夺公司的代理权。最典型的例子就是 2007 年 4 月退市的云大科技这家上市公司。就是因为第一大股东和第四大股东合谋替换掉第二大股东和第三大股东联合推荐的高管，反过来第二大股东和第三大股东合谋替换掉第一大股东和第四大股东所推荐的高管。所以前十大股东关联度越高，高管变更的可行性越大，但是不显著。因为这种情况不会经常发生，最终大股东们会通过谈判的方式解决，否则一旦公司退市或者经营业绩变差，所有的股东都会受到影响。

6.4.4 独立董事比例与高管变更关系不一致

本书在分析中发现，在第一大股东为国有股的情况下独立董事比例与高管变更负相关，且在 0.1 显著水平下显著。但是在第一大股东为非国有股的情况下，独立董事比例与高管变更正相关，但是不显著。自从 2001 年 8 月 16 日中国证监会发布《关于在上市公司建立独立董事制度的指导意见》以来，上市公司必须在 2003 年 6 月 30 日前使董事会成员中应当至少包括三分之一的独立董事。独立董事职位的出现维护了广大股东的利益，可是现实当中是否真的起到了作用值得我们关注。在现实当中，国有公司和非国有公司设立独立董事的目的有所不同，所以才会存在差异。在国有公司，为了能够更好地监控高管层，防止国有资产流失，达到国有资产保值增值的目的，设立独立董事一职来保护国家的利益，而且很多国有上市公司的独立董事都是由地方或者国家的国有资产委员会所指派的。由于国有上市公司的独立董事的特殊背景，独立董事的意见在很大程度上会决定高管的去留，所以高管为了保住自身的位置，与独立董事的关系就会更加紧密，而当独立董事比例越大时，高管能够不被变更可能性就会减少。所以在分析当中第一大股东为国有股的情况下独立董事比例与高管变更负相关，且在0.1显著水平下显著。而在非国有上市公司中，独立董事的设立仅仅为了迎合上市公司的规章制度，独立董事与公司的管理层有着一定的联系，所以独立董事并没发挥其应有作用，但是在高管的变更即董事长或者总经理的变更属于公司重大事项，都需要经过董事会2/3的成员同意方可通过，而独立董事的比例就占到了1/3，要想通过对于高管的变更表决独立董事占有重要的地位，所以在非国有上市公司中独立董事的比例与高管变更正相关，但是不显著。

6.4.5　第一大股东持股比例与高管变更关系不一致

本书在分析中发现，在董事长变更、第一大股东为非国有股的情况下，第一大股东持股比例与高管变更负相关；而在总经理变更、董事长和总经理同时变更、第一大股东为国有股的情况下第一大股东持股比例与高管变更正相关。本书在分析中出现这种情况主要是因为在第一大股东为非国有上市公司的情况下，第一大股东持股比例越大，越想拥有公司更多的控制权，获得更多的利益，而作为自身的代表即董事长变更的可能性就会大大减少。所以在董事长变更、第一大股东为非国有股的情况下，第一大股东持股比例与高管变更负相关。而第一大股东为国有上市公司的情况下，不用担心控制权旁落他人，而主要关心的是如何防止国有资产缩水，并让其保值增值。所以第一大股东持股比例越大，国有资产所占的份额越大，对于高管经营管理的能力的要求更加严格。在国有上市公司当中董事长的任命是具有行政任命色彩的，而总经理的人选却是职业经理人，经营管理的第一线实施者。第一大股东随着持股比例的增加，就会对高管即董事长要求更加严格。而董事长转而会更加严格要求总经理完成既定的目标，如果不能完成，总经被更换的可能性就会越大。但是如果一直没有能力强的总经理来完成既定的目标，董事长和总经理同时被更换的可能性也会大大增加。所以在总经理变更、董事长和总经理同时变更、第一大股东为国有股的情况下第一大股东持股比例与高管变更正相关。

综上所述，本书对于实证分析当中所发现的异同点进行了深入的剖析，以期望能够更加全面地了解高管变更的深层原因。但是由于我国证券市场的不成熟，上市公司背景的不同，导致在剖析高管变更的情况时遇到不少困难。虽然本书的研究成果与国内外学者存在一些差异，但也正是发现了这些差异，对于今后引发高管变更的成因能够有一个清楚、全面的认识，推动公司治理的完善进程，为提高公司治理效率提高一点新的视角。

7 研究结论与启示

7.1 研究结论与建议

7.1.1 研究结论

国内学者对于高管变更的研究局限于公司内部治理的分析居多，没有充分考虑到我国上市公司所处的制度环境。随着我国 20 世纪 80 年代初实施改革开放以来，我国各地的经济制度环境发生了翻天覆地的变化。特别是进入 21 世纪初，我国加入WTO，全国国内生产总值增幅连续几年保持在 8％以上。为了适应经济的发展，我国证监会从 2003 年以来也出台了一系列措施来改善公司治理环境，不断改善治理结构，特别是 2005 年 4 月份实施的股权分置改革，让不能够流通的国有股能够全部流通。2007 年又开始实施了最新的会计准则，力求所披露的会计信息能够及时、准确、全面为投资者进行决策服务。所以制度环境的变迁对于公司治理的影响是巨大的，不可忽视。而我国的有些学者已经意识到了制度环境的重要性。钱颖一就曾经指出"很多人甚至是经济学家把制度的建设的重要性给予忽视"，采用非白即黑是做法来看待制度环境和市场环境的变迁。我国的经济发展趋势已经逐渐从计划经济转换为向市场经济发展。因此，我们在研究我国的问题时不能仅仅站在简单比较的方面进行，还需要考虑到自身所处的环境不同。只有我们明确了作为契约集合体的企业的外部约束变量，才能够深入剖析公司的行为的本质原因。特别是我国经济正处于转轨时期，外部市场环境变化很快，仅仅依靠看到的表面现象来判断事物的本质情况会出现很大的偏差。由于21世纪初，我国经济制度环境发生了巨大的变化，所以本书才要从市场竞争度和制度环境的视角来研究高管变更的问题。

本书以诸多制度经济学和管理学的理论，并结合我国转轨经济制度环境为背景，充分考虑到地区之间的差异和市场的因素，以高管变更为研究对象，选取1999年1月1日以前上市的公司作为研究样本，选取2003—2007年作为研究的窗口进行逻辑回归分析，对市场竞争度和制度环境对高管变更和公司治理的关系进行深入剖析。本书得出以下结论：

（1）国内学者对于高管变更的内部治理因素分析得较多，而对于外部因素的分析就较为缺乏，特别是外部制度环境和市场竞争方面的研究需要引起人们的关注。而高管变更是公司内部外部因素共同作用的结果。高管变更其实也是完善公司治理的一种表现。不仅可以敦促高管不断提高公司经营业绩，而且可以淘汰那些不称职的高管，以维护广大股东的利益。

（2）以往文献中仅以公司的业绩作为高管变更的主要参照变量是有问题的，所以本书引入市场竞争度和制度环境等外部变量，结合公司业绩变量来剖析高管变更的原因。而且在样本选取时充分考虑到上市公司在上市时目的的不尽相同，只有在上市一段时间后，公司经营运作进入正规后才对高管变更的事件展开研究。并且选取的样本区间是2003—2007年，这是因为我国2001年自从加入了WTO以后整个大的经济制度环境随之而发生了巨大的变化。这时发现公司的不同经营业绩指标与高管变更是显著负相关的，而且要高于西方新兴市场，这从侧面看出我国公司治理结构仍需完善。

（3）本书引入市场竞争度指标来分析影响高管变更的因素。从中发现，在同一行业内，市场竞争力越强的企业，高管变更的可能性就越小。而不在同一个行业内，市场竞争力越强的企业，高管变更的可能性越小。随之而来，本书由引入制度环境变量即市场化指数、要素市场发育指数来进一步剖析高管变更的影响因素。结果发现，制度环境会严重影响到高管的变更。若公司所处的地区制度环境好，高管人员变更的可能性就会增大，公司的业绩与高管变更的负相关性就越强。这从侧面可以看出我国的制度环境仍需要改善。

7.1.2 政策建议

本书通过以上对于高管变更的研究发现，我国作为新兴的资本市场仍需要不断完善市场机制，改善制度环境，为市场能够良好的运行打下坚实的基础，从而使上市公司的治理结构更加完善。因此，结合以上研究，本书提出以下几点建议：

7.1.2.1 加强债权人对公司的监控

我国资本市场还不是一个有效市场，单凭公司的内部治理很难有所突破，仍旧需要外部利益相关者，特别是债权人来进一步完善公司治理。上市公司的债权人通常是国有商业银行。商业银行特别是股份制商业银行的公司化进程加快，其产权的独立性也逐步确定，这样就更加便于商业银行发挥债权治理功能，对公司的经营活动进行有效的监控，防止其做出侵害其他利益相关者的行为发生。

7.1.2.2 完善公司高管权利职务的分配

（1）加强高管来源的独立性

继任的高管应尽量具有独立性。如果是从控股股东单位委派来的，就需要关部门通过立法来约束继任高管和股东的行为。如果继任高管还在公司的控股股东的单位兼有职位，特别是行政职位的高管的独立性就会受到质疑。而高管为了保住此职位必然和控股股东串谋，很可能发生侵害其他中小股东的事情。这时就需要相关部门追究其相关的控股股东的责任。

（2）减少内部董事的比例

内部董事①是指除了董事会中属于企业内部的管理人员或职工的董事外，企业主管部门的领导能够直接干预公司经营管理的董事。特别是要使董事长和总经理两职完全分离。这样才有利于公司的经营活动能够顺利的开展，否则内部董事干预公司正常的经营情况，会出现多头领导的混乱局面，最终导致公司业绩下滑。所以减少董事会中的内部董事有利于完善公司的内部治理。

7.1.2.3　建立完善的经理人市场

我国应该学习西方国家建立一个完善的经理人市场，由市场自发地筛选和调节经理人员的流动，务必做到人尽其用，充分调动经理人的主观能动性去治理好公司。我们要逐步改变上级委派或任命的用人机制，尽快完善公司治理。

7.1.2.4　完善资本市场功能

我国资本市场还不是一个有效的市场，对于市场当中的资源不能够进行优化配置，这就会导致资源的浪费。应增强资本市场的基础，为上市公司提高一个自由竞争的市场环境，进一步优化市场环境，推动市场化进程。

---

① 何俊. 上市公司治理结构的实证分析 [J]. 经济研究，1998（5）：50－57.

7.2 研究局限和展望

本书从高管变更的问题展开研究，进行详细的理论与实证分析，从以往不同的视角深入剖析其本质原因。但是由于自身知识面所限，难免存在一些局限。在今后的研究当中，我将会对这些局限进行改进。对于这些局限和未来的研究方向可以归纳为以下几点：

（1）本书对于高管变更的研究中，高管界定为董事长或者总经理，但是实际上能够影响公司治理的高管还有副董事长、副总经理、财务总监等人，这些人的变更虽然和董事长或者总经理有千丝万缕的关系，但也可能有其他深层次的原因。对于这些高管的变更，能否适用于本书的方法就值得商榷，可能需要采取不同的方法来进行分析。

（2）本书所研究的样本均是上市公司，可是对于上市公司的研究能否代表其所在的地区或者行业还需要谨慎对待。另外2007年开始实施最新的会计准则，上市公司所披露的数据的核算标准和方法有所不同，对于2008年开始实施最新的会计准则以来发生高管变更的样本区间能否得出一样的结论还需论证。

（3）对于高管变更的研究，能否将其扩展到变更前后几年开展对比研究，以期望能发现即使同种类型的变更对于公司治理所带来的效果也不一样。而且对于上市公司的市场竞争度也有详细分类，对于不同竞争程度的企业发生高管变更是否存在差异仍需考察。

（4）对于高管变更的市场竞争度的研究还没有进行科学深入的行业竞争分类，以期发现不同竞争环境下的高管变更的异同之处，为处在不同行业的公司改善公司治理提供更加深层次的建议。

参考文献

中文文献

［1］埃里克·弗鲁博顿，鲁道夫·苗切特．新制度经济学：一个交易费用分析范式［M］．姜建强，罗长远，译．上海：上海人民出版社，2006．

［2］白重恩，杜颖娟，陶志刚．地方保护主义及产业地区集中度的决定因素和变动趋势［J］．经济研究，2004（4）：29-40．

［3］白重恩，刘俏，陆洲．中国上市公司治理结构的实证研究［J］．经济研究，2005（2）：81-91．

［4］陈冬华．地方政府、公司治理与企业绩效［D］．上海：上海财经大学，2002．

［5］陈健，席西民，贾隽．并购后高管变更的绩效影响：基于中国上市公司的实证分析［J］．南开管理评论，2006（9）：33-37．

［6］陈小悦，徐晓东．第一大股东对公司治理、企业绩效的影响分析［J］，经济研究，2003（2）：64-74．

［7］陈寒玉．公司控制权转移、绩效变化及解释［D］．上海：上海财经大学，2003．

［8］陈晓，王琨．关联交易、公司治理与国有股改革［J］．

经济研究，2005（4）：77-86.

[9] 陈璇，淳伟德. 大股东对公司高层更换影响的实证分析 [J]. 软科学，2006（2）：134-139.

[10] 陈璇，李仕明，祝小宁. 公司业绩与经营者变更：上市公司政府控制权的差异 [J]. 金融理，2006（3）：3-13.

[11] 陈璇，刘卉. 公司绩效对 CEO 更换的影响分析——基于我国高新技术企业与传统企业的实践 [J]. 西南民族大学学报（人文社科版），2006（3）：164-167.

[12] 陈宗胜，吴浙，谢思全. 中国经济体制市场化进程 [M]. 上海：上海人民出版社，1999.

[13] 淳伟德. 高新技术企业与传统企业 CEO 更换异同分析 [J]. 社会科学研究，2005（6）：49-53.

[14] 丁烈云，刘荣英. 制度环境、股权性质与高管变更研究 [J]. 管理科学，2008（6）：47-56.

[15] 丁希炜，周中胜. 公司高管人员更换的影响因素——基于上市公司的实证分析 [J]. 山西财经大学学报，2008（8）：70-76.

[16] 杜兴强，王丽华. 高层管理当局薪酬与上市公司业绩的相关性实证研究 [J]. 会计研究，2007（1）：58-66.

[17] 杜兴强，周泽将. 高管变更、继任来源与盈余管理 [J]. 当代经济科学，2010（1）：23-33.

[18] 丁翔，陈东林. 国有资产分级产权新体制下的国有投资公司研究 [J]. 财贸研究，2003（4）：54-56.

[19] 杜晓宇. 中国上市公司高管变更期间业绩预告披露行为研究 [D]. 长春：吉林大学，2009.

[20] 达摩达尔·N. 古扎拉蒂. 计量经济学基础 [M]. 北京：中国人民大学出版社，2000.

[21] 方轶强，夏立军，李莫愁. 控股权转移后公司绩效变化的影响因素分析——基于效率理论和管制理论的解释 [J]. 财经研究，2006 (1): 53 - 64.

[22] 樊纲，王小鲁. 中国市场化指数 [M]. 北京：经济科学出版社，2006.

[23] 范从来，袁静. 成长性、成熟性和衰退性产业上市公司并购绩效的实证分析 [J]. 中国工业经济，2002 (8): 65 - 72.

[24] 冯瑛. 控股股东、董事会与盈余质量的实证研究 [D]. 长春：吉林大学，2007.

[25] 高鹤. 基于财政分权和地方政府行为的转型分析框架 [J]. 改革，2004 (4): 38 - 43.

[26] 胡燕京，张洁. 因子分析：上市公司综合业绩分析的一种新视角 [J]. 管理评论，2004 (4): 49 - 53.

[27] 黄建柏，钟美瑞. 解雇威胁条件下经营者风险分担与激励设计 [J]. 中国管理科学，2005 (8): 87 - 94.

[28] 李春琦. 国有企业经营者的声誉激励问题研究 [J]. 财经研究，2002 (12): 50 - 55.

[29] 李新春，苏晓华. 总经理继任：西方的理论和我国的实践 [J]. 管理世界，2001 (4): 145 - 152.

[30] 李维安，等. 现代公司治理研究 [M]. 北京：中国人民大学出版社，2002.

[31] 李仕明. 产权理论和国有产权制度改革 [J]. 经济研究，1995 (2): 41 - 45.

[32] 李自杰，陈晨. 市场环境、控制能力与企业产权制度的变迁 [J]. 管理世界，2005 (8): 143 - 148.

[33] 李增泉. 杨春燕. 企业绩效、控制权转移与经理人员变更 [J]. 中国会计与财务研究，2003 (4): 51 - 108.

［34］李增泉. 国家控股与公司治理的有效性［D］. 上海财经大学博士学位论文，2003.

［35］龚玉池. 公司绩效与高层更换［J］. 经济研究，2001（10）：75 - 82.

［36］郭鹏飞，孙培源. 资本结构的行业特征：基于中国上市公司的实证研究［J］. 经济研究，2003（5）：66 - 73.

［37］郝凤杰. 市场集中度、资本结构与产品市场竞争力——基于制造业上市公司数据的实证研究［J］. 山西财经大学学报，2008（2）：56 - 60.

［38］韩晓明. 公司治理的更迭机制研究［D］. 北京：财政部财政科学研究所，2002.

［39］何浚. 上市公司治理结构的实证分析［J］. 经济研究，1998（5）：50 - 57.

［40］贺家铁. 上市公司高级管理层激励组合研究［D］. 济南：山东大学，2006.

［41］姜付秀，刘志彪. 行业特征、资本结构与产品市场竞争［J］. 管理世界，2005（10）：74 - 81.

［42］贾晓峰. 对市场集中度的应用统计分析［J］. 财贸研究，1995（3）：61 - 65.

［43］蒋荣. 中国上市公司 CEO 变更的影响因素与经济后果研究：基于大股东视角［D］. 重庆：重庆大学，2008.

［44］蒋荣，陈丽蓉. 产品市场竞争治理效应的实证研究——基于 CEO 变更视角［J］. 经济科学，2007（2）：102 - 111.

［45］蒋荣，刘星，刘斌. 中国上市公司外部审计治理有效性的实证研究——基于 CEO 变更视角［J］. 财经研究，2007（11）：92 - 103.

［46］姬美光，王克明. 我国上市公司高管变更与业绩敏感

性研究 [J]. 嘉应学院学报, 2008 (2): 56 - 63.

[47] 柯江林, 张必武, 孙健敏. 上市公司总经理更换、高管团队重组与企业绩效改进 [J]. 南开管理评论, 2007 (4): 104 - 112.

[48] 林毅夫. 关于制度变迁的经济学理论 [M]. 上海: 上海三联书店, 1990.

[49] 林毅夫, 蔡防, 李周. 中国经济转型时期的地区差距分析 [J]. 经济研究, 1998 (6): 3 - 10.

[50] 林浚清, 黄祖辉, 孙永祥. 高管团队内薪酬差距、公司绩效和治理结构 [J]. 经济研究, 2003 (4): 31 - 40.

[51] 刘博, 干胜道. 基于高官变更视角的盈余管理研究综述 [J]. 当代经济管理, 2009 (10): 16 - 19.

[52] 刘立国, 杜荣. 公司治理与会计信息质量关系的实证研究 [J]. 会计研究, 2003 (2): 28 - 37.

[53] 刘旻, 芮萌, 尹立东. 转轨背景下中国上市公司高级管理者变更的影响因素研究 [J]. 中国软科学, 2005 (2): 86 - 90.

[54] 刘荣英. 制度环境、股权性质与高管变更 [D]. 上海: 华东科技大学, 2009.

[55] 刘志彪, 姜付秀, 卢二坡. 资本结构与产品市场竞争强度 [J]. 经济研究, 2003 (7): 60 - 67.

[56] 娄芳. 国外独立董事制度的研究现状 [J]. 外国经济与管理, 2001 (12): 24 - 29.

[57] 欧湛颖. 中国上市公司高管变更与企业持续成长: 1999—2005 年经验数据分析 [J]. 学术研究, 2008 (9): 59 - 64.

[58] 罗建华, 张琦. 区域性产业特征分析及其市场集中度

的实证研究［J］. 工业技术经济，2006（8）：9 - 11.

［59］庞金勇. 国外团队理论视角下的高管变更研究综述［J］. 工业技术经济，2007（12）：52 - 53.

［60］庞金勇. 上市公司高挂变更与公司治理关系研究［D］. 济南：山东大学，2008.

［61］平新乔，周艺艺. 产品市场竞争度对企业研发的影响［J］. 产业经济研究，2007（5）：1 - 10.

［62］青木昌彦，等. 转轨经济中的公司治理结构［M］. 北京：中国经济出版社，1995.

［63］热若尔·罗兰. 转型与经济学［M］. 北京：北京大学出版社，2002.

［64］让·若儿. 公司金融理论［M］. 北京：人民大学出版社，1996.

［65］施东晖. 转轨经济中的所有权与竞争：来自中国上市公司的经验证据［J］. 经济研究，2003（8）：46 - 54.

［66］石水平. 控股权转移、控股股东与大股东利益侵占——来自上市公司高管变更的经验证据［J］. 暨南学报（哲学社会科学），2009（4）：93 - 104.

［67］宋德舜，宋逢明. 国有控股、经营者变更和公司绩效［J］. 南开管理评论，2005（1）：10 - 15.

［68］宋德舜. 国有控股、最高决策者激励与公司绩效［J］. 中国工业经济，2004（3）：91 - 98.

［69］孙永祥，黄祖辉. 上市公司的股权结构与绩效［J］. 经济研究，1999（12）：23 - 30.

［70］孙世敏. 公司绩效评价与管理报酬［J］. 管理评论，2004（3）：16 - 18.

［71］孙铮，刘凤委，李增泉. 市场化程度、政府干预与企

业债务期限结构——来自我国上市公司的经验证据 [J]. 经济研究, 2005（5）: 52 - 63.

　　[72] 孙海法, 伍晓奕. 企业高层管理团队研究的进展 [J]. 管理科学学报, 2003（4）: 82 - 89.

　　[73] 盛洪. 现代制度经济学 [M]. 北京: 北京大学出版社, 2007.

　　[74] 王国生. 转型时期地方政府面临的制度环境及其市场地位分析 [J]. 南京社会科学, 1999（11）: 9 - 14.

　　[75] 魏刚. 高级管理层激励与上市公司经营绩效 [J]. 经济研究, 2000（3）: 32 - 69.

　　[76] 魏立群, 王智慧. 我国上市公司高管特征与企业绩效的实证研究 [J]. 南开管理评论, 2002（4）: 16 - 22.

　　[77] 王丽娜. 我国继任者来源影响因素的实证研究 [J]. 生产力研究, 2008（19）: 78 - 80.

　　[78] 吴淑琨, 柏杰, 席西民. 董事长与总经理两职的分离与合——中国上市公司实证分析 [J]. 经济研究, 1998（8）: 21 - 28.

　　[79] 徐莉萍, 陈工孟, 辛宇. 控制权转移、产权改革及公司经营绩效之改进 [J]. 管理世界, 2005（3）: 126 - 136.

　　[80] 徐向艺, 庞金勇. 上市公司主要高管变更后的团队稳定性 [J]. 经济管理, 2008（13）: 42 - 47

　　[81] 肖作平. 公司治理对资本选择的影响 [J]. 管理科学学报, 2008（10）: 129 - 44.

　　[82] 肖作平. 公司治理结构对资本结构类型的影响——一个 Logit 模型 [J]. 管理世界, 2005（9）: 137 - 47.

　　[83] 夏立军, 方轶强. 政府控制、治理环境与公司价值——来自中国证券市场的经验证据 [J]. 经济研究, 2005

（5）：40 - 51.

［84］奚俊芳，于培友. 我国上市公司控制权转移绩效研究——基于经营业绩的分析 ［J］. 南开管理评论，2006（9）：42 - 48.

［85］薛祖云，黄彤. 董事会、监事会制度特征与会计信息质量——来自中国资本市场的经验分析 ［J］. 财经理论与实践，2004（9）：84 - 89.

［86］杨华荣，陈军，陈金贤. 产品市场竞争度对上市公司自愿性信息披露影响研究 ［J］. 预测，2008（1）：41 - 45.

［87］杨瑞龙. 国有企业股份制造的理论思考 ［J］. 经济研究，1995（2）：13 - 22.

［88］阎薇. 公司治理及独立董事的激励与约束 ［J］. 财经问题研究，2005（5）：83 - 86.

［89］朱红军. 我国上市公司高管人员更换的现状分析 ［J］. 管理世界，2002（5）：126 - 131.

［90］朱红军. 大股东变更与高级管理人员更换：经营业绩的作用 ［J］. 会计研究，2002（9）：31 - 40.

［91］朱红军. 高级管理人员更换的原因与经济后果 ［M］. 上海：上海财经大学出版社，2003.

［92］朱红军，林俞. 高管人员更换的财富效应 ［J］. 经济科学，2003（4）：85 - 94.

［93］朱琪，彭璧玉，黄祖辉. 大股东变更和高层更换：市场绩效的实证研究 ［J］. 华南师范大学学报（社会科学版），2004（2）：15 - 20.

［94］郑红亮. 中国公司治理结构改革研究：一个理论综述 ［J］. 管理世界，2000（3）：119 - 125.

［95］郑红亮. 公司治理理论与中国国有企业改革 ［J］. 经

济研究，1998（10）：20-27.

［96］周立群. 中国国有企业改革理论的演进与发展［J］. 南开学报，1999（2）：1-8.

［97］赵超，Julian Lowe，皮莉莉. 中国上市公司股权结构与总经理变更［J］. 改革，2005（1）：93-100.

［98］赵山. 中国上市公司高层更换实证研究［J］. 改革，2001（6）：29-34.

［99］张俊生，曾亚敏. 董事会特征与总经理变更［J］. 南开管理评论，2005（8）：16-20.

［100］张俊瑞，赵进文，张建. 高级管理层激励与上市公司经营绩效相关性的实证分析［J］. 会计研究，2003（9）：29-34.

［101］张慕濑，范从来. 管理层变更与控制权市场智利效力的实证研究［J］. 南京大学学报，2005（6）：117-126.

［102］张旭. 当代公司治理结构演变的新趋势与我国的对策［J］. 经济纵横，1996（3）：68-69.

［103］张维迎，栗树和. 地区间竞争和国有企业的民营化［J］. 经济研究，1998（12）：13-22.

［104］张维迎. 产权安排与企业内的权力斗争［J］. 经济研究，2000（6）：41-50.

［105］张维迎. 企业理论与中国企业改革［M］. 北京：北京大学出版，1999.

［106］张维迎. 企业的企业家——契约理论［M］. 上海：上海人民出版社，1995.

［107］杨瑞龙. 国有企业股份制造的理论思考［J］. 经济研究，1995（2）：13-22.

［108］赵震宇，杨之曙，白重恩. 影响中国上市公司高管

层变更的因素分析与实证检验 [J]. 金融研究, 2007 (8):
76 – 89.

英文文献

[1] BANKS J, SUNDARAM R. Optimal Retention in Agency
Problems [J]. Journal of Economic Theory, 1998 (10): 293 –
323.

[2] BARRO J, R BARRO. Pay, performance, and turnover
of bank CEOs [J]. Journal of Labor Economics, 1990 (8):
448 – 481.

[3] BOEKER W, GOODSTEIN J. Performance and Succes-
sion Choice: The Moderating Effects of Governance and Qwnership
[J]. Academy of Management Journal, 1993 (36): 172 – 186.

[4] BOYACIGILLER N A, ADLER N J. The parochical dino-
saur: Organizational science in a global context [J]. Academy of
Management Review, 1991 (16): 262 – 290.

[5] BOYCKO M, A SHLEIFER, R VISHNY. A Theory of Pri-
vatization [J]. Economic Journal, 1996 (106): 309 – 319.

[6] BRICKLEY J A, J L COLES, R L TERRY. Outside di-
rectorsand the adoption of poison pills [J]. Journal of Financial Eco-
nomics, 1994 (35): 371 – 390.

[7] BRICKLEY J A, COLES J L, JARRELL G. Leadership
structure: separating the CEO and chairman of the board [J]. Jour-
nal of Corporate Finance, 1997 (3): 189 – 220.

[8] BRUNELLO G, C GRAZIANO, B M PARIGI. CEO
Turnover in Insider-Dominated Boards: The Italian Case [J]. Jour-
nal of Banking&Finance, 2003 (27): 1027 – 1051.

[9] BUSHMAN R, CHEN Q, ENGEL E, SMITH A. Financial Accounting Information, Organizational Complexity and Corporate Governance Systems [J]. Journal of Accounting and Economics, 2004, 37 (2): 67-201.

[10] CANNELLA AA JR, SHEN W. So close and yet so far: Promotion versus exit for CEO heirs apparent [J]. Academy of Management Journal, 2001 (44): 252-270.

[11] CANNELLA B, HAMBRICK D. Succession as a Sociopolitical Process: Internal Impediments to Outsider Selection [J]. Academy of Management, 1993, 36 (4): 733-762.

[12] CARL P MAERTZ JR, RODGER W GRIFFETH. Eight motivational forces and voluntary turnover: A theoretical synthesis with implications for research [J]. Journal of Management, 2004, 30 (5): 667-683.

[13] CHARLES J HADLOCK, GERALD B LUMER. Compensation, Turnover, and Top Management Incentives: Historical Evidence [J]. Journal of Business, 1997, 70 (2): 153-187.

[14] CHOI Y. The Choice of Organizational Form. The Case of Post-merger Managerial Incentive Structure [J]. Financial Management, 1993 (22): 69-81.

[15] CONYON M, FLOROU A. Top Executive Dismissal, Ownership and Corporate Performance [J]. Accounting and Business Research, 2002, 32 (4): 209-225.

[16] COUGHLAN A, SCHMIDT R. Executive Compensation, Management Turnover, and Firm Performance: An Empirical Investigation [J]. Journal of Accounting and Economics, 1985, 7 (1-3): 43-66.

[17] DAHYA J, LONIE A, POWER D. Ownership Structure, Firm Performance and Top Executive Change: An Analysis of UK Firms [J]. Journal of Business, Finance and Accounting, 1988, 25 (9 - 10): 1089 - 1118.

[18] DAHYA J, MCCONNELL J, TRAVLOS N G. The Cadbury committee, corporate performance, and top management turnover [J]. Journal of Finance, 2002 (57): 461 - 484.

[19] DAVID HILLER, SCOTT C LINN, PATRIK MCCOLGAN. Equity Issuance, CEO turnover and corporate governance [J]. European Financial Management, 2005, 11 (4): 515 - 538.

[20] DAVID J DENIS, DIANE K DENIS. Performance Changes Following Top Management Dismissals [J]. The Journal of Finance, 1995, 50 (4): 1029 - 1057.

[21] DECHOW P, SLOAN R, SWEENEY A. Detecting Earnings. Management [J]. he Accounting Review, 1995, 70 (2): 193 - 225.

[22] DEFOND M, PARK C. The effect of competition on CEO turnover [J]. Journal of Accounting and Economics, 2000, (27): 35 - 56.

[23] DEFOND M, HUNG M. Investor Protection and Corporate Governance: Evidence from World wide CEO Turnover [J]. Journal of Accounting Research, 2004, 42 (2): 269 - 312.

[24] DEMSETZ H, LEHN K. The Structure of Corporate Ownership: Cause and Consequence [J]. Journal of Political Economics, 1985, (93): 1155 - 1177.

[25] DENIS D J, DENIS D K, SARIN A. Ownership Structure and Top Management Turnover [J]. Journal of Financial Eco-

nomics, 1997 (45): 193 – 221.

[26] DENIS DJ, D K DENIS. Performance Changes Following Top Management Dismissals [J]. Journal of Finance, 1995 (50): 1029 – 1058.

[27] DENNIS D J, DENIS D, A SARIN. Agency problems, equity ownership and corporate diversification [J]. Journal of Finance, 1997 (52): 135 – 160.

[28] DENIS DIANE K. Twenty-five years of corporate governancere search and counting [J]. Review of Financial Economics, 2001 (10): 191 – 212.

[29] DONALD C CLARKE. Corporate govenance in China: An overview [J]. China Economic Review, 2003 (14): 494 – 507.

[30] EDWARD FEE, CHARLESS J, HADLOCK. Managenment Turnover and Product Market Competition: Empirical Evidence from the U. S. Newspaper Industry [J]. The Journal of Business, 2000, 73 (2): 205 – 243.

[31] ELISABETH, DEDMAN. Executive turnover in UK firms: the impact of Cadbury [J]. Accounting and Business Research, 2003 (33): 33 – 50.

[32] ENGEL, ELLEN, HAYES, RACHEL M, WANG XUE. CEO turnover and properties of accounting information [J]. Journal of Accounting & Economics, 2003, 36 (1 – 3): 197 – 226.

[33] FAMA, EUGENE F. Agency problems and the theory of the firm [J]. Journal of Political Economy, 1980 (88): 283 – 307.

[34] FAMA E, JENSEN M C. Agency problem and residual

claims [J]. Journal of Law and Economics, 1983, 26 (2):
327 - 349.

[35] FAMA E. Agency problems and theory the firm [J].
Journal of Political Economy, 1980, 88 (2): 288 - 307.

[36] FARRELL K A, WHIDBEE D. The Consequences of
Forced CEO Succession for Outside Director [J]. Journal of Bussi-
ness, 2000 (73): 597 - 627.

[37] FIRTH M, FUNG P, RUI O. Firm Performance, Govern-
ance Structure, and Top Management Turnover in a Transitional Econ-
omy [J]. Journal of Management Studies, 2006, 43 (6):
1289 - 1330.

[38] FRANKS J, MAYER C. Ownership and Control of Ger-
man Corporations [J]. Review of Financial Studies, 2001, 14
(4): 943 - 977.

[39] FRANKS J, MAYER C. Hostile Takeovers and the Cor-
rection of Managerial Failure [J]. Journal of Financial Economics,
1996, 40 (1): 193 - 221.

[40] GIBBONS, ROBERT, KEVIN J MURPHY. Optimal In-
centive Contracts in the Presence of Career Concerns: Theory and Ev-
idence [J]. The Journal of Political Economy, 1992 (100):
468 - 505.

[41] GIBSON M. Is corporate governance ineffective in emer-
ging markets? [J]. Journal of Financial and Quantitative Analysis,
2003 (38): 231 - 250.

[42] GILSON S BANKRUPTCY. Boards, Banks and Block-
holders [J]. Journal of Financial Economics, 1990 (27):
355 - 387.

[43] GILSON S C. Management Turnover and Financial Distress [J]. Journal of Financial Economics, 1989 (25): 241 - 262.

[44] GIORGIO, BRUNELLO, CLARA, GRAZIANO, BRUNO M PARIGI. CEO turnover in insider-dominated boards: The Italian case [J]. Journal of Banking & Finance, 2003 (27): 1027 - 1051.

[45] GROVES T, Y HONG, MCMILLAN, et al. China's Evolving Management Labor Market [J]. Journal of Political Economy, 1995 (103): 873 - 892.

[46] GONGMENG, CHEN, MICHAEL, FIRTH, DANIEL, N GAO, and OLIVER M RUI. Is China's securities Regulatory agency a toothless tiger? Evidence from enforcement actions [J]. Journal of Accounting and Pulicy, 2005 (24): 451 - 488.

[47] GOYAL V K, PARK C. Board Leadership Structure and CEO Turnover [J]. Journal of Corporate Finance, 2002 (8): 49 - 66.

[48] HAMBRICK D C, MASON P A. Upper echelons: The organization as a reflection of its top managers [J]. Academy of Management Review, 1984 (9): 193 - 206.

[49] HAMBRICK D C, RUKUTOMI G S. The Reason of a CEO's Tenure [J]. Academy of Management Review, 1991 (16): 719 - 742.

[50] HAMBRICK D C, GELEKANYCZ M A, FREDRICKSON J W. Top Executive Commitment to Status quo: Some Tests of its Determinats [J]. Strategic Management Journal, 1993 (14): 401 - 418.

[51] HART OLIVER. Corporate Governance: Some Theory

and Implication [J]. The Economic Journal, 1995, 105 (430): 678 – 689.

[52] HEALY P M. The Effect of Bonus Schmes on Accounting Decisions [J]. Journal of Accounting and Economics, 1985 (7): 85 – 107.

[53] HEANEY R, NAUGHTON T, TRUONG T, et al. The Link between Performance and Changes in the Size and Stability of a Firm's Officers and Directors [J]. Journal of Multinational Financial Management, 2006 (271): 1 – 14.

[54] HOLMSTROM B. Managerial Incentive Problems: A Dynamic Perspective [J]. Review of Economic Studies, 1999 (66): 169 – 182.

[55] HOLMSTROM BENGT. Managerial incentive problemsa dynamic perspective [J]. Review of Economic Studies, 1982 (66): 169 – 182.

[56] HOLMSTROM B P. Milgrom Aggregation and linearity in the provision of inter-temporal incentives [J]. Econometrica, 1987 (55): 303 – 328.

[57] HOLTHAUSEN R W, WATTS R L. The Relevance of the Value-Relevance Literature for Financial Accounting Standard Setting [J]. Journal of Accounting and Economics, 2001, 31 (1 – 3): 3 – 75.

[58] HUSON M, PARRINO R, STARKS L. Internal moniting mechanisms and CEO turnover: a long-term perspective [J]. Journal of Finance, 2001, 56 (6): 2265 – 2297.

[59] HUSON M R, MALATESTA P H, PARRINO R. Managerial, Succession and Firm Performance [J]. Journal of Finanical

Economics, 2004 (74): 237 - 275.

[60] JACKSON S E, BRETT J F, SESSA V I. COOPER D M, JULIN J A, PEYRONNIN K. Some differences make a difference: Individual dissimilarity and group heterogeneity as correlates of recruitement, promotions, and turnover [J]. Journal of Applied Psychology, 2004 (76): 675 - 689.

[61] JAME A BRICKLEY. Empirical research on CEO turnover and firm-performance: A discussion [J]. Journal of Accounting and Economics, 2003 (36): 227 - 233.

[62] JENSEN M C. Agency costs of free cash flow, corporate finance, and takeovers [J]. American Economic Review, 1986, 76 (3): 323 - 339.

[63] JENSEN M. The Modern Industrial Revolution, Exit and the Failure of Internal Control Systems [J]. Journal of Finance, 1993 (48): 831 - 880.

[64] JENSEN M, M MECKLING. Theory of Firm: Managerial Behavior, Agency Costs and Ownership Structure [J]. Journal of Financial Economics, 1976, 3 (4): 305 - 360.

[65] JENSEN MICHAEL C, KEVIE J MURPHY. Performance Pay and Top-Management Incentives [J]. Journal of Political Economy, 1990 (2): 225 - 264.

[66] JOHNSON S, LA PORTA R. Lopez-de-SilanesF., ShleiferA.. Tunneling [J]. American Economic Review, 2000, 90 (2): 22 - 27.

[67] JUN-KOO KANG, ANLI SHIVDASANI. Firm performance, corporate governance, and top executive turnover in Japan [J]. Journal of Financial Economics, 1995 (38): 29 - 58.

[68] KANG J, SHIVDASANI A. Firm Performance, Corporate Governance, and Top Executive Turnover in Japan [J], Journal of Financial Economics, 1995, 38 (1): 19 - 58.

[69] KAPLAN S. Top Executive Rewards and Firm Performance: A Comparison of Japan and the United States [J]. Journal of Political Economy, 1994, 102 (3): 510 - 546.

[70] KAPLAN S. Top Executives, Turnover, and Firm Performance in Germany [J]. Journal of Law, Economics, and Organization, 1994, 10 (1): 142 - 159.

[71] KAPLAN S, MINTON B. Appointments of Outsiders of Japanese Boards: Determinants and Implications for Managers [J]. Journal of Financial Economics, 1994, 36 (2): 225 - 258.

[72] KATHLEEN A FARRELLA, DAVID A WHIDBEEB. Impact of firm performance expectatins on CEO turnover and replacement decisions [J]. Journal of Accounting and Economics, 2003 (36): 165 - 196.

[73] KECK S L, TUSHMAN M L. Environmental and organizational context and executive team structure [J]. Academy of management journal, 1995 (36): 1314 - 1344.

[74] KESNER I F, SEBORA T C. Executive succession: past, present and future [J]. Journal of Management, 1994 (20): 327 - 372.

[75] LA PORTA R, LOPEZ-DE-SILANES F, SHLEIFER A, VISHNY R. Law and Finance [J], Journal of Political Economy, 1998, 106 (6): 1113 - 1155.

[76] LA PORTA R, LOPEZ-DE-SILANES F, SHLEIFER A, VISHNY R. Investor Protection and Corporate Governance [J].

Journal of Financial Economics, 2000, 58 (1-2): 4-27.

[77] LAMBERT R A. Contracting Theory and Accounting [J]. Journal of Accounting and Economics, 2001, 32 (1-3): 3-87.

[78] MARK R HUSON, ROBERT PARRINO, LAURA T STARKS. Internal Monitoring Mechanisms and CEO Turnover: A Long-term Perspective [J]. The Journal of Finance, 2001 (6): 2265-2297.

[79] MARTIN K J, MCCONNELL J J. Corporate performance, corporate takeovers, and management turnover [J]. Journal of Finance, 1991 (46): 671-687.

[80] MICHAEL C JENSEN, KEVIN J MURPHY. Performance Pay and Top-Management Incentives [J]. Journal of Political Economy, 1990 (98): 225-164.

[81] MIKKELSON W H, PARTCH M M. The decline of takeovers and disciplinary managerial turnover [J]. Journal of Financial Economics, 1997 (44): 205-227.

[82] MORCK R, SHLEIFER A, VISHNY R. A lternative Mechanisms for Corporate Control [J]. American Economic Review, 1989, 79 (4): 842-852.

[83] MURPHY K, ZIMMERMAN J. Financial Performance Surrounding CEO Turnover [J]. Journal of Accounting and Economics, 1993 (16): 273-316.

[84] NICKELL S J. Competition and Corporate Performance [J]. Journal of Political Economy, 1996 (104): 724-746.

[85] OMESH K, WILLIAM K, SHEHZAD M. Corporate takeovers, firm performance, and board composition [J]. Journal

of Corparate Finance, 1995 (1): 383 - 412.

[86] O'REILY III C A, CALDWELL C, BARNETT D. Work group demography, social integration, and turnover [J]. Administrative Science Quarterly, 1989 (34): 21 - 37.

[87] PARRION R. CEO Turnover and Outside Succession: a Cross-sectional Analysis [J]. Journal of Finanacial Economics, 1997 (46): 165 - 197.

[88] ROBERT NEUMANN, TORBEN VOETMAN. Top Executive Turnovers: Separating Decision and Control Rights [J]. Managerial & Decision Economics, 2005, 26 (1): 25 - 37.

[89] SAM ALLGOOD, KATHLEEN A FARRELL. The Effect of CEO Tenure on the Relation Between Firm Performance and Turnover [J]. The Journal of Financial Research, 2000, XXIII (3): 373 - 390.

[90] SANSON EKANAYAKE. Agency theory, national culture and management control systems [J]. The Journal of American Acadeny of Business, 2004 (3): 49 - 54.

[91] SAPPINGTON D, J STIGLITZ. Privatization, Information and Incentives [J]. Journal of Policy Analysis and Management, 1987 (6): 567 - 582.

[92] SCHWEIGER D M, DENISI A S. communication with Employees Following a Merger: A Longitudinal Field Experiment [J]. Academy of Management Journal, 1991 (34): 110 - 135.

[93] SHAPIRO C, J STIGLITZ. Equilibrium Unemployment as a Discipline Device [J]. American Economic Review, 1984 (74): 433 - 444.

[94] SHLEIFER A, R VISHNY. Large Shareholders and Cor-

porate Control [J]. Journal of Political Economics, 1986, 94 (3): 461 –488.

[95] SHLEIFER A, VISHNY R. Management Entrenchment: The Case of Manager-Specific Investments [J], Journal of Financial Economics, 1989, 25 (1): 123 – 139.

[96] SHLEIFER A, R VISHNY. Politicians and Firms [J]. Quarterly Journal of Economics, 1994 (109): 995 – 1025.

[97] SHLEIFER A, R VISHNY. A survey of Corporate Governance [J]. Journal of Finance, 1997 (52): 737 –783.

[98] STIGLITZ J E, A WEISS. Incentive effects of termina-tions: applications to the credit and labor markets [J]. American Economic Review, 1983 (73): 912 –927.

[99] TOR ERIKSSON. Management pay and executive turnover in the Czech and Slovak Republics [J]. 2005, 13(4): 659 –677.

[100] WARNER J J. Watts, K. Wruck. Stock Prices and Top Management Changes [J]. Journal of Financial Economics, 1988 (20): 461 –492.

[101] WAGNER G W, PFEFFER J, O'REILLY III C A. Organizational demography and turnover in top management groups [J]. Administrative Science Quarterly, 1984 (29): 74 –92.

[102] WEISBACH MS. Outside directors and CEO turnover [J]. Journal of Financial Economics, 1988 (20): 431 –460.

[103] VIRANY B, TUSHMAN M, ROMANELLI E. Executive Succession and Oraganization Outcomes in Turbulent Environmets: An Organizational Learning Approach [J]. Oraganization Science, 1992 (3): 72 –90.

[104] Volpin P. Governance with Poor Investor Protection:

Evidence from Top Executive Turnover in Italy [J]. Journal of Financial Economics, 2002, 64 (1): 61 - 90.

[105] WARREN BOEKER. Power and Managerial Dismissal: Scapegoating at the Top [J]. Administrative Science Quarterly, 1992, 37 (3): 400 - 421.

[106] WARNER J B, WATTS R L, WRUCK K. Stock Prices and Top Management Changes [J]. Journal of Financial Economics, 1988 (20): 461 - 492.

[107] WEISBACH M S. CEO Turnover and the Firm's Investment Decisions [J]. Journal of Financial Economics, 1995 (37): 88 - 159.

[108] WIERSEMA M F, BIRD A. Organizational demography in Japanese firms: Group heterogeneity, individual dissimilarity, and top manangement team turnover. Academy of Managenment [J]. Academy of Managenment Journal, 1993, 36 (5): 996 - 1025.

[109] WILLAMSON O. Corporate Finance and Corporate Governance [J]. Journal of Finance, 1988 (38): 567 - 591.

[110] XU X, YWANG. Ownership Structure and Corporate-Government in Chinese Stock Companies [J]. China Economic Review, 1999 (10): 75 - 98.

[111] YERMACK D. Higher Market Valuation of Companies-with a Small Board of Directors [J]. Journal of Financial Economics, 1996 (40): 185 - 211.

[112] ZENGER T R, LAWRENCE B S. Organizational demography: The differential effects of age and tenure distributions on technical communication [J]. Academy of Management Journal, 1989 (32): 353 - 376.

附 录

附录 1　各省区市场化指数表（2003—2007 年）

地区	2003 年	2004 年	2005 年	2006 年	2007 年
安徽	5.37	5.99	6.56	6.56	6.56
北京	7.5	8.19	8.62	8.62	8.62
福建	7.97	8.33	8.62	8.62	8.62
甘肃	3.32	3.95	4.44	4.44	4.44
广东	8.99	9.36	10.06	10.06	10.06
广西	5	5.42	5.82	5.82	5.82
贵州	3.67	4.17	4.57	4.57	4.57
海南	5.03	5.41	5.54	5.54	5.54
河北	5.59	6.05	6.41	6.41	6.41
河南	4.89	5.64	6.2	6.2	6.2
黑龙江	4.45	5.05	5.26	5.26	5.26
湖北	5.47	6.11	6.65	6.65	6.65
湖南	5.03	6.11	6.55	6.55	6.55
吉林	4.69	5.49	5.89	5.89	5.89
江苏	7.97	8.63	9.07	9.07	9.07
江西	5.06	5.76	6.22	6.22	6.22
辽宁	6.61	7.36	7.84	7.84	7.84

地区	2003 年	2004 年	2005 年	2006 年	2007 年
内蒙古	4.39	5.12	5.52	5.52	5.52
宁夏	4.24	4.56	4.85	4.85	4.85
青海	2.6	3.1	3.84	3.84	3.84
山东	6.81	7.52	8.21	8.21	8.21
山西	4.63	5.13	5.26	5.26	5.26
陕西	4.11	4.46	4.8	4.8	4.8
上海	9.35	9.81	10.41	10.41	10.41
四川	5.85	6.38	6.86	6.86	6.86
天津	7.03	7.86	8.34	8.34	8.34
西藏	0.79	1.55	2.5	2.5	2.5
新疆	4.26	4.76	5.02	5.02	5.02
云南	4.23	4.81	5.15	5.15	5.15
浙江	9.1	9.77	9.9	9.9	9.9
重庆	6.47	7.2	7.23	7.23	7.23

附录2　各省区要素市场发育指数表（2003—2007 年）

地区	2003 年	2004 年	2005 年	2006 年	2007 年
安徽	2.73	2.82	3.04	3.04	3.04
北京	7.71	8.22	8.37	8.37	8.37
福建	6.8	6.46	6.51	6.51	6.51
甘肃	2.04	2.44	2.9	2.9	2.9
广东	7.19	7.38	8.19	8.19	8.19
广西	3.35	2.31	2.66	2.66	2.66
贵州	1.96	2.1	2.23	2.23	2.23
海南	3.35	2.31	2.66	2.66	2.66

地区	2003 年	2004 年	2005 年	2006 年	2007 年
河北	2.86	2.89	3.03	3.03	3.03
河南	2.84	3.08	3.33	3.33	3.33
黑龙江	1.27	1.44	1.62	1.62	1.62
湖北	3.75	4.12	4.29	4.29	4.29
湖南	3.82	4.31	4.43	4.43	4.43
吉林	1.49	1.88	1.82	1.82	1.82
江苏	6.72	6.81	6.71	6.71	6.71
江西	3.27	3.7	3.82	3.82	3.82
辽宁	5.17	6.75	7	7	7
内蒙古	1.69	2.09	2.3	2.3	2.3
宁夏	2.75	3.38	3.48	3.48	3.48
青海	1.48	1.74	1.96	1.96	1.96
山东	4.95	5.79	6.1	6.1	6.1
山西	2.52	2.78	2.68	2.68	2.68
陕西	2.75	2.77	3.03	3.03	3.03
上海	8.98	9.67	9.85	9.85	9.85
四川	3.35	3.62	3.68	3.68	3.68
天津	6.89	7.85	8	8	8
西藏	1.36	1.6	1.75	1.75	1.75
新疆	2.42	2.56	2.2	2.2	2.2
云南	3.38	3.7	3.51	3.51	3.51
浙江	7.8	8.73	7.88	7.88	7.88
重庆	7.33	7.91	6.32	6.32	6.32

全部样本数据基本情况表

证券代码	证券简称	行业代码	行业名称	公司上市日期	公司注册所在地
000002	深万科 A	J01	房地产开发与经营业	1991 - 01 - 29	广东省深圳市
000004	深安达 A	F03	公路运输业	1991 - 01 - 14	广东省深圳市
000005	深原野 A	M	综合类	1990 - 12 - 10	广东省深圳市
000006	深振业 A	J01	房地产开发与经营业	1992 - 04 - 27	广东省深圳市
000007	深达声	J01	房地产开发与经营业	1992 - 04 - 13	广东省深圳市
000008	深锦兴 A	G87	计算机应用服务业	1992 - 05 - 07	广东省深圳市
000009	深宝安 A	M	综合类	1991 - 06 - 25	广东省深圳市
000010	深华新 A	H21	商业经纪与代理业	1995 - 10 - 27	广东省深圳市
000011	深物业 A	M	综合类	1992 - 03 - 30	广东省深圳市
000012	深南坡 A	C61	非金属矿物制品业	1992 - 02 - 28	广东省深圳市
000014	深华源 A	J01	房地产开发与经营业	1992 - 06 - 02	广东省深圳市
000016	深康佳 A	C55	日用电子器具制造业	1992 - 03 - 27	广东省深圳市
000017	深中华 A	C75	交通运输设备制造业	1992 - 03 - 31	广东省深圳市
000018	深中冠 A	C11	纺织业	1992 - 06 - 16	广东省深圳市
000019	深深宝 A	C05	饮料制造业	1992 - 10 - 12	广东省深圳市
000020	深华发 A	C55	日用电子器具制造业	1992 - 04 - 28	广东省深圳市
000021	深科技 A	G83	计算机及相关设备制造业	1994 - 02 - 02	广东省深圳市
000022	深赤湾 A	F11	交通运输辅助业	1993 - 05 - 05	广东省深圳市
000023	深天地 A	E01	土木工程建筑业	1993 - 04 - 29	广东省深圳市
000024	深招港 A	J01	房地产开发与经营业	1993 - 06 - 07	广东省深圳市
000025	深特力 A	M	综合类	1993 - 06 - 21	广东省深圳市
000026	飞亚达 A	C78	仪器仪表及文化、办公用机械制造业	1993 - 06 - 03	广东省深圳市
000027	深能源 A	D01	电力、蒸汽、热水的生产和供应业	1993 - 09 - 03	广东省深圳市
000028	深益力 A	C81	医药制造业	1993 - 08 - 09	广东省深圳市
000029	深深房 A	J01	房地产开发与经营业	1993 - 09 - 15	广东省深圳市
000030	莱英达 A	C99	其他制造业	1993 - 09 - 29	广东省深圳市
000031	深宝恒 A	J01	房地产开发与经营业	1993 - 10 - 08	广东省深圳市

附录3（续）

证券代码	证券简称	行业代码	行业名称	公司上市日期	公司注册所在地
000032	深桑达A	G81	通信及相关设备制造业	1993-10-28	广东省深圳市
000033	深新都A	K32	旅馆业	1994-01-03	广东省深圳市
000034	深华宝A	M	综合类	1994-05-09	广东省深圳市
000035	中科健A	G81	通信及相关设备制造业	1994-04-08	广东省深圳市
000036	深惠中	C11	纺织业	1994-06-17	广东省深圳市
000037	深南电A	D01	电力、蒸汽、热水的生产和供应业	1994-07-01	广东省深圳市
000038	深大通A	G87	计算机应用服务业	1994-08-08	广东省深圳市
000039	深中集A	C69	金属制品业	1994-03-23	广东省深圳市
000040	深鸿基A	M	综合类	1994-08-08	广东省深圳市
000042	深长城A	J01	房地产开发与经营业	1994-09-21	广东省深圳市
000043	深南光A	M	综合类	1994-09-28	广东省深圳市
000045	深纺织A	C11	纺织业	1994-08-15	广东省深圳市
000046	南油物业	J01	房地产开发与经营业	1994-09-12	广东省深圳市
000048	康达尔A	C01	食品加工业	1994-11-01	广东省深圳市
000049	深万山A	C76	电器机械及器材制造业	1995-03-20	广东省深圳市
000050	深天马A	C51	电子元器件制造业	1995-03-15	广东省深圳市
000055	深方大A	C69	金属制品业	1995-11-29	广东省深圳市
000056	深国商	H11	零售业	1995-10-30	广东省深圳市
000058	深赛格	C51	电子元器件制造业	1996-07-22	广东省深圳市
000059	辽通化工	C43	化学原料及化学制品制造业	1997-01-30	广东省深圳市
000060	有色中金	C67	有色金属冶炼及压延加工业	1997-01-23	广东省深圳市
000061	农产品	H01	食品、饮料、烟草和家庭用品批发业	1997-01-10	广东省深圳市
000062	深圳华强	M	综合类	1997-01-30	广东省深圳市
000063	中兴通讯	G81	通信及相关设备制造业	1997-11-18	广东省深圳市

证券代码	证券简称	行业代码	行业名称	公司上市日期	公司注册所在地
000065	深圳西林	E01	土木工程建筑业	1998－06－05	广东省深圳市
000066	长城电脑	G83	计算机及相关设备制造业	1997－06－26	广东省深圳市
000068	赛格中康	C51	电子元器件制造业	1997－06－11	广东省深圳市
000069	华侨城A	K34	旅游业	1997－09－10	广东省深圳市
000078	海王生物	C81	医药制造业	1998－12－18	广东省深圳市
000088	盐田港A	F11	交通运输辅助业	1997－07－28	广东省深圳市
000089	深圳机场	F11	交通运输辅助业	1998－04－20	广东省深圳市
000400	许继电气	C76	电器机械及器材制造业	1997－04－18	河南省许昌市
000401	冀东水泥	C61	非金属矿物制品业	1996－06－14	河北省唐山市
000402	重庆华亚	J01	房地产开发与经营业	1996－06－26	北京市
000403	宜春工程	C43	化学原料及化学制品制造业	1996－06－28	江西省宜春市
000404	华意压缩	C73	专用设备制造业	1996－06－19	江西省景德镇市
000407	胜利股份	C49	塑料制造业	1996－07－03	山东省济南市
000408	河北华玉	C61	非金属矿物制品业	1996－06－28	河北省邯郸市
000409	华立高科	C73	专用设备制造业	1996－06－27	广东省深圳市
000410	沈阳机床	C71	普通机械制造业	1996－07－18	辽宁省沈阳市
000411	凯地丝绸	H11	零售业	1996－07－16	浙江省杭州市
000413	宝石A	C51	电子元器件制造业	1996－07－08	河北省石家庄市
000415	汇通水利	E01	土木工程建筑业	1996－07－16	新疆维吾尔自治区乌鲁木齐市
000416	青岛国货	C03	食品制造业	1996－07－19	山东省青岛市
000417	合肥百货	H11	零售业	1996－08－12	安徽省合肥市
000418	小天鹅A	C76	电器机械及器材制造业	1996－07－18	江苏省无锡市
000419	通程东百	H11	零售业	1996－08－16	湖南省长沙市
000420	吉林化纤	C47	化学纤维制造业	1996－08－02	吉林省吉林市
000421	南京中北	K01	公共设施服务业	1996－08－06	江苏省南京市

证券代码	证券简称	行业代码	行业名称	公司上市日期	公司注册所在地
000422	湖北宜化	C43	化学原料及化学制品制造业	1996－08－15	湖北省宜昌市
000423	东阿阿胶	C81	医药制造业	1996－07－29	山东省东阿县
000425	徐工股份	C73	专用设备制造业	1996－08－28	江苏省徐州市
000426	富龙热力	D01	电力、蒸汽、热水的生产和供应业	1996－08－28	内蒙古自治区赤峰市
000428	华天酒店	K34	旅游业	1996－08－08	湖南省长沙市
000429	粤高速A	F11	交通运输辅助业	1996－08－15	广东省广州市
000430	张家界	K34	旅游业	1996－08－29	湖南省张家界市
000488	晨鸣纸业	C31	造纸及纸制品业	1997－05－26	山东省寿光市
000498	丹东化纤	C47	化学纤维制造业	1997－06－09	辽宁省丹东市
000501	鄂武商A	H11	零售业	1992－11－20	湖北省武汉市
000502	琼能源A	J01	房地产开发与经营业	1992－11－23	海南省海口市
000503	琼化纤	M	综合类	1992－11－30	海南省海口市
000504	琼港澳A	L01	出版业	1992－12－08	北京市
000505	琼珠江A	J01	房地产开发与经营业	1992－12－21	海南省海口市
000506	川盐化A	C31	造纸及纸制品业	1993－03－12	四川省乐山市
000507	粤富华A	M	综合类	1993－03－26	广东省珠海市
000509	川天歌	A07	渔业	1993－05－07	四川省南充市
000510	川金路A	C43	化学原料及化学制品制造业	1993－05－07	四川省德阳市
000511	辽物资A	J01	房地产开发与经营业	1993－05－18	辽宁省沈阳市
000513	粤丽珠A	C81	医药制造业	1993－07－20	广东省珠海市
000514	渝开发A	J01	房地产开发与经营业	1993－07－12	重庆市
000515	渝钛白A	C43	化学原料及化学制品制造业	1993－07－12	重庆市
000516	陕解放A	H11	零售业	1993－08－09	陕西省西安市
000517	甬中元A	G81	通信及相关设备制造业	1993－08－06	浙江省宁波市
000518	苏三山A	C85	生物制品业	1993－09－08	江苏省江阴市
000519	蓉动力A	C71	普通机械制造业	1993－10－08	四川省成都市

证券代码	证券简称	行业代码	行业名称	公司上市日期	公司注册所在地
000520	武凤凰 A	C41	石油加工及炼焦业	1993 – 10 – 25	湖北省武汉市
000521	皖美菱	C76	电器机械及器材制造业	1993 – 10 – 18	安徽省合肥市
000522	白云山 A	C81	医药制造业	1993 – 11 – 08	广东省广州市
000523	穗浪奇	C43	化学原料及化学制品制造业	1993 – 11 – 08	广东省广州市
000524	穗东方 A	K32	旅馆业	1993 – 11 – 18	广东省广州市
000525	宁天龙 A	C43	化学原料及化学制品制造业	1993 – 10 – 28	江苏省南京市
000526	厦海发 A	M	综合类	1993 – 11 – 01	福建省厦门市
000527	粤美的 A	C76	电器机械及器材制造业	1993 – 11 – 12	广东省顺德市
000528	桂柳工 A	C73	专用设备制造业	1993 – 11 – 18	广西壮族自治区柳州市
000529	粤美雅 A	C11	纺织业	1993 – 11 – 18	广东省鹤山市
000530	连大冷 A	C71	普通机械制造业	1993 – 12 – 08	辽宁省大连市
000531	穗恒运 A	D01	电力、蒸汽、热水的生产和供应业	1994 – 01 – 06	广东省广州市
000532	粤华电 A	D01	电力、蒸汽、热水的生产和供应业	1994 – 01 – 03	广东省珠海市
000533	万家乐	C76	电器机械及器材制造业	1994 – 01 – 03	广东省顺德市
000534	汕电力 A	D01	电力、蒸汽、热水的生产和供应业	1994 – 01 – 10	广东省汕头市
000536	闽闽东 A	C76	电器机械及器材制造业	1993 – 11 – 26	福建省福州市
000537	津国商 A	M	综合类	1993 – 12 – 10	天津市
000538	云白药 A	C81	医药制造业	1993 – 12 – 15	云南省昆明市
000539	粤电力 A	D01	电力、蒸汽、热水的生产和供应业	1993 – 11 – 26	广东省广州市
000540	黔中天 A	M	综合类	1994 – 02 – 02	贵州省贵阳市
000541	粤照明 A	C76	电器机械及器材制造业	1993 – 11 – 23	广东省佛山市

证券代码	证券简称	行业代码	行业名称	公司上市日期	公司注册所在地
000543	皖皖能A	D01	电力、蒸汽、热水的生产和供应业	1993－12－20	安徽省合肥市
000544	豫白鸽A	C61	非金属矿物制品业	1993－12－08	河南省郑州市
000545	吉制药A	C81	医药制造业	1993－12－15	吉林省吉林市
000546	吉轻工A	J01	房地产开发与经营业	1993－12－15	吉林省长春市
000547	闽福发A	G81	通信及相关设备制造业	1993－11－30	福建省福州市
000548	湘中意A	K01	公共设施服务业	1993－12－20	湖南省长沙市
000550	赣江铃A	C75	交通运输设备制造业	1993－12－01	江西省南昌市
000551	苏物贸A	C71	普通机械制造业	1994－01－06	江苏省苏州市
000552	甘长风A	B01	煤炭采选业	1994－01－06	甘肃省兰州市
000553	沙隆达A	C43	化学原料及化学制品制造业	1993－12－03	湖北省荆州市
000554	鲁石化A	H03	能源、材料和机械电子设备批发业	1993－12－15	山东省泰安市
000555	黔凯涤A	G81	通信及相关设备制造业	1994－04－08	广东省深圳市
000557	银广夏A	C85	生物制品业	1994－06－17	宁夏回族自治区银川市
000558	辽房天A	J01	房地产开发与经营业	1994－05－09	辽宁省沈阳市
000559	万向潮A	C75	交通运输设备制造业	1994－01－10	浙江省杭州市
000560	昆百大A	H11	零售业	1994－02－02	云南省昆明市
000561	陕长岭A	C76	电器机械及器材制造业	1994－05－09	陕西省宝鸡市
000564	陕民生A	H11	零售业	1994－01－10	陕西省西安市
000565	渝三峡A	C43	化学原料及化学制品制造业	1994－04－08	重庆市
000566	琼海药A	C81	医药制造业	1994－05－25	海南省海口市
000567	琼海德A	M	综合类	1994－05－25	海南省海口市
000568	川老窖A	C05	饮料制造业	1994－05－09	四川省泸州市
000569	长城特钢A	C65	黑色金属冶炼及压延加工业	1994－04－25	四川省江油市

证券代码	证券简称	行业代码	行业名称	公司上市日期	公司注册所在地
000570	苏常柴A	C71	普通机械制造业	1994 - 07 - 01	江苏省常州市
000571	新大洲A	C75	交通运输设备制造业	1994 - 05 - 25	海南省琼山市
000572	琼金盘A	M	综合类	1994 - 08 - 08	海南省海口市
000573	粤宏远A	J01	房地产开发与经营业	1994 - 08 - 15	广东省东莞市
000576	粤甘化A	C01	食品加工业	1994 - 09 - 07	广东省江门市
000578	青百A	H21	商业经纪与代理业	1995 - 03 - 03	青海省西宁市
000581	苏威孚A	C71	普通机械制造业	1995 - 09 - 11	江苏省无锡市
000582	北海新力	F11	交通运输辅助业	1995 - 11 - 02	广西壮族自治区北海市
000584	蜀都A	M	综合类	1995 - 11 - 28	四川省成都市
000585	东北电A	C76	电器机械及器材制造业	1995 - 12 - 13	辽宁省沈阳市
000586	川长江A	H21	商业经纪与代理业	1995 - 12 - 20	四川省成都市
000587	光明家具	C25	家具制造业	1996 - 04 - 25	黑龙江省伊春市
000589	黔轮胎A	C48	橡胶制造业	1996 - 03 - 08	贵州省贵阳市
000590	湘中药	C81	医药制造业	1996 - 01 - 19	湖南省衡阳市
000591	重庆中药	C81	医药制造业	1996 - 02 - 08	重庆市
000592	中福实业	J01	房地产开发与经营业	1996 - 03 - 27	福建省福州市
000593	成都华联	H11	零售业	1996 - 03 - 12	四川省成都市
000594	内蒙宏峰	B07	有色金属矿采选业	1996 - 03 - 20	内蒙古自治区赤峰市
000595	西北轴承	C71	普通机械制造业	1996 - 04 - 19	宁夏回族自治区银川市
000596	古井贡A	C03	食品制造业	1996 - 06 - 12	安徽省亳州市
000597	东北药	C81	医药制造业	1996 - 05 - 23	辽宁省沈阳市
000598	蓝星清洗	C43	化学原料及化学制品制造业	1996 - 05 - 29	甘肃省兰州市
000599	青岛双星	C48	橡胶制造业	1996 - 04 - 30	山东省青岛市
000600	国际大厦	D01	电力、蒸汽、热水的生产和供应业	1996 - 06 - 06	河北省石家庄市
000601	广东韶能	D01	电力、蒸汽、热水的生产和供应业	1996 - 08 - 30	广东省韶关市

证券代码	证券简称	行业代码	行业名称	公司上市日期	公司注册所在地
000602	金马集团	G85	通信服务业	1996－08－19	广东省潮州市
000603	威达医械	C73	专用设备制造业	1996－08－23	广东省深圳市
000605	中联建设	C85	生物制品业	1996－09－13	北京市
000606	青海明胶	C43	化学原料及化学制品制造业	1996－10－04	青海省西宁市
000607	重庆川仪	C78	仪器仪表及文化、办公用机械制造业	1996－08－30	四川省重庆市
000608	广西虎威	J01	房地产开发与经营业	1996－09－19	广西壮族自治区南宁市
000609	燕化高新	C43	化学原料及化学制品制造业	1996－10－10	北京市
000610	西安旅游	K34	旅游业	1996－09－26	陕西省西安市
000611	民族商场	C78	仪器仪表及文化、办公用机械制造业	1996－10－08	内蒙古自治区呼和浩特市
000612	焦作万方	C67	有色金属冶炼及压延加工业	1996－09－26	河南省焦作市
000613	大东海A	K32	旅馆业	1996－10－08	海南省三亚市
000615	湖北金环	C47	化学纤维制造业	1996－10－16	湖北省襄樊市
000616	大连渤海	J01	房地产开发与经营业	1996－11－08	辽宁省大连市
000617	石油济柴	C71	普通机械制造业	1996－10－22	山东省济南市
000619	红星宜纸	C49	塑料制造业	1996－10－23	安徽省芜湖市
000620	牡石化	C41	石油加工及炼焦业	1996－10－29	黑龙江省牡丹江市
000622	岳阳恒立	C73	专用设备制造业	1996－11－07	湖南省岳阳市
000623	吉林敖东	C81	医药制造业	1996－10－28	吉林省敦化市
000625	长安汽车	C75	交通运输设备制造业	1996－11－08	重庆市
000626	如意集团	M	综合类	1996－11－28	江苏省连云港市
000627	湖北中天	C43	化学原料及化学制品制造业	1996－11－12	湖北省荆门市
000628	倍特高新	J01	房地产开发与经营业	1996－11－18	四川省成都市
000629	攀钢板材	C65	黑色金属冶炼及压延加工业	1996－11－15	四川省攀枝花市

证券代码	证券简称	行业代码	行业名称	公司上市日期	公司注册所在地
000630	安徽铜都	C67	有色金属冶炼及压延加工业	1996 - 11 - 20	安徽省铜陵市
000631	长春兰宝	C75	交通运输设备制造业	1996 - 11 - 22	吉林省长春市
000632	三木集团	M	综合类	1996 - 11 - 21	福建省福州市
000633	合金股份	M	综合类	1996 - 11 - 12	辽宁省沈阳市
000635	民族化工	C43	化学原料及化学制品制造业	1996 - 11 - 20	宁夏回族自治区石嘴山市
000636	风华高科	C51	电子元器件制造业	1996 - 11 - 29	广东省肇庆市
000637	茂化实华	C41	石油加工及炼焦业	1996 - 11 - 14	广东省茂名市
000638	中辽国际	M	综合类	1996 - 11 - 26	辽宁省沈阳市
000639	株洲庆云	C69	金属制品业	1996 - 11 - 26	湖南省株洲市
000650	九江化纤	C47	化学纤维制造业	1996 - 12 - 10	江西省九江市
000651	格力电器	C76	电器机械及器材制造业	1996 - 11 - 18	广东省珠海市
000652	美纶股份	F11	交通运输辅助业	1996 - 11 - 28	天津市
000655	华光陶瓷	C61	非金属矿物制品业	1996 - 11 - 28	山东省淄博市
000656	重庆东源	C65	黑色金属冶炼及压延加工业	1996 - 11 - 28	重庆市
000657	金海股份	C67	有色金属冶炼及压延加工业	1996 - 12 - 05	海南省海口市
000659	珠海中富	C49	塑料制造业	1996 - 12 - 03	广东省珠海市
000661	长春高新	C85	生物制品业	1996 - 12 - 18	吉林省长春市
000662	广西康达	M	综合类	1996 - 12 - 16	广西壮族自治区梧州市
000663	永安林业	A03	林业	1996 - 12 - 06	福建省永安市
000665	武汉塑料	C49	塑料制造业	1996 - 12 - 10	湖北省武汉市
000666	经纬纺机	C73	专用设备制造业	1996 - 12 - 10	山西省太原市
000667	昆明五华	J01	房地产开发与经营业	1996 - 12 - 05	云南省昆明市
000668	武汉石油	H11	零售业	1996 - 12 - 10	湖北省武汉市
000669	吉诺尔	G81	通信及相关设备制造业	1996 - 12 - 10	吉林省吉林市
000670	天发股份	H11	零售业	1996 - 12 - 17	湖北省荆州市

证券代码	证券简称	行业代码	行业名称	公司上市日期	公司注册所在地
000671	石狮新发	M	综合类	1996 – 12 – 18	福建省石狮市
000672	铜城集团	M	综合类	1996 – 12 – 18	甘肃省白银市
000673	大同水泥	C61	非金属矿物制品业	1997 – 01 – 24	山西省大同市
000676	河南思达	C78	仪器仪表及文化、办公用机械制造业	1996 – 12 – 24	河南省郑州市
000677	山东海龙	C47	化学纤维制造业	1996 – 12 – 26	山东省潍坊市
000678	襄阳轴承	C75	交通运输设备制造业	1997 – 01 – 06	湖北省襄樊市
000679	大连友谊	H11	零售业	1997 – 01 – 24	辽宁省大连市
000680	山推股份	C73	专用设备制造业	1997 – 01 – 22	山东省济宁市
000681	苏常远东	C13	服装及其他纤维制品制造业	1997 – 01 – 21	江苏省常州市
000682	东方电子	G87	计算机应用服务业	1997 – 01 – 21	山东省烟台市
000683	天然碱	C43	化学原料及化学制品制造业	1997 – 01 – 31	内蒙古自治区东胜市
000685	佛山兴华	K01	公共设施服务业	1997 – 01 – 23	广东省中山市
000686	锦州六陆	M	综合类	1997 – 02 – 27	辽宁省锦州市
000687	保定天鹅	C47	化学纤维制造业	1997 – 02 – 21	河北省保定市
000688	涪陵建陶	G87	计算机应用服务业	1997 – 01 – 20	重庆市
000690	宝丽华	D	电力、煤气及水的生产和供应业	1997 – 01 – 28	广东省梅州市
000691	寰岛实业	M	综合类	1997 – 02 – 28	海南省海口市
000692	惠天热电	D01	电力、蒸汽、热水的生产和供应业	1997 – 02 – 27	辽宁省沈阳市
000693	泰康股份	L20	信息传播服务业	1997 – 02 – 26	四川省温江县
000695	灯塔油漆	C43	化学原料及化学制品制造业	1997 – 02 – 18	天津市
000697	咸阳偏转	C51	电子元器件制造业	1997 – 03 – 25	陕西省咸阳市
000698	沈阳化工	C43	化学原料及化学制品制造业	1997 – 02 – 20	辽宁省沈阳市
000700	兴澄股份	C75	交通运输设备制造业	1997 – 02 – 28	江苏省江阴市
000701	厦门信达	M	综合类	1997 – 02 – 26	福建省厦门市
000702	正虹饲料	C01	食品加工业	1997 – 03 – 18	湖南省岳阳市

证券代码	证券简称	行业代码	行业名称	公司上市日期	公司注册所在地
000703	招商股份	G81	通信及相关设备制造业	1997-03-28	广西壮族自治区北海市
000705	浙江震元	H01	食品、饮料、烟草和家庭用品批发业	1997-04-10	浙江省绍兴市
000707	湖北双环	C43	化学原料及化学制品制造业	1997-04-15	湖北省应城市
000708	大冶特钢	C65	黑色金属冶炼及压延加工业	1997-03-26	湖北省黄石市
000709	唐钢股份	C65	黑色金属冶炼及压延加工业	1997-04-16	河北省唐山市
000710	天兴仪表	C75	交通运输设备制造业	1997-04-22	四川省成都市
000711	龙发股份	K34	旅游业	1997-04-11	黑龙江省哈尔滨市
000712	金泰发展	C11	纺织业	1997-04-15	广东省清远市
000713	丰乐种业	A01	农业	1997-04-22	安徽省合肥市
000715	中兴商业	H11	零售业	1997-05-08	辽宁省沈阳市
000716	广西斯壮	M	综合类	1997-04-18	广西壮族自治区南宁市
000717	韶钢松山	C65	黑色金属冶炼及压延加工业	1997-05-08	广东省韶关市
000718	吉林纸业	C31	造纸及纸制品业	1997-04-08	吉林省吉林市
000719	焦作碱业	C43	化学原料及化学制品制造业	1997-03-31	河南省焦作市
000720	山东电缆	D01	电力、蒸汽、热水的生产和供应业	1997-05-09	山东省泰安市
000721	西安饮食	K30	餐饮业	1997-04-30	陕西省西安市
000722	金果实业	M	综合类	1997-05-22	湖南省衡阳市
000723	天宇电气	C76	电器机械及器材制造业	1997-05-15	福建省福州市
000725	京东方A	C51	电子元器件制造业	1997-06-10	北京市
000726	鲁泰A	C11	纺织业	1997-08-19	山东省淄博市
000727	华东电子	C76	电器机械及器材制造业	1997-05-20	江苏省南京市

证券代码	证券简称	行业代码	行业名称	公司上市日期	公司注册所在地
000728	北京化二	C43	化学原料及化学制品制造业	1997 - 06 - 16	北京市
000729	燕京啤酒	C05	饮料制造业	1997 - 07 - 16	北京市
000731	四川美丰	C43	化学原料及化学制品制造业	1997 - 06 - 17	四川省射洪县
000732	福建三农	C43	化学原料及化学制品制造业	1997 - 07 - 04	福建省三明市
000733	振华科技	C51	电子元器件制造业	1997 - 07 - 03	贵州省贵阳市
000735	罗牛山	A05	畜牧业	1997 - 06 - 11	海南省海口市
000736	重庆实业	C73	专用设备制造业	1997 - 04 - 25	重庆市
000737	南风化工	C43	化学原料及化学制品制造业	1997 - 04 - 28	山西省运城市
000738	南方摩托	C75	交通运输设备制造业	1997 - 06 - 26	湖南省株洲市
000739	青岛东方	C81	医药制造业	1997 - 05 - 09	山东省青岛市
000748	湘计算机	G83	计算机及相关设备制造业	1997 - 07 - 04	湖南省长沙市
000750	桂林集琦	C81	医药制造业	1997 - 07 - 09	广西壮族自治区桂林市
000751	锌业股份	C67	有色金属冶炼及压延加工业	1997 - 06 - 26	辽宁省葫芦岛市
000752	拉萨啤酒	C05	饮料制造业	1997 - 06 - 25	西藏自治区拉萨市
000753	福建双菱	F11	交通运输辅助业	1997 - 06 - 26	福建省漳州市
000755	山西三维	C43	化学原料及化学制品制造业	1997 - 06 - 27	山西省太原市
000756	新华制药	C81	医药制造业	1997 - 08 - 06	山东省淄博市
000757	内江峨柴	C71	普通机械制造业	1997 - 06 - 27	四川省内江市
000758	中色建设	E01	土木工程建筑业	1997 - 04 - 16	北京市
000759	武汉中百	H11	零售业	1997 - 05 - 19	湖北省武汉市
000760	湖北车桥	C75	交通运输设备制造业	1997 - 06 - 27	湖北省公安县
000761	本钢板材	C65	黑色金属冶炼及压延加工业	1997 - 07 - 08	辽宁省本溪市
000762	西藏矿业	B05	黑色金属矿采选业	1997 - 07 - 08	西藏自治区拉萨市

证券代码	证券简称	行业代码	行业名称	公司上市日期	公司注册所在地
000766	通化金马	C81	医药制造业	1997 - 04 - 30	吉林省通化市
000767	漳泽电力	D01	电力、蒸汽、热水的生产和供应业	1997 - 06 - 09	山西省太原市
000768	西飞国际	C75	交通运输设备制造业	1997 - 06 - 26	陕西省西安市
000776	延边公路	F11	交通运输辅助业	1997 - 06 - 11	吉林省延吉市
000777	中核苏阀	C71	普通机械制造业	1997 - 07 - 10	江苏省苏州市
000778	新兴铸管	C69	金属制品业	1997 - 06 - 06	河北省武安市
000779	三毛派神	C11	纺织业	1997 - 05 - 28	甘肃省兰州市
000780	内蒙兴发	C01	食品加工业	1997 - 06 - 06	内蒙古自治区赤峰市
000782	美达股份	C47	化学纤维制造业	1997 - 06 - 19	广东省新会市
000783	石炼化	C41	石油加工及炼焦业	1997 - 07 - 31	河北省石家庄市
000785	武汉中商	H11	零售业	1997 - 07 - 11	湖北省武汉市
000786	北新建材	C61	非金属矿物制品业	1997 - 06 - 06	北京市
000787	五一文	G87	计算机应用服务业	1997 - 06 - 26	湖南省长沙市
000788	合成制药	C81	医药制造业	1997 - 06 - 16	重庆市
000789	江西水泥	C61	非金属矿物制品业	1997 - 09 - 23	江西省万年县
000790	华神科技	C81	医药制造业	1998 - 03 - 27	四川省成都市
000791	西北化工	C43	化学原料及化学制品制造业	1997 - 10 - 14	甘肃省兰州市
000792	盐湖钾肥	C43	化学原料及化学制品制造业	1997 - 09 - 04	青海省格尔木市
000793	燃气股份	M	综合类	1997 - 07 - 29	海南省海口市
000795	太原刚玉	C61	非金属矿物制品业	1997 - 08 - 08	山西省太原市
000796	宝商集团	H11	零售业	1997 - 07 - 03	陕西省宝鸡市
000797	中国武夷	E01	土木工程建筑业	1997 - 07 - 15	福建省福州市
000798	中水渔业	A07	渔业	1998 - 02 - 12	北京市
000799	湘酒鬼	C05	饮料制造业	1997 - 07 - 18	湖南省吉首市
000800	一汽轿车	C75	交通运输设备制造业	1997 - 06 - 18	吉林省长春市
000801	四川湖山	C55	日用电子器具制造业	1998 - 05 - 06	四川省绵阳市

证券代码	证券简称	行业代码	行业名称	公司上市日期	公司注册所在地
000802	京西旅游	K34	旅游业	1998 – 01 – 08	北京市
000803	美亚股份	C11	纺织业	1998 – 03 – 03	四川省南充市
000805	金狮股份	G87	计算机应用服务业	1998 – 05 – 29	江苏省常州市
000806	北海银河	C76	电器机械及器材制造业	1998 – 04 – 16	广西壮族自治区北海市
000807	云铝股份	C67	有色金属冶炼及压延加工业	1998 – 04 – 08	云南省昆明市
000809	第一纺织	C11	纺织业	1998 – 06 – 16	四川省成都市
000810	四川锦华	C11	纺织业	1998 – 06 – 02	四川省遂宁市
000811	烟台冰轮	C71	普通机械制造业	1998 – 05 – 28	山东省烟台市
000812	陕西金叶	C35	印刷业	1998 – 06 – 23	陕西省西安市
000813	天山纺织	C11	纺织业	1998 – 05 – 19	新疆维吾尔自治区乌鲁木齐市
000815	美利纸业	C31	造纸及纸制品业	1998 – 06 – 09	宁夏回族自治区银川市
000816	江淮动力	C71	普通机械制造业	1997 – 08 – 18	江苏省盐城市
000818	锦化氯碱	C43	化学原料及化学制品制造业	1997 – 10 – 17	辽宁省葫芦岛市
000819	岳阳兴长	C41	石油加工及炼焦业	1997 – 06 – 25	湖南省岳阳市
000820	金城股份	C31	造纸及纸制品业	1998 – 06 – 30	辽宁省凌海市
000821	京山轻机	C73	专用设备制造业	1998 – 06 – 26	湖北省京山县
000822	山东海化	C43	化学原料及化学制品制造业	1998 – 07 – 03	山东省潍坊市
000823	超声电子	C51	电子元器件制造业	1997 – 10 – 08	广东省汕头市
000825	太钢不锈	C65	黑色金属冶炼及压延加工业	1998 – 10 – 21	山西太原市
000826	国投原宜	C43	化学原料及化学制品制造业	1998 – 02 – 25	湖北省宜昌市
000828	广东福地	F11	交通运输辅助业	1997 – 06 – 17	广东省东莞市
000829	赣南果业	A01	农业	1997 – 12 – 02	江西省赣州市
000830	鲁西化工	C43	化学原料及化学制品制造业	1998 – 08 – 07	山东省聊城市

证券代码	证券简称	行业代码	行业名称	公司上市日期	公司注册所在地
000831	关铝股份	C67	有色金属冶炼及压延加工业	1998-09-11	山西省运城市
000833	贵糖股份	C01	食品加工业	1998-11-11	广西壮族自治区贵港市
000836	天大天财	G87	计算机应用服务业	1997-09-29	天津市
000837	秦川发展	C71	普通机械制造业	1998-09-28	陕西省宝鸡市
000838	西南化机	C73	专用设备制造业	1997-06-26	四川省什邡市
000839	中信国安	G85	通信服务业	1997-10-31	北京市
000848	承德露露	C05	饮料制造业	1997-11-13	河北省承德市
000850	华茂股份	C11	纺织业	1998-10-07	安徽省安庆市
000851	中国七砂	C61	非金属矿物制品业	1998-06-09	贵州省贵阳市
000852	江钻股份	C73	专用设备制造业	1998-11-26	湖北省武汉市
000856	唐山陶瓷	C61	非金属矿物制品业	1998-08-13	河北省唐山市
000858	五粮液	C01	食品加工业	1998-04-27	四川省宜宾市
000859	国风塑业	C49	塑料制造业	1998-11-19	安徽省合肥市
000860	顺鑫农业	A01	农业	1998-11-04	北京市
000861	茂化永业	C61	非金属矿物制品业	1998-10-28	广东省茂名市
000862	吴忠仪表	C78	仪器仪表及文化、办公用机械制造业	1998-09-15	宁夏回族自治区吴忠市
000863	北商技术	G87	计算机应用服务业	1997-09-25	辽宁省沈阳市
000868	安凯客车	C75	交通运输设备制造业	1997-07-25	安徽省合肥市
000869	张裕A	C05	饮料制造业	1997-09-23	山东省烟台市
000876	新希望	C01	食品加工业	1998-03-11	四川省绵阳市
000878	云南铜业	C67	有色金属冶炼及压延加工业	1998-06-02	云南省昆明市
000880	山东巨力	C75	交通运输设备制造业	1998-04-02	山东省潍坊市
000881	大连国际	M	综合类	1998-09-02	辽宁省大连市
000882	中商股份	H01	食品、饮料、烟草和家庭用品批发业	1998-06-16	北京市
000883	三环股份	C75	交通运输设备制造业	1998-05-19	湖北省武汉市
000886	海南高速	F11	交通运输辅助业	1998-01-23	海南省海口市

证券代码	证券简称	行业代码	行业名称	公司上市日期	公司注册所在地
000887	飞彩股份	C75	交通运输设备制造业	1998 - 12 - 03	安徽省宣州市
000888	峨眉山 A	K34	旅游业	1997 - 10 - 21	四川省峨眉山市
000889	华联商城	J01	房地产开发与经营业	1997 - 12 - 18	河北省秦皇岛市
000893	广州冷机	C76	电器机械及器材制造业	1998 - 12 - 24	广东省广州市
000895	双汇实业	C01	食品加工业	1998 - 12 - 10	河南省漯河市
000898	鞍钢新轧	C65	黑色金属冶炼及压延加工业	1997 - 12 - 25	辽宁省鞍山市
000899	赣能股份	D01	电力、蒸汽、热水的生产和供应业	1997 - 11 - 26	江西省南昌市
001696	成都联益	C75	交通运输设备制造业	1997 - 03 - 06	四川省双流县
001896	河南豫能	D01	电力、蒸汽、热水的生产和供应业	1998 - 01 - 22	河南省郑州市
600001	邯郸钢铁	C65	黑色金属冶炼及压延加工业	1998 - 01 - 22	河北省邯郸市
600009	虹桥机场	F11	交通运输辅助业	1998 - 02 - 18	上海市
600051	宁波联合	M	综合类	1997 - 04 - 10	浙江省宁波市
600052	浙江广厦	J01	房地产开发与经营业	1997 - 04 - 15	浙江省东阳市
600053	江西纸业	C31	造纸及纸制品业	1997 - 04 - 18	江西省南昌市
600054	黄山旅游	K34	旅游业	1996 - 11 - 22	安徽省黄山市
600055	万东医疗	C73	专用设备制造业	1997 - 05 - 19	北京市
600056	中技贸易	H21	商业经纪与代理业	1997 - 05 - 15	北京市
600057	厦新电子	C55	日用电子器具制造业	1997 - 06 - 04	福建省厦门市
600058	五矿发展	H21	商业经纪与代理业	1997 - 05 - 28	北京市
600059	古越龙山	C05	饮料制造业	1997 - 05 - 16	浙江省绍兴市
600060	海信电器	C55	日用电子器具制造业	1997 - 04 - 22	山东省青岛市
600061	中纺投资	C47	化学纤维制造业	1997 - 05 - 19	上海市
600062	双鹤药业	C81	医药制造业	1997 - 05 - 22	北京市
600063	皖维股份	C47	化学纤维制造业	1997 - 05 - 28	安徽省巢湖市
600064	南京高科	J01	房地产开发与经营业	1997 - 05 - 06	江苏省南京市
600066	郑州客车	C75	交通运输设备制造业	1997 - 05 - 08	河南省郑州市

证券代码	证券简称	行业代码	行业名称	公司上市日期	公司注册所在地
600067	福州自仪	C76	电器机械及器材制造业	1997 - 05 - 08	福建省福州市
600068	葛洲坝	E01	土木工程建筑业	1997 - 05 - 26	湖北省宜昌市
600069	漯河银鸽	C31	造纸及纸制品业	1997 - 04 - 30	河南省漯河市
600070	浙江富润	C11	纺织业	1997 - 06 - 04	浙江省诸暨市
600071	凤凰光学	C78	仪器仪表及文化、办公用机械制造业	1997 - 05 - 28	江西省上饶市
600072	江南重工	C73	专用设备制造业	1997 - 06 - 03	上海市
600073	上海梅林	C03	食品制造业	1997 - 07 - 04	上海市
600074	南京中达	C49	塑料制造业	1997 - 06 - 23	江苏省南京市
600075	新疆天业	A01	农业	1997 - 06 - 17	新疆维吾尔自治区石河子市
600076	华光科技	G81	通信及相关设备制造业	1997 - 05 - 26	山东省潍坊市
600077	精工集团	G81	通信及相关设备制造业	1997 - 05 - 20	辽宁省沈阳市
600078	鼎球实业	C43	化学原料及化学制品制造业	1997 - 06 - 27	江苏省江阴市
600079	当代科技	M	综合类	1997 - 06 - 06	湖北省武汉市
600080	金花股份	C81	医药制造业	1997 - 06 - 12	陕西省西安市
600081	东风科技	C75	交通运输设备制造业	1997 - 07 - 03	上海市
600082	津百股份	H11	零售业	1997 - 06 - 20	天津市
600083	红光实业	C55	日用电子器具制造业	1997 - 06 - 06	四川省成都市
600084	新天国际	H21	商业经纪与代理业	1997 - 07 - 11	新疆维吾尔自治区乌鲁木齐市
600085	同仁堂	C81	医药制造业	1997 - 06 - 25	北京市
600086	多佳股份	C13	服装及其他纤维制品制造业	1997 - 06 - 06	湖北省鄂州市
600087	南京水运	F07	水上运输业	1997 - 06 - 12	江苏省南京市
600088	中视股份	L10	广播电影电视业	1997 - 06 - 16	江苏省无锡市
600089	特变电工	C76	电器机械及器材制造业	1997 - 06 - 18	新疆维吾尔自治区昌吉市

证券代码	证券简称	行业代码	行业名称	公司上市日期	公司注册所在地
600090	啤酒花	C01	食品加工业	1997 - 06 - 16	新疆维吾尔自治区乌鲁木齐市
600091	黄河化工	C43	化学原料及化学制品制造业	1997 - 07 - 04	内蒙古自治区包头市
600093	禾嘉股份	A01	农业	1997 - 06 - 26	四川省成都市
600094	华源股份	C47	化学纤维制造业	1996 - 07 - 26	上海市
600095	哈高科	C01	食品加工业	1997 - 07 - 08	黑龙江省哈尔滨市
600096	云天化	C43	化学原料及化学制品制造业	1997 - 07 - 09	云南省水富县
600097	恒泰芒果	G87	计算机应用服务业	1997 - 06 - 19	浙江省杭州市
600098	广发电力	D01	电力、蒸汽、热水的生产和供应业	1997 - 07 - 18	广东省广州市
600099	林海股份	C75	交通运输设备制造业	1997 - 07 - 04	江苏省泰州市
600100	清华同方	G87	计算机应用服务业	1997 - 06 - 27	北京市
600101	明星电力	D01	电力、蒸汽、热水的生产和供应业	1997 - 06 - 27	四川省遂宁市
600102	莱钢股份	C65	黑色金属冶炼及压延加工业	1997 - 08 - 28	山东省莱芜市
600103	青山纸业	C31	造纸及纸制品业	1997 - 07 - 03	福建省福州市
600104	上海汽车	C75	交通运输设备制造业	1997 - 11 - 25	上海市
600105	永鼎光缆	G81	通信及相关设备制造业	1997 - 09 - 29	江苏省吴江市
600106	重庆路桥	F11	交通运输辅助业	1997 - 06 - 18	重庆市
600107	美尔雅	C13	服装及其他纤维制品制造业	1997 - 11 - 06	湖北省黄石市
600108	亚盛集团	A01	农业	1997 - 08 - 18	甘肃省兰州市
600109	成百集团	H01	食品、饮料、烟草和家庭用品批发业	1997 - 08 - 07	四川省成都市
600110	长春热缩	C99	其他制造业	1997 - 10 - 07	吉林省长春市
600111	稀土高科	C67	有色金属冶炼及压延加工业	1997 - 09 - 24	内蒙古自治区包头市
600112	长征电器	C76	电器机械及器材制造业	1997 - 11 - 27	贵州省遵义市

证券代码	证券简称	行业代码	行业名称	公司上市日期	公司注册所在地
600113	浙江东日	C99	其他制造业	1997－10－21	浙江省温州市
600115	东方航空	F09	航空运输业	1997－11－05	上海市
600116	三峡水利	D01	电力、蒸汽、热水的生产和供应业	1997－08－04	重庆市
600117	西宁特钢	C65	黑色金属冶炼及压延加工业	1997－10－15	青海省西宁市
600118	中国泛旅	K34	旅游业	1997－09－08	北京市
600119	长江投资	M	综合类	1998－01－15	四川省成都市
600120	浙江东方	H21	商业经纪与代理业	1997－12－01	浙江省杭州市
600121	郑州煤电	B01	煤炭采选业	1998－01－07	河南省郑州市
600122	宏图高科	G81	通信及相关设备制造业	1998－04－20	江苏省南京市
600123	兰花股份	B01	煤炭采选业	1998－12－17	山西省晋城市
600125	铁龙股份	F01	铁路运输业	1998－05－11	辽宁省大连市
600126	杭钢股份	C65	黑色金属冶炼及压延加工业	1998－03－11	浙江省杭州市
600127	金健米业	C01	食品加工业	1998－05－06	湖南省常德市
600128	江苏工艺	H21	商业经纪与代理业	1997－09－01	江苏省南京市
600129	太极集团	C81	医药制造业	1997－11－18	重庆市
600131	岷江水电	D01	电力、蒸汽、热水的生产和供应业	1998－04－02	四川省阿坝州
600132	重庆啤酒	C05	饮料制造业	1997－10－30	重庆市
600133	东湖高新	M	综合类	1998－02－12	湖北省武汉市
600135	乐凯胶片	C43	化学原料及化学制品制造业	1998－01－22	河北省保定市
600136	道博股份	M	综合类	1998－03－03	湖北省武汉市
600137	长江包装	C31	造纸及纸制品业	1998－04－16	四川省宜宾市
600138	中青旅	K34	旅游业	1997－12－03	北京市
600139	东方电工	G83	计算机及相关设备制造业	1998－02－25	四川省德阳市
600148	离合器	C75	交通运输设备制造业	1998－05－20	吉林省长春市
600150	沪东重机	C73	专用设备制造业	1998－05－20	上海市

证券代码	证券简称	行业代码	行业名称	公司上市日期	公司注册所在地
600151	航天机电	C75	交通运输设备制造业	1998－06－05	上海市
600152	敦煌集团	C11	纺织业	1998－06－09	浙江省宁波市
600153	厦门建发	H21	商业经纪与代理业	1998－06－16	福建省厦门市
600155	宝硕股份	C49	塑料制造业	1998－09－18	河北省保定市
600156	益鑫泰	C11	纺织业	1998－05－27	湖南省长沙市
600157	鲁润股份	M	综合类	1998－05－13	山东省泰安市
600158	中体产业	K99	其他社会服务业	1998－03－27	天津市
600159	宁城老窖	C05	饮料制造业	1998－05－26	内蒙自治区宁城县
600160	巨化股份	C43	化学原料及化学制品制造业	1998－06－26	浙江省衢州市
600161	天坛生物	C85	生物制品业	1998－06－16	北京市
600162	山东临工	C73	专用设备制造业	1998－06－09	山东省临沂市
600163	福建南纸	C31	造纸及纸制品业	1998－06－02	福建省南平市
600165	宁夏恒力	C69	金属制品业	1998－05－29	宁夏回族自治区银川市
600166	福田股份	C75	交通运输设备制造业	1998－06－02	北京市
600168	武汉实业	D05	自来水的生产和供应业	1998－04－27	湖北省武汉市
600169	太原重工	C73	专用设备制造业	1998－09－04	山西省太原市
600170	上海建工	E01	土木工程建筑业	1998－06－23	上海市
600171	上海贝岭	C51	电子元器件制造业	1998－09－24	上海市
600172	黄河旋风	C61	非金属矿物制品业	1998－11－26	河南省长葛市
600177	雅戈尔	C13	服装及其他纤维制品制造业	1998－11－19	浙江省宁波市
600178	东安动力	C75	交通运输设备制造业	1998－10－14	黑龙江省哈尔滨市
600179	黑化股份	C41	石油加工及炼焦业	1998－11－04	黑龙江省齐齐哈尔市
600180	九发股份	A01	农业	1998－07－03	山东省烟台市
600183	生益股份	C78	仪器仪表及文化、办公用机械制造业	1998－10－28	广东省东莞市
600186	莲花味精	C03	食品制造业	1998－08－25	河南省项城市

证券代码	证券简称	行业代码	行业名称	公司上市日期	公司注册所在地
600187	黑龙股份	C31	造纸及纸制品业	1998－11－11	黑龙江省齐齐哈尔市
600188	兖州煤业	B01	煤炭采选业	1998－07－01	山东省邹城市
600189	吉林森工	A03	林业	1998－10－07	吉林省长春市
600190	锦州港	F11	交通运输辅助业	1998－05－19	辽宁省锦州市
600191	华资实业	C01	食品加工业	1998－12－10	内蒙古自治区包头市
600192	长城电工	C76	电器机械及器材制造业	1998－12－24	甘肃省兰州市
600196	复星实业	C81	医药制造业	1998－08－07	上海市
600198	大唐电信	G81	通信及相关设备制造业	1998－10－21	北京市
600199	金牛实业	C01	食品加工业	1998－08－12	安徽省阜阳市
600218	全柴动力	C71	普通机械制造业	1998－12－03	安徽省全椒县
600221	海南航空	F09	航空运输业	1997－06－26	海南省海口市
600272	开开实业	C13	服装及其他纤维制品制造业	1997－01－08	上海市
600295	鄂尔多斯	C13	服装及其他纤维制品制造业	1995－10－20	内蒙古自治区东胜市
600320	振华港机	C73	专用设备制造业	1997－08－05	上海市
600600	青岛啤酒	C05	饮料制造业	1993－08－27	山东省青岛市
600601	延中实业	G83	计算机及相关设备制造业	1990－12－19	上海市
600602	真空电子	C51	电子元器件制造业	1990－12－19	上海市
600603	兴业房产	J01	房地产开发与经营业	1992－01－13	上海市
600604	二纺机	C73	专用设备制造业	1992－03－27	上海市
600605	轻工机械	C71	普通机械制造业	1992－03－27	上海市
600606	嘉丰股份	M	综合类	1992－03－27	上海市
600607	联合实业	M	综合类	1992－03－27	上海市
600608	异型钢管	C69	金属制品业	1992－03－27	上海市
600609	沈阳金杯	C75	交通运输设备制造业	1992－07－24	辽宁省沈阳市
600610	中纺机	C73	专用设备制造业	1992－07－28	上海市

证券代码	证券简称	行业代码	行业名称	公司上市日期	公司注册所在地
600611	大众出租	K01	公共设施服务业	1992 - 07 - 22	上海市
600612	第一铅笔	C99	其他制造业	1992 - 07 - 28	上海市
600613	永生制笔	L	传播与文化产业	1992 - 07 - 22	上海市
600614	胶带股份	C85	生物制品业	1992 - 07 - 28	上海市
600615	丰华圆珠	C43	化学原料及化学制品制造业	1992 - 09 - 10	上海市
600616	第一食品	H11	零售业	1992 - 09 - 29	上海市
600617	联华合纤	C47	化学纤维制造业	1992 - 10 - 13	上海市
600618	氯碱化工	C43	化学原料及化学制品制造业	1992 - 08 - 20	上海市
600619	冰箱压缩	C76	电器机械及器材制造业	1992 - 11 - 16	上海市
600620	联农股份	M	综合类	1992 - 11 - 17	上海市
600621	金陵股份	G85	通信服务业	1992 - 12 - 02	上海市
600622	嘉宝实业	M	综合类	1992 - 12 - 03	上海市
600623	轮胎橡胶	C48	橡胶制造业	1992 - 08 - 28	上海市
600624	复华实业	M	综合类	1993 - 01 - 05	上海市
600626	申达股份	C11	纺织业	1993 - 01 - 07	上海市
600627	电器股份	C76	电器机械及器材制造业	1993 - 01 - 18	上海市
600628	新世界	H11	零售业	1993 - 01 - 19	上海市
600629	棱光实业	C61	非金属矿物制品业	1993 - 02 - 09	上海市
600630	龙头股份	C11	纺织业	1993 - 02 - 09	上海市
600631	中百一店	H11	零售业	1993 - 02 - 19	上海市
600633	双鹿电器	C76	电器机械及器材制造业	1993 - 03 - 04	上海市
600634	海鸟电子	J01	房地产开发与经营业	1993 - 03 - 04	上海市
600635	浦东大众	M	综合类	1993 - 03 - 04	上海市
600636	三爱富	C43	化学原料及化学制品制造业	1993 - 03 - 16	上海市
600637	广电股份	C55	日用电子器具制造业	1993 - 03 - 16	上海市

证券代码	证券简称	行业代码	行业名称	公司上市日期	公司注册所在地
600638	黄浦房产	J01	房地产开发与经营业	1993 - 03 - 26	上海市
600639	浦东金桥	J01	房地产开发与经营业	1993 - 03 - 26	上海市
600640	国脉实业	L	传播与文化产业	1993 - 04 - 07	上海市
600641	众城实业	J01	房地产开发与经营业	1993 - 04 - 07	上海市
600642	申能股份	D01	电力、蒸汽、热水的生产和供应业	1993 - 04 - 16	上海市
600644	乐山电力	D01	电力、蒸汽、热水的生产和供应业	1993 - 04 - 26	四川省乐山市
600645	望春花	C11	纺织业	1993 - 05 - 04	上海市
600647	新亚快餐	M	综合类	1993 - 05 - 04	上海市
600648	外高桥	J01	房地产开发与经营业	1993 - 05 - 04	上海市
600649	原水股份	D05	自来水的生产和供应业	1993 - 05 - 18	上海市
600650	新锦江	K32	旅馆业	1993 - 06 - 07	上海市
600651	飞乐音响	M	综合类	1990 - 12 - 19	上海市
600652	爱使电子	M	综合类	1990 - 12 - 19	上海市
600653	申华实业	M	综合类	1990 - 12 - 19	上海市
600654	飞乐股份	G81	通信及相关设备制造业	1990 - 12 - 19	上海市
600655	豫园商城	H11	零售业	1992 - 09 - 02	上海市
600656	凤凰化工	C43	化学原料及化学制品制造业	1990 - 12 - 19	上海市
600657	北京天桥	G87	计算机应用服务业	1993 - 05 - 24	北京市
600658	北京天龙	G81	通信及相关设备制造业	1993 - 05 - 24	北京市
600660	福耀玻璃	C61	非金属矿物制品业	1993 - 06 - 10	福建省福清市
600661	南洋实业	M	综合类	1993 - 06 - 14	上海市
600662	浦东强生	K01	公共设施服务业	1993 - 06 - 14	上海市
600663	陆家嘴	J01	房地产开发与经营业	1993 - 06 - 28	上海市
600664	哈医药	C81	医药制造业	1993 - 06 - 29	黑龙江省哈尔滨市
600665	沪昌特钢	J01	房地产开发与经营业	1993 - 07 - 09	上海市

证券代码	证券简称	行业代码	行业名称	公司上市日期	公司注册所在地
600666	重庆药业	C81	医药制造业	1993 - 07 - 12	重庆市
600667	太极实业	C47	化学纤维制造业	1993 - 07 - 28	江苏省无锡市
600668	浙江尖峰	C61	非金属矿物制品业	1993 - 07 - 28	浙江省金华市
600671	杭州天目	C81	医药制造业	1993 - 08 - 23	北京市
600673	成都量具	C78	仪器仪表及文化、办公用机械制造业	1993 - 09 - 17	四川省成都市
600674	四川峨铁	C65	黑色金属冶炼及压延加工业	1993 - 09 - 24	四川省峨眉山市
600675	中华企业	J01	房地产开发与经营业	1993 - 09 - 24	上海市
600676	钢运股份	C75	交通运输设备制造业	1993 - 09 - 28	上海市
600677	浙江中汇	C11	纺织业	1993 - 09 - 28	浙江省杭州市
600678	四川金顶	C61	非金属矿物制品业	1993 - 10 - 08	四川省峨眉山市
600679	上海凤凰	C75	交通运输设备制造业	1993 - 10 - 08	上海市
600680	邮通设备	G81	通信及相关设备制造业	1993 - 10 - 18	上海市
600681	长印股份	L	传播与文化产业	1993 - 10 - 18	湖北省武汉市
600682	南京新百	H11	零售业	1993 - 10 - 18	江苏省南京市
600683	宁波华联	H11	零售业	1993 - 10 - 25	浙江省宁波市
600684	广州珠江	J01	房地产开发与经营业	1993 - 10 - 28	广东省广州市
600685	广州广船	C75	交通运输设备制造业	1993 - 10 - 28	广东省广州市
600686	厦门汽车	C75	交通运输设备制造业	1993 - 11 - 08	福建省厦门市
600687	厦门国泰	G87	计算机应用服务业	1993 - 11 - 08	福建省厦门市
600688	上海石化	C41	石油加工及炼焦业	1993 - 11 - 08	上海市
600689	上海三毛	C13	服装及其他纤维制品制造业	1993 - 11 - 08	上海市
600690	青岛海尔	C76	电器机械及器材制造业	1993 - 11 - 19	山东省青岛市
600691	东新电碳	C65	黑色金属冶炼及压延加工业	1993 - 11 - 19	四川省自贡市
600692	亚通股份	F07	水上运输业	1993 - 11 - 19	上海市
600693	东百公司	H11	零售业	1993 - 11 - 22	福建省福州市

证券代码	证券简称	行业代码	行业名称	公司上市日期	公司注册所在地
600694	大连商场	H11	零售业	1993-11-22	辽宁省大连市
600695	大江股份	C01	食品加工业	1993-11-22	上海市
600696	福建豪盛	C61	非金属矿物制品业	1993-12-06	福建省福州市
600697	长春东百	H11	零售业	1993-12-06	吉林省长春市
600698	济南轻骑	C75	交通运输设备制造业	1993-12-06	山东省济南市
600699	辽源得亨	C47	化学纤维制造业	1993-12-06	吉林省辽源市
600701	工大高新	M	综合类	1996-05-28	黑龙江省哈尔滨市
600702	沱牌股份	C05	饮料制造业	1996-05-24	四川省射洪县
600703	活力28	C43	化学原料及化学制品制造业	1996-05-28	湖北省荆州市
600704	中大股份	H21	商业经纪与代理业	1996-06-06	浙江省杭州市
600705	北亚集团	M	综合类	1996-05-16	黑龙江省哈尔滨市
600706	长安信息	G85	通信服务业	1996-05-16	陕西省西安市
600707	彩虹股份	C55	日用电子器具制造业	1996-05-20	陕西省西安市
600708	东海股份	M	综合类	1996-06-06	上海市
600710	常林股份	C73	专用设备制造业	1996-07-01	江苏省常州市
600711	龙舟集团	M	综合类	1996-05-31	福建省厦门市
600712	南宁百货	H11	零售业	1996-06-26	广西壮族自治区南宁市
600713	南京医药	C81	医药制造业	1996-07-01	江苏省南京市
600714	山川股份	C65	黑色金属冶炼及压延加工业	1996-06-06	青海省西宁市
600715	松辽汽车	C75	交通运输设备制造业	1996-07-01	辽宁省沈阳市
600716	耀华玻璃	C61	非金属矿物制品业	1996-07-02	河北省秦皇岛市
600717	津港储运	F11	交通运输辅助业	1996-06-14	天津市
600718	东大阿派	G87	计算机应用服务业	1996-06-18	辽宁省沈阳市
600719	大连热电	D01	电力、蒸汽、热水的生产和供应业	1996-07-16	辽宁省大连市
600720	祁连山	C61	非金属矿物制品业	1996-07-16	甘肃省兰州市
600721	百华村	G83	计算机及相关设备制造业	1996-06-26	新疆维吾尔自治区乌鲁木齐市

证券代码	证券简称	行业代码	行业名称	公司上市日期	公司注册所在地
600722	沧州化工	C43	化学原料及化学制品制造业	1996－06－26	河北省沧州市
600723	西单商场	H11	零售业	1996－07－16	北京市
600724	宁波富达	C76	电器机械及器材制造业	1996－07－16	浙江省余姚市
600725	云维股份	C43	化学原料及化学制品制造业	1996－07－02	云南省曲靖市
600726	龙电股份	D01	电力、蒸汽、热水的生产和供应业	1996－04－22	黑龙江省哈尔滨市
600727	鲁北化工	C43	化学原料及化学制品制造业	1996－07－02	山东省无棣县
600728	远洋渔业	G87	计算机应用服务业	1996－07－16	广东省广州市
600729	重庆百货	H11	零售业	1996－07－02	重庆市
600730	中国高科	M	综合类	1996－07－26	上海市
600731	湖南海利	C43	化学原料及化学制品制造业	1996－08－02	湖南省长沙市
600732	上海港机	C73	专用设备制造业	1996－08－16	上海市
600733	前锋股份	G81	通信及相关设备制造业	1996－08－16	四川省成都市
600734	实达电脑	G83	计算机及相关设备制造业	1996－08－08	福建省福州市
600735	环宇股份	C05	饮料制造业	1996－07－26	山东省临沂市
600736	苏州高新	J01	房地产开发与经营业	1996－08－15	江苏省苏州市
600737	新疆屯河	C61	非金属矿物制品业	1996－07－31	新疆维吾尔自治区昌吉市
600738	兰州民百	H11	零售业	1996－08－02	甘肃省兰州市
600739	辽宁成大	H21	商业经纪与代理业	1996－08－19	辽宁省大连市
600740	山西焦化	C41	石油加工及炼焦业	1996－08－08	山西省洪洞县
600741	巴士股份	K01	公共设施服务业	1996－08－26	上海市
600742	一汽四环	C75	交通运输设备制造业	1996－08－26	吉林省长春市
600743	幸福实业	M	综合类	1996－09－09	湖北省潜江市
600744	华银电力	D01	电力、蒸汽、热水的生产和供应业	1996－09－05	湖南省长沙市

证券代码	证券简称	行业代码	行业名称	公司上市日期	公司注册所在地
600745	康赛集团	C13	服装及其他纤维制品制造业	1996 - 08 - 28	湖北省黄石市
600746	江苏索普	C43	化学原料及化学制品制造业	1996 - 09 - 18	江苏省镇江市
600747	大显股份	C55	日用电子器具制造业	1996 - 09 - 16	辽宁省大连市
600748	浦东不锈	C65	黑色金属冶炼及压延加工业	1996 - 09 - 25	上海市
600749	西藏圣地	K34	旅游业	1996 - 10 - 15	西藏自治区拉萨市
600750	东风药业	C81	医药制造业	1996 - 09 - 23	江西省乐平市
600751	天津海运	F07	水上运输业	1996 - 04 - 30	天津市
600753	冰熊股份	C76	电器机械及器材制造业	1996 - 09 - 27	河南省民权县
600754	新亚股份	K32	旅馆业	1994 - 12 - 15	上海市
600755	厦门国贸	H21	商业经纪与代理业	1996 - 10 - 03	福建省厦门市
600756	泰山旅游	G87	计算机应用服务业	1996 - 09 - 23	山东省泰安市
600757	华源发展	C13	服装及其他纤维制品制造业	1996 - 10 - 03	上海市
600758	金帝建设	E01	土木工程建筑业	1996 - 10 - 29	辽宁省沈阳市
600759	华侨投资	M	综合类	1996 - 10 - 08	海南省海口市
600760	山东黑豹	C75	交通运输设备制造业	1996 - 10 - 11	山东省文登市
600761	安徽合力	C73	专用设备制造业	1996 - 10 - 09	安徽省合肥市
600763	北京中燕	C14	皮革、毛皮、羽绒及制品制造业	1996 - 10 - 30	北京市
600764	三星石化	C41	石油加工及炼焦业	1996 - 11 - 04	甘肃省兰州市
600765	力源液压	C71	普通机械制造业	1996 - 11 - 06	贵州省贵阳市
600766	烟台华联	H11	零售业	1996 - 10 - 28	山东省烟台市
600767	运盛实业	J01	房地产开发与经营业	1996 - 11 - 15	福建省福州市
600768	宁波华通	F03	公路运输业	1996 - 11 - 11	浙江省宁波市
600769	祥龙电业	D01	电力、蒸汽、热水的生产和供应业	1996 - 11 - 01	湖北省武汉市
600770	综艺股份	M	综合类	1996 - 11 - 20	江苏省通州市
600771	同仁铝业	C81	医药制造业	1996 - 11 - 05	青海省西宁市

证券代码	证券简称	行业代码	行业名称	公司上市日期	公司注册所在地
600773	西藏金珠	H21	商业经纪与代理业	1996 – 11 – 08	西藏自治区拉萨市
600774	汉商集团	H11	零售业	1996 – 11 – 08	湖北省武汉市
600775	南京熊猫	G81	通信及相关设备制造业	1996 – 11 – 18	江苏省南京市
600776	东方通信	G81	通信及相关设备制造业	1996 – 08 – 09	浙江省杭州市
600777	新潮实业	C51	电子元器件制造业	1996 – 11 – 21	山东省烟台市
600778	新疆友好	H11	零售业	1996 – 12 – 03	新疆维吾尔自治区乌鲁木齐市
600779	四川制药	C05	饮料制造业	1996 – 12 – 06	四川省成都市
600780	通宝能源	D01	电力、蒸汽、热水的生产和供应业	1996 – 12 – 05	山西省太原市
600781	民丰实业	C11	纺织业	1996 – 12 – 18	上海市
600782	新华股份	C69	金属制品业	1996 – 12 – 25	江西省新余市
600783	四砂股份	C61	非金属矿物制品业	1996 – 12 – 25	山东省淄博市
600784	鲁银集团	M	综合类	1996 – 12 – 25	山东省济南市
600785	新华百货	H11	零售业	1997 – 01 – 08	宁夏回族自治区银川市
600786	东方锅炉	C71	普通机械制造业	1996 – 12 – 27	四川省自贡市
600787	中储股份	F21	仓储业	1997 – 01 – 21	天津市
600789	鲁抗医药	C81	医药制造业	1997 – 02 – 26	山东省济宁市
600790	轻纺城	M	综合类	1997 – 02 – 28	浙江省绍兴县
600791	贵州华联	H11	零售业	1997 – 01 – 30	贵州省贵阳市
600792	云南马龙	C61	非金属矿物制品业	1997 – 01 – 23	云南省曲靖市
600793	宜宾纸业	C31	造纸及纸制品业	1997 – 02 – 20	四川省宜宾市
600794	大理造纸	C31	造纸及纸制品业	1997 – 03 – 06	云南省昆明市
600795	东北热电	D01	电力、蒸汽、热水的生产和供应业	1997 – 03 – 18	辽宁省大连市
600796	钱江生化	C85	生物制品业	1997 – 04 – 08	浙江省海宁市
600797	浙江天然	G87	计算机应用服务业	1997 – 04 – 18	浙江省绍兴市
600798	宁波海运	F07	水上运输业	1997 – 04 – 23	浙江省宁波市

证券代码	证券简称	行业代码	行业名称	公司上市日期	公司注册所在地
600800	天津磁卡	C99	其他制造业	1993－12－06	天津市
600801	湖北华新	C61	非金属矿物制品业	1994－01－03	湖北省黄石市
600802	福建水泥	C61	非金属矿物制品业	1994－01－03	福建省福州市
600803	河北威远	C43	化学原料及化学制品制造业	1994－01－03	河北省石家庄市
600804	成都工益	C65	黑色金属冶炼及压延加工业	1994－01－03	四川省成都市
600805	江苏悦达	M	综合类	1994－01－03	江苏省盐城市
600806	昆明机床	C73	专用设备制造业	1994－01－03	云南省昆明市
600807	济南百货	H11	零售业	1994－01－03	山东省济南市
600808	安徽马钢	C65	黑色金属冶炼及压延加工业	1994－01－06	安徽省马鞍山市
600809	山西汾酒	C05	饮料制造业	1994－01－06	山西省汾阳县
600810	河南神马	C47	化学纤维制造业	1994－01－06	河南省平顶山市
600811	东方企业	M	综合类	1994－01－06	黑龙江省哈尔滨市
600812	河北华药	C81	医药制造业	1994－01－14	河北省石家庄市
600814	杭州解百	H11	零售业	1994－01－14	浙江省杭州市
600815	厦门厦工	C73	专用设备制造业	1994－01－28	福建省厦门市
600817	良华实业	M	综合类	1994－01－28	上海市
600818	上海永久	C75	交通运输设备制造业	1993－11－15	上海市
600819	耀皮玻璃	C61	非金属矿物制品业	1993－12－10	上海市
600820	隧道股份	E01	土木工程建筑业	1994－01－28	上海市
600821	津劝业	H11	零售业	1994－01－28	天津市
600822	物贸中心	H21	商业经纪与代理业	1994－02－04	上海市
600823	万象集团	H11	零售业	1994－02－04	上海市
600824	益民百货	H11	零售业	1994－02－04	上海市
600825	时装股份	H11	零售业	1994－02－04	上海市
600826	兰生股份	H21	商业经纪与代理业	1994－02－04	上海市
600827	友谊华侨	H11	零售业	1994－01－05	上海市
600828	成都商场	H11	零售业	1994－02－24	四川省成都市

证券代码	证券简称	行业代码	行业名称	公司上市日期	公司注册所在地
600829	哈天鹅	C81	医药制造业	1994-02-24	黑龙江省哈尔滨市
600830	甬城隍庙	H11	零售业	1994-02-24	浙江省宁波市
600831	西安黄河	C76	电器机械及器材制造业	1994-02-24	陕西省西安市
600832	东方明珠	M	综合类	1994-02-24	上海市
600833	商业网点	H11	零售业	1994-02-24	上海市
600834	凌桥股份	C76	电器机械及器材制造业	1994-02-24	上海市
600835	上菱电器	C76	电器机械及器材制造业	1994-01-31	上海市
600836	界龙实业	C35	印刷业	1994-02-24	上海市
600837	农垦商社	H01	食品、饮料、烟草和家庭用品批发业	1994-02-24	上海市
600838	第九百货	H11	零售业	1994-02-24	上海市
600839	四川长虹	C55	日用电子器具制造业	1994-03-11	四川省绵阳市
600840	绍兴百大	H11	零售业	1994-03-11	浙江省杭州市
600841	上柴股份	C71	普通机械制造业	1993-12-28	上海市
600842	中西药业	C81	医药制造业	1994-03-11	上海市
600843	工缝股份	C73	专用设备制造业	1994-01-18	上海市
600844	英雄股份	C37	文教体育用品制造业	1993-12-28	上海市
600845	钢管股份	G87	计算机应用服务业	1994-03-11	上海市
600846	同济科技	M	综合类	1994-03-11	上海市
600847	万里电池	C76	电器机械及器材制造业	1994-03-24	重庆市
600848	自仪股份	C78	仪器仪表及文化、办公用机械制造业	1994-03-24	上海市
600849	四药股份	C81	医药制造业	1994-03-24	上海市
600850	华东电脑	G83	计算机及相关设备制造业	1994-03-24	上海市
600851	海欣股份	C14	皮革、毛皮、羽绒及制品制造业	1993-12-08	上海市

证券代码	证券简称	行业代码	行业名称	公司上市日期	公司注册所在地
600853	北满特钢	E01	土木工程建筑业	1994－04－04	黑龙江省齐齐哈尔市
600854	春兰股份	C76	电器机械及器材制造业	1994－04－25	江苏省泰州市
600855	北旅汽车	C73	专用设备制造业	1994－04－25	北京市
600856	长春百货	H11	零售业	1994－04－25	吉林省长春市
600857	宁波中百	G87	计算机应用服务业	1994－04－25	浙江省宁波市
600858	山东渤海	M	综合类	1994－05－06	山东济南市
600859	王府井	H11	零售业	1994－05－06	北京市
600860	北人股份	C73	专用设备制造业	1994－05－06	北京市
600861	北京城乡	H11	零售业	1994－05－20	北京市
600862	南通机床	C71	普通机械制造业	1994－05－20	江苏省南通市
600863	内蒙华电	D01	电力、蒸汽、热水的生产和供应业	1994－05－20	内蒙古自治区呼和浩特市
600864	哈岁宝	D01	电力、蒸汽、热水的生产和供应业	1994－08－09	黑龙江省哈尔滨市
600865	杭百集团	H11	零售业	1994－08－09	浙江省杭州市
600866	广东星湖	C85	生物制品业	1994－08－18	广东省肇庆市
600867	通化东宝	C81	医药制造业	1994－08－24	吉林省通化市
600868	广东梅雁	M	综合类	1994－09－12	广东省梅州市
600869	青海三普	C81	医药制造业	1995－02－06	青海省西宁市
600870	厦华电子	C55	日用电子器具制造业	1995－02－28	福建省厦门市
600871	仪征化纤	C47	化学纤维制造业	1995－04－11	江苏省仪征市
600872	中山火炬	M	综合类	1995－01－24	广东省中山市
600873	西藏明珠	C76	电器机械及器材制造业	1995－02－17	西藏自治区拉萨市
600874	渤海化工	K01	公共设施服务业	1995－06－30	天津市
600875	东方电机	C76	电器机械及器材制造业	1995－10－10	四川省德阳市
600876	洛阳玻璃	C61	非金属矿物制品业	1995－10－31	河南省洛阳市
600877	中国嘉陵	C75	交通运输设备制造业	1995－10－13	重庆市

证券代码	证券简称	行业代码	行业名称	公司上市日期	公司注册所在地
600879	武汉电缆	C73	专用设备制造业	1995－11－15	湖北省武汉市
600880	四川电器	L	传播与文化产业	1995－11－15	四川省成都市
600881	吉林亚泰	M	综合类	1995－11－15	吉林省长春市
600882	山东农药	C43	化学原料及化学制品制造业	1995－12－06	山东省淄博市
600883	保山水泥	M	综合类	1995－12－08	云南省保山市
600884	杉杉股份	C13	服装及其他纤维制品制造业	1996－01－30	浙江省宁波市
600885	双虎涂料	C43	化学原料及化学制品制造业	1996－02－05	湖北省武汉市
600886	湖北兴化	D01	电力、蒸汽、热水的生产和供应业	1996－01－18	湖北省荆门市
600887	伊利股份	C03	食品制造业	1996－03－12	内蒙古自治区呼和浩特市
600888	新疆众和	C67	有色金属冶炼及压延加工业	1996－02－15	新疆维吾尔自治区乌鲁木齐市
600889	南京化纤	C47	化学纤维制造业	1996－03－08	江苏省南京市
600890	汽油机	C75	交通运输设备制造业	1996－03－18	吉林省长春市
600891	秋林股份	H11	零售业	1996－03－25	黑龙江省哈尔滨市
600892	石劝业	C73	专用设备制造业	1996－03－15	河北省石家庄市
600893	吉发股份	C03	食品制造业	1996－04－08	吉林省长春市
600894	广钢股份	C65	黑色金属冶炼及压延加工业	1996－03－28	广东省广州市
600895	张江高科	M	综合类	1996－04－22	上海市
600896	海盛船务	F07	水上运输业	1996－05－03	海南省海口市
600897	厦门机场	F11	交通运输辅助业	1996－05－31	福建省厦门市
600898	郑州百文	H11	零售业	1996－04－18	河南省郑州市